JN111291

あなたの予想と馬券を変える
革命競馬

＼とことん回収率を上げる！／

オッズ馬券術の神様がついに解禁！

大谷式穴馬券の買い方

大谷清文

はじめに……高配当馬券は自分の力で引き寄せることができる

馬券を的中させると嬉しいものです。ましては穴馬を見つけ出し、自分が予想した通りに穴馬がゴール板を駆け抜け、高配当馬券を演出したときは、至極の瞬間を味わうことになります。

その瞬間を味わうがために、競馬を続けている人も多いことでしょう。

私は2021年に『勝つ！儲ける！極める！オッズ馬券幸福論』（秀和システム刊）を上辞させていただきました。その中で「オッズの壁」や「突入&移動馬」など、大谷式オッズ馬券の基本ルールを紹介しました。本書でも、基本ルールとして「オッズの壁」や「突入&移動馬」の話が出てきます。すると、読者の中には「なんだ〜また同じ内容か」と思う方がいらっしゃるかもしれません。

ちょっと待ってください。

21年に刊行した書籍で紹介したレースと同じレースを扱っていたら、それは「同じ内容」です。しかしひとつも同じレースは登場しません。「オッズの壁」や「突入&移動馬」という基本ノウハウだけが「同じ内容」なのです。

ということは、**大谷式オッズ馬券の基本ルールは「再現性」があり、同じことが何度も繰り返されているという証拠**ではないでしょうか。

巷には、さまざまな馬券術が溢れています。ひとつひとつの馬券術には特徴があり、私ごときが意見を述べるような立場ではありません。しかしひとつだけ、いっておきたいことがあります。どんな馬券術であれ、「再現性」がなければ何の役にも立たないということです。

私は16年にブログを開設し、毎週のようにその週のできごとを振り返っています。高配当馬券をGETできた週もあれば、不的中に終わった週もあります。的中したレースでは、すべて的中馬券のコピーと一緒に振り返っています。

数えたことがないので、詳しい枚数はわかりませんが、おそらくアップされている万馬券の数は何百枚にもなっていると思われます。これらは事前にすべて「本日の見解」ということで、発表したものです。このように、毎年安定した的中率と回収率を維持できるのは、大谷式オッズ馬券が「再現性」のあるノウハウだからだと思っています。

闇雲に競馬新聞とにらめっこしても、なかなか高配当馬券を的中させるのは難しいものです。一方、「再現性」のあるノウハウを実践している人は、毎年同じような馬券成績を残しているはずです。

私は「競馬予報」でレースの性格を分類し、特に「大穴型レース」を判定されたレースを中心に馬券を組み立てています。競馬新聞の1面に載っているメインレースが、私のメインレースではありません。**「競馬予報」から「大穴型レース」と判定され、しっかりとした穴馬候補が浮上したレースが、私のメインレース**となります。

オッズは、数字という形で私たちにいろいろなことを語りかけてくれます。どんなことを話しかけているのか、それを読み解くことができれば、高配当馬券GETとなります。

その読み解き方を、これから紹介していきましょう。

大谷清文

とことん回収率を上げる!大谷式穴馬券の買い方——目次

◆第5章〈攻略3〉コンピ指数と高配当馬券攻略法

◆第6章〈投資1〉的中馬券から知る高配当攻略のツボ

◆第7章〈投資2〉WIN5―100万馬券を攻略する!

装丁●橋元浩明（sowhat.Inc.） 本文DTP●オフィスモコナ
写真●武田明彦　馬柱●優馬　編集協力●キューブリック
※名称、所属は一部を除いて2023年1月5日時点のものです。
※成績、配当、日程は必ず主催者発行のものと照合してください。
馬券は必ず自己責任において購入お願いいたします。

序章

＜基本1＞

的中馬券の第一歩は「競馬予報」

レースの性格を見極めることが、的中馬券への近道だ

多くの競馬ファンは枠順が発表されるとまずは馬柱に注目し、勝ち馬の検討に入ると思います。それは悪いことではありません。私もどんな馬が出走しているのか、どの馬が人気になるのかなど、馬柱に注目します。

しかし本格的な馬券検討に入るのは、レースの性格を見極めてからです。レースの性格とは、波乱になる可能性が高いのか、本命サイドで決まる可能性が高いのか、「レースの波乱度」のことをいいます。

レースの性格を見極めることを「競馬予報」と呼び、高配当馬券をＧＥＴするためには、まずはこの「競馬予報」が非常に重要な要素となってくると考えております。

競馬ファンの中には常に上位人気の馬から狙い、人気サイドの馬から馬券を組み立てている人、反対に人気薄の中から穴馬を見つけ出そうと検討し、いつも人気薄の馬から馬券を購入する人など、馬券の買い方に偏りがある人がいるのではないでしょうか。

「競馬予報」から本命型レースと判定されたレースなら、本命サイドから馬券を組み立てれば的中馬券をＧＥＴする可能性は高いと思いますが、「大穴型レース」と判定されたレースで、人気馬から馬券を購入したら、なかなか的中馬券にありつくことは難しいと思います。

私は高配当馬券を的中させたいのであれば、まずは「競馬予報」で大穴型レースを絞り込み、合格したレースを絞り込み、穴馬を見つけ出し馬券を組み立てていくのが一番の近道だと考えています。

これから紹介していきますが、「競馬予報」はパドックや返し馬などでの馬の状態のような、感覚的なものではなく、誰でも同じような答えを出すことができます。レース検討に感覚的なものを入れてしまうと、常に同じような判断を下すことができません。馬券検討をするうえで、ハッキリとした指針がないと、安定した回収率を維持することは難しいのではないでしょうか。

私が馬券検討として使っているツールの大部分を占めるのは**オッズの数値**です。

オッズとは競馬ファンが検討に検討を重ね、実際にお金を投資した結果、その人気の度合いを表した数値です。当たり前のことですが、単勝1番人気に推されている馬は、多くの競馬ファンがそのレースで勝つであろうという結論を示したもの。逆に単勝オッズが100倍を超えるような馬は、ほとんどの競馬ファンがそのレースで勝つことは難しいと判断したことを表しています。

しかし、すべてのレースがオッズの人気通りに決まるわけではありません。単勝オッズ1・5倍を切るような馬でも馬券対象から消えることもあるし、単勝オッズ100倍を超える馬も1着になることだってあります。

超人気馬が負けてしまうとき、そして穴馬が馬券に絡むとき、それを事前に的確に察知することができれば、高配当馬券を的中させることに大きく前進することが可能となるのではないでしょうか。

それを可能にするのが「競馬予報」なのです。

走る前からレース結果はわかる――そういっても過言ではありません。大きな魚、すなわち高配当馬券が潜んでいるレースで釣り竿を垂らすことこそが、大きな魚を釣り上げることができると、私は信じています。

◎印のバランスからレースの波乱度が測れる

競馬新聞の馬柱に印(シルシ)を打っている記者は競馬の専門家です。厩舎や馬主などに直接、取材をしたり、独自の競馬眼を持って印を打ちます。

特に「本紙予想」などは競馬新聞の顔ともいえ、予想のプロです。その競馬のプロである本紙予想を比較するだけでも、レースの性格を見極めることができます。

【図A】をご覧ください。これは競馬専門紙A紙からE紙までの本紙予想の印を、ひとつにまとめたものです。一目瞭然ですが、AレースとBレースでは印のバラツキに特徴があります。

Aレースでは、◎印がA紙からE紙まですべての専門紙が異なっています。競馬のプロの最終決断が5紙それぞれ異なるということは、誰の目にも明らかな、圧倒的に抜けた能力の馬がいないことを示しています。つまり、レースは波乱になる可能性が高いことが予想されます。

Bレースのほうはどうでしょうか。A紙からE紙まですべての新聞が③番の馬に◎印をつけています。このような印の場合、馬券は③番から売れ、1番人気は③番になることが予想されます。印のバラツキも①番や⑤番、⑥番などに集まり、レースの性格は本命サイドでまとまる可能性が高いのではないかと予

【図A】各競馬新聞の本紙予想の印

Aレース

	①	②	③	④	⑤	⑥	⑦	⑧
A紙	…	…	◎	…	…	○	▲	△
B紙	…	▲	△	…	…	◎	○	…
C紙	△	…	○	…	…	▲	…	◎
D紙	…	○	…	△	…	…	◎	▲
E紙	◎	…	…	▲	…	△	…	○

Bレース

	①	②	③	④	⑤	⑥	⑦	⑧
A紙	△	…	◎	…	○	▲	…	…
B紙	△	…	◎	…	○	▲	…	…
C紙	△	…	◎	…	○	▲	…	…
D紙	△	…	◎	…	▲	○	…	…
E紙	△	…	◎	…	▲	○	…	…

想することができます。

つまり、**印が偏っているようなレースは「本命型」**になる可能性が高く、**印がバラバラのレースは「波乱型」**になる可能性が高いのです。

スポーツ新聞だと、スポーツニッポンでは「人気度チェック」という欄があり、競馬専門紙の印の傾向が載っています。

また、競馬新聞の印のバラツキを調べる方法として、私は日刊スポーツ掲載の「コンピ指数」を使っています。コンピ指数を一定のルールに基づいて紐解くことにより、レースが波乱になる可能性の高い「大穴型レース」や、単勝オッズ2倍を切るような超1番人気の馬を予測することができます。

日刊コンピ指数から大穴型レースを浮上させる

日刊コンピ指数は、万馬券になるレースを事前に察知することができる魔法の数値だと思っています。コンピ指数なくして私は馬券を買うことはできません。なぜならコンピ指数は、レースが波乱になるかどうか、「競馬予報」をするうえで絶対的に必要な数値だからです。

ＪＲＡのレースは一日12レース施行されています。３つの競馬場で同時に開催されることもあり、そのときは合計36レースものレースが行なわれます。これほど多くのレースを、ひとつひとつ丁寧に検証するのは大変です。ましてや、高配当馬券を演出する穴馬を見つけ出すのは大変な作業でしょう。

３連単や３連複のような３連系の馬券の登場で、万馬券は珍しいものではなくなりましたが、いくら珍しくないとはいえ、万馬券は万馬券です。簡単に的中させられるほど競馬は甘くありません。

「競馬予報」から「大穴型レース」を見つけ出し、そのレースに穴馬を見つけ出し、その穴馬から馬券を買うことが万馬券的中の近道だと思っています。「競馬予報」の第一歩となるのが「日刊コンピ指数」なのです。コンピ指数は競馬開催日の日刊スポーツを購入すれば掲載されていますが、ネットを使えば前日の段階でも入手することが可能です（P20参照）。

具体的に「大穴型レース」の見つけ方を紹介しましょう。大谷式オッズ馬券では**「大穴型レース」は14頭立て以上というのが最低条件**です。13頭以下のレースは少頭数レースとしています。

【図B】をご覧ください。これはP31～で解説する2022年9月25日、中京12Rのコンピ指数です。

まず注目する箇所は1位のポイントです。このレースは⑥番で72Pとなっています。このポイントが**80P以下のレース**に注目します。

次に注目するポイントは**46Pの馬が何位にランクされているか**です。11位以下にランクインしていたら合格です。すべてのレースで46Pの馬がいるわけではありません。いないケースでは45Pの馬を46Pの馬として代用します。45Pの馬がいなければ44P、さらに43P……と繰り下げていきます。

【図B】2022年９月25日・中京12R　コンピ指数で示す大穴型例

順位	1	2	3	4	5	6	7	8	9	10	11	12	13	14	15	16
馬番	6	7	1	12	11	2	8	10	3	4	16	9	15	5	14	13
指数	72	71	65	62	56	55	52	51	50	49	48	47	46	42	41	40

●1位の指数が 80 P以下
●指数 46 Pが 11 位以下
●1位指数—3位指数＝ 14 ポイント以下
（この場合 72—65 ＝7P）

もうひとつ、気をつけなければならないポイントがあります。それが1位と3位とのポイント差です。**「1位と3位とのポイント差=14P以下」**が基準値となります。このレースの場合、1位のポイントは72P、3位のポイントは65Pですから、72P−65P=7P。基準値の14P以下なので合格です。

コンピ指数の1位と3位とのポイント差が15P以上あるレースは、上位1頭、もしくは2頭に人気が集中する可能性があるからです。

この3つの条件をすべてクリアしたレースを「大穴型レース」とします。

さらに、1位のポイントが80P以下、46Pが11位以下になっていたレースで、1位と3位との間が15P以上のレースは「準大穴型レース」とし、レース当日、9時半のレースで穴レースとして検証していきます。

1位のポイントは低ければ低いほど波乱になると思われますが、69P以下になると人気が割れ過ぎ、当日の朝9時半のオッズでは、馬連1番人気が15倍を超えたりし、肝心な穴馬が浮上しないケースがあります。このようなレースは、第3章で紹介する「複勝15倍の壁」の前の2頭が絡むケースが多いです。

1位のポイントが1ポイントだけ基準値をクリアしていない81Pのケースや、46Pの馬が10位のケースもあります。

その場合は、「1位のポイントが81Pで46Pが11位以下」かつ「1位と3位との間が14P以下」、「1位のポイントが80P以下で46Pが10位」かつ「1位と3位との間が14P以下」という条件をクリアしていたら「準大穴型レース」として、朝9時半のオッズで穴レースとして検証していきます。

コンピ指数は「大穴型レース」だけを教えてくれるわけではありません。単勝2倍を切るような超1番人気を予測することもできます。

見極め方は簡単です。**1位のポイントが90Pか88Pになっているかどうか**です。90Pや88Pは単勝1番人気になるのはもちろん、単勝オッズが2倍を切る可能性が高いものです。

この性質を逆手に取れば、1番人気の信用度を測ることができます。超1番人気の信頼度の判定方法は2章のP44～で紹介します。

コンピ指数は馬券発売前の仮想オッズ、つまり事前人気だと考えています。事前人気と本来のオッズを比較することにより、高配当馬券を演出する穴馬を見つけ出すことができるのです。

9時半の馬連&単勝オッズで大穴型レースを見極める

コンピ指数から「大穴型レース」「準大穴型レース」として浮上したレースは、レース当日朝9時半のオッズで、さらにレースの性格判定に磨きをかけていくことになります。

当日朝9時半のオッズで注目する条件は、次の2つです。

①馬連1番人気が9倍以上になっている
②単勝30倍未満の頭数が10頭以上いる

【図C】競馬予報「大穴型レース判定」の流れ

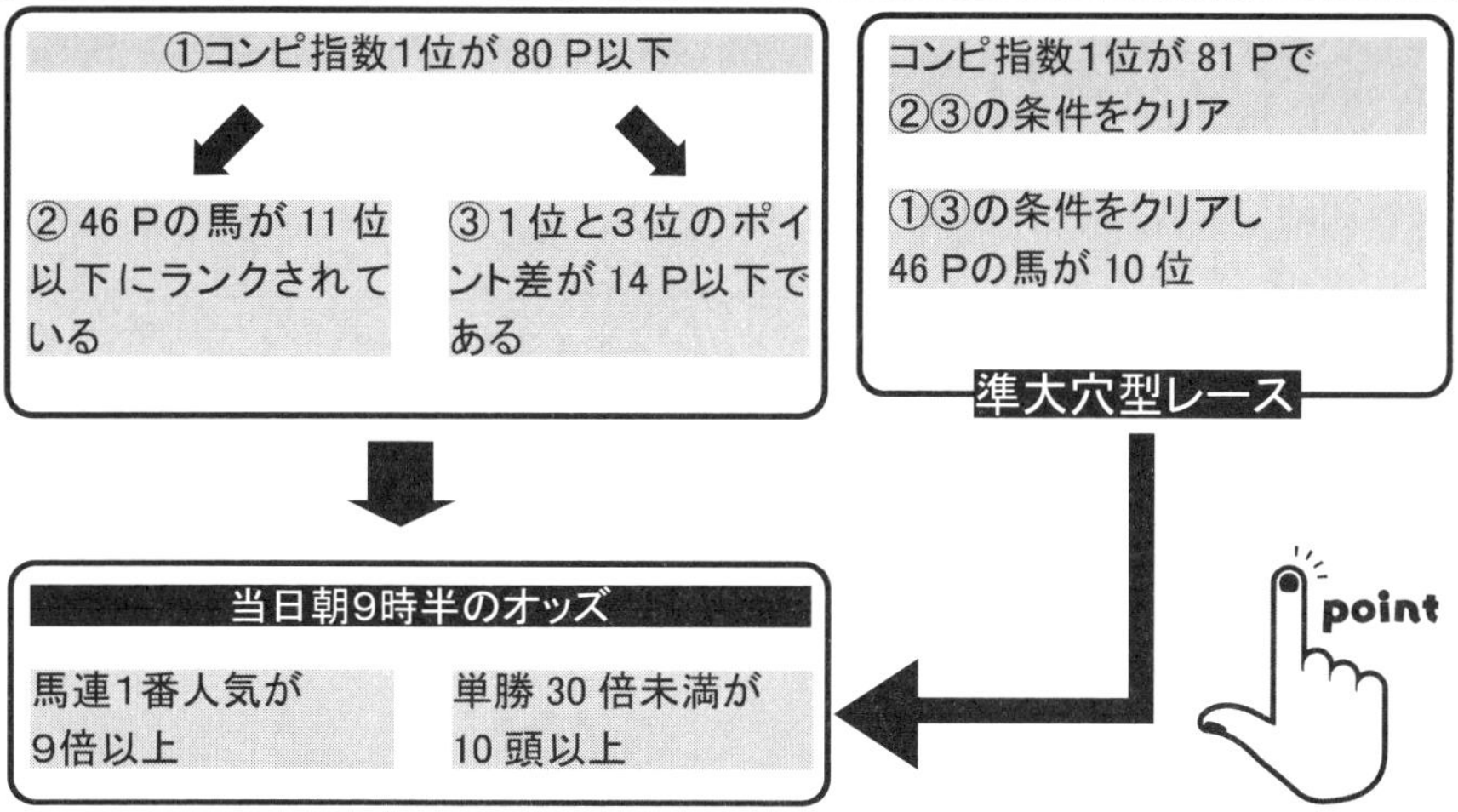

①コンピ指数1位が 80 P以下
② 46 Pの馬が 11 位以下にランクされている
③ 1位と3位のポイント差が 14 P以下である
コンピ指数1位が 81 Pで②③の条件をクリア
①③の条件をクリアし46 Pの馬が 10 位
準大穴型レース
当日朝9時半のオッズ
馬連1番人気が9倍以上
単勝 30 倍未満が10 頭以上
point

たったこれだけです。

前項で紹介したコンピ指数から「大穴型レース」「準大穴型レース」として浮上したレースを、さらにレース当日の朝9時半のオッズからふるいにかけていくと、数レース程度しか残らないことになります。

この数レースが本当の「大穴型レース」となるわけです。判定から脱落したレースは無視し、残ったレースだけ時間をかけてレースを検証していきます。

このように「コンピ指数」→「レース当日9時半のオッズチェック」をする作業を「競馬予報」と呼び、これが高配当馬券を的中させるための重要な作業となるわけです。

すべてのレースをすべて検討していたら、いくら時間があっても足りません。中途半端な検討になってしまえば、的中馬券から遠ざかることにもなってしまいます。

多くの競馬ファンはメインレースを中心に馬券を購入しているかもしれませんが……大谷式オッズ馬券では、「競馬予報」を通じて合格したレースがメインレースであり、勝負レースなのです。

「競馬予報」の流れをまとめると、P17の【図C】のようになります。

複勝6倍未満の頭数から波乱度を見極める

私は馬券検討をするときにはまず、朝9時半のオッズから、馬券に絡む可能性のあるオッズゾーンに印をつけています。

単勝オッズでは80倍を超えた箇所、複勝オッズでは15倍を超えた箇所と6倍を超えた箇所に印を入れています。後章で詳しく説明しますが、特に**複勝オッズ15倍を超えた箇所と、複勝オッズ6倍を超えた箇所が重要な要素**をなります。

9時半のオッズで単勝80倍を超えた馬、複勝オッズ15倍を超えた馬は基本的に馬券検討から除外しています。つまり、単勝80倍を超えた馬や複勝オッズ15倍を超えた馬は、過去のデータから馬券に絡む可能姓が低いと判断しているからです。

複勝15倍未満の頭数が多いということは、3連系に絡む可能性がある馬が多いことを示していると考えています。また、複勝6倍未満の頭数が多いレースは、連勝系の馬券に絡む可能姓がある馬が多いレースであると思っています。

「競馬予報」から「大穴型レース」として浮上したレースは、9時半のオッズで穴馬を探し出していくわけですが、その中で特に注目しているのが複勝6倍未満の頭数です。下位ランクの穴馬が馬券に絡みやすいひとつの基準値として、**複勝6倍未満の頭数が8頭以上いるかどうか**チェックしています。

８頭以上いるレースでは、上位ランク（人気馬）の人気が割れていることを示しており、下位ランク（人気薄）の馬が馬券に絡む可能性が高いからです。

問題なのは、複勝６倍未満の頭数が７頭以下です。この場合は２つのケースが考えられます。

ひとつ目は、上位ランク（人気馬）から馬券が売れていることを示しており、結果的に複勝６倍未満の馬が１～３着と独占してしまうケースです。しかし、もともと「大穴型レース」として判定されているわけですから、複勝６倍未満の馬が１～３着と独占しても、結構な配当が得られることが多いです。

２つ目は、大穴型レースとして浮上したレースにも関わらず、上位の馬たちに人気が集まるということはバランスを欠いています。もともと「大穴型レースなので穴馬が台頭する可能性があり」と「競馬予報」から判定を下されています。このようなケースは、とんでもない超人気薄の穴馬が飛び込む可能性があるのです。

どんな馬が超人気薄として激走するのか、それは複勝15倍を超えた箇所に秘密が隠されています。なお、複勝６倍未満の頭数が７頭以下のレースについては、２章Ｐ53～で詳しく紹介します。

●「当日朝９時半オッズ」と「日刊コンピ指数」の補足

このページは、大谷式オッズ馬券術の要である「当日朝９時半のオッズ」と「日刊コンピ指数」についての補足事項です。本書で初めて「大谷式」にふれたという方のために、前書『勝つ！儲ける！極める！オッズ馬券幸福論』から本書の関連部分のみのアレンジ採録となります。

●「9時半のオッズ」についてのQ＆A（著者）

Q：現在は朝９時半前にもネット（ＪＲＡのホームページ等）でオッズを確認することができますが、それでも「当日朝９時半」のオッズでいいのでしょうか？

A：私のルールでは「当日朝９時半」です。ＪＲＡの発表したオッズは、実際の時刻より約５分程度遅れているというケースが多いです。９時30分にアクセスすると９時25分頃のオッズということがありますが、多少の誤差は問題ありません。

Q：朝９時半のオッズをベースにそこから検討するとなると、１Ｒの馬券とか買うのが、かなり忙しい気がします。

A：私は午前中のレースは、検討するレースからは割愛しております。私がオススメするのは７Ｒ以降です。またデータ的に、午前中のレースは未勝利戦や新馬戦、障害戦などが多く、顕著な動きをする穴馬候補は出現しづらい傾向もあります。私は、「午前中はレースの検証時間」と割り切っています。

●「日刊コンピ指数」について

馬番能力順位	1	2	3	4	5	6	7	8	9	10	11	12	13	14	15	16	
１　Ｒ	⑬	⑥	⑭	⑨	⑫	②	①	④	⑦	③	⑧	⑯	⑪	⑤	⑮	⑩	←馬番
	76	75	59	58	57	56	55	53	52	48	47	46	43	42	41	40	←指数

「日刊コンピ指数」はレース当日、日刊スポーツに掲載される出走馬の能力指数で、実際の人気とリンクする傾向にあるといわれています。馬番・枠番コンピがあり、いずれも指数の最高は（１位）90、最低は40です。大谷式では馬番コンピのみが対象です。

コンピ指数は、当日の日刊スポーツの紙面のほか、日刊スポーツの競馬予想サイト「極ウマ・プレミアム」に登録すると、前夜７時くらいから確認できます。

第1章

＜基本2＞

オッズ馬券の基本と攻略法

馬連1番人気から馬連ランクを並び替える

オッズ馬券の重要な要素として「競馬予報」であることがおわかりいただけたかと思います。ただ、「競馬予報」から波乱になる可能性の高い「大穴型レース」がわかっても、そのレースで高配当馬券を演出する穴馬を見つけ出さなければ意味がありません。穴馬を見つけ出す作業の基本となるのが、馬連1番人気から馬連ランクを並び替える作業なのです。

単勝や複勝を人気順に並び替える作業は、それほど難しいものではありません。JRAのホームページなどにアクセスすると、簡単に人気順オッズを調べることが可能です。しかし、馬連を人気順に並び替える作業はひと手間が必要になってきます。

まずは馬連1番人気のオッズを調べ、その組み合わせの2頭の単勝で、どちらが人気になっているかをチェックします。

馬連1番人気が⑥－⑦で10・1倍だとしましょう。⑥番と⑦番の単勝オッズを調べると、⑥番が単勝3・6倍、⑦番が単勝5・0倍となっていたら、⑥番が⑦番より人気であることがわかります。⑥番が馬連ランクの1位（1番人気）と決定します。

次に注目するのは、馬連1位絡みの馬連オッズをすべて抜き出します。【図A】のオッズをご覧ください。この表は、⑥番絡みの馬連の組み合わせとオッズを抜き出し、ひとつの表にまとめたものです。

【図A】馬連の1番人気を調べる

①－⑥	12.7	⑥－⑦	10.1	⑥－⑫	16.4
②－⑥	15.5	⑥－⑧	39.7	⑥－⑬	222.0
③－⑥	71.0	⑥－⑨	75.2	⑥－⑭	224.0
④－⑥	48.1	⑥－⑩	23.5	⑥－⑮	276.0
⑤－⑥	94.0	⑥－⑪	20.9	⑥－⑯	55.6

⑥－⑦の10・1倍の次に人気なのは①－⑥の12・7倍です。次に人気なのは②－⑥で15・5倍となっており、⑥－⑪、⑥－⑩、⑥－⑧……と続いています。

これをひとつの表にまとめたのが【図B】です。

馬連オッズが⑥、⑦、①、②……と並んでいることがわかります。つまり馬連ランク（馬連人気）は⑥、⑦、①、②……ということになります。このランク（順番）が穴馬を見つけ出す重要な要素となりますので、馬連を人気順に並び替える作業はしっかりと覚えておいてください。

大穴馬は馬連ランク9位以下の馬から浮上させます。馬連1～4位は本命ゾーン、5～8位は中穴ゾーン、9位以下を大穴ゾーンと区分けしていきます。

単勝オッズや複勝オッズも人気順に並び替えるのですが、ここでひとつ注意しなければならないことがあります。複勝オッズのランク順の決め方です。

複勝オッズは「2・8～3・6倍」「3・8～5・0倍」というように、幅をもった数値でオッズが発表されています。大谷式オッズ馬券では、複勝オッズは上限の数値、「2・8～3・6倍」でしたら「3・6」、「3・8～5・0倍」でしたら「5・0」を採用することにしています。

【図B】馬連1番人気⑥からの並べ替え⇒馬連ランク

	1位	2位	3位	4位	5位	6位	7位	8位	9位	10位	11位	12位	13位	14位	15位	16位
馬連ランク	6	7	1	2	12	11	10	8	4	16	3	9	5	13	14	15
馬連オッズ		10.1	12.7	15.5	16.4	20.9	23.5	39.7	48.1	55.6	71.0	75.2	94.0	222	224	276

複勝オッズで上限の数値を重要視する理由

大谷式オッズ馬券では、複勝オッズは上限の数値を採用すると紹介しました。どうして上限の数値を採用するのでしょうか。それは、正しい複勝の人気順が下限のオッズだと把握することが難しいからです。特に人気を集めている馬が出走したケースでは、それが顕著に表れます。

【図C】をご覧ください。これは2022年10月2日、中山9Rサフラン賞の単勝と複勝の最終オッズを、ひとつの表にまとめたものです。

1番人気④番のサンティーテソーロは、単勝1・7倍、複勝1・1～1・1倍と人気を集めています。2番人気①番のマスキュリンは単勝4・8倍、複勝1・3～2・6倍となっています。最低人気の⑧番ダンシングハピリーは単勝130・0倍、複勝9・4～22・6倍とまったく人気がありません。複勝はご存知の通り、自分が購入した馬が3着まで入れば配当がもらえる馬券です。

⑧番の複勝に注目してみましょう。複勝9・4～22・6倍の下限の数字「9・4倍」は、⑧番が3着までに入り、残りの2頭が1、2番人気、④番サンティーテソーロと①番マスキュリンが入ったときのオッズです。上限の数値は、残りの2頭が6番人気と7番人気で入った場合のオッズです。

【図C】の複勝オッズの下限の数値に注目してください。単勝1～

【図C】2022年10月2日・中山9Rサフラン賞・単勝（複勝）人気順オッズ

馬番	単勝	複勝
4	1.7	1.1 ～ 1.1
1	4.8	1.3 ～ 2.6
6	5.5	1.3 ～ 2.5
5	13.6	1.8 ～ 3.8
3	13.7	1.6 ～ 3.4
2	23.4	3.0 ～ 6.9
7	40.5	3.3 ～ 7.6
8	130	9.4 ～ 22.6

●2022年10月２日・中山９Ｒサフラン賞(２歳１勝クラス、芝1600m)

桃8	橙7	緑6	黄5	青4	赤3	黒2	白1
ビーチパトロール(帳)	エピファネイア(帳)	マインドユアビスケッツ(短)	トビーズコーナー(マ中)	エピファネイア(帳)	ドレフォン(短)	サトノクラウン(帳)	ワンアンドオンリー(帳)
ダンシングハピリー	ロッソランパンテ	フィンガークリック	シルヴァーゴースト	サンティーテソーロ	サラサハウプリティ	コスモフーレイ	マスキュリン
ヨイミヤ2勝(マ)	マウロア未勝(マ)	アンバーミニー1勝(中)	アンヌ未勝(短)	ナガラフラワー4勝(中)	ハヤブサエミネンス2勝(マ)	ファインセイコー未勝(短)	エミナ3勝(短)
鹿 54 牝2	鹿 54 牝2	鹿 54 牝2	栗 54 牝2	鹿 54 牝2	栗 54 牝2	黒鹿 54 牝2	鹿 54 牝2
杉原	替大野	替松山	柴田大	替鮫島駿	菱田	丹内	替福永
美清水英	美杉浦	美水野	美岩戸	美栗田徹	栗岡田	栗五十嵐	栗新谷
0	400	400	400	400	400	400	400
ミルF	堀田浩司	吉田照哉	ブルースターズF	了徳寺健二HD	横井良明	ビッグレッドF	ノースヒルズ
浦ミルF	新カミイスタット	千社台F	浦中島牧場	浦大島牧場	ひグランド牧場	新市川牧場	新ノースヒルズ
…………	…	▲	○	注	△	△	◎
…………	◎	注	▲	○	△	△	△
…………	…	○	注	▲	◎	△	△
…………	…	注	○	▲	△	△	◎
…………	注	△	▲	○	…	△	◎
…………	…	△	○	◎	△ 西	注 西	▲ 西
	千二 1143⑬	新 1354①	中 1362②	中 13[illegible]3①	千五 [illegible]2①	千五 [illegible]0①	
中 1512⑤	千四 1231①	千四 1231②	千四 1224④	福 15[illegible]5③			福 1512①
				1	2	3	
千八 34.9⑤	千四 34.1①	千四 33.9②	千六 34.6①	千八 34.[illegible]6①	千五 [illegible]①	千五 [illegible]⑨	千八 36.1①
0 0 0 1	初騎乗	初騎乗	1 1 0 1	初騎乗	1 0 0 0	1 0 0 1	初騎乗
○0000	○0000	○0000	○0000	○0000	○0000	○0000	○0000
マツリダゴッホ	キングカメハメハ	ダイワメジャー	タイキシャトル	ダンスインザダーク	メダグリアドーロ	サンデーサイレンス	デインヒル
千八 千六 千四 千二	千八 千六 千四 千二	千八 千六 千四 千二	千八 千六 千四 千二	千八 千六 千四 千二	千八 千六 千四 千二	千八 千六 千四 千二	千八 千六 千四 千二
0 0 0 0	0 0 1 0	0 1 0 0	0 0 0 1	0 1 0 0	0 0 0 0	0 0 0 0	1 0 0 0
0 0 0 0	0 0 0 0	0 0 1 0	0 1 0 0	0 0 0 0	0 0 0 0	0 0 0 0	0 0 0 0
0 0 0 0	0 0 0 0	0 0 0 0	0 0 0 0	1 0 0 0	0 0 0 0	0 0 0 0	0 0 0 0
1 0 0 0	0 0 0 1	0 0 0 0	0 0 1 0	0 0 0 0	0 0 0 0	0 0 0 0	0 0 0 0
マツリダゴッホ 20・3・4生 バリージョ	キングカメハメハ 20・2・21生 レースドール	ダイワメジャー 20・3・16生 ラブーム	タイキシャトル 20・3・16生 ジャミーラ	ダンスインザダーク 20・3・7生 ガリカローズ	メダグリアドーロ 20・4・7生 プリエミネンス	サンデーサイレンス 20・1・25生 スコールイ	デインヒル 20・4・6生 デリラー
兄弟 セヲハヤミ(未勝)	兄弟 アゼリアグレート(公) ムサシグロリー(公)	兄弟 ミッドナイトミニー(未勝)	2福 7月9日 ③ 2才 1 新馬 5ト11頭 千二 1117 54 柴田大 S ⑤⑤⑤ 444 人気4 G前差す ½身 371内346 ペアサッチャー 1118 0.1	初仔 近親メイショウカマクラ	兄弟 ハヤブサマカオー(3勝) ディーエスブルーフ(2勝)	兄弟 セイコーライコウ(7勝) エムオーシャトル(2勝)	兄弟 シャリオヴァルト(現) アンゲネーム(4勝)
レース診断 上昇度○ 前半モタついたが直線鋭く伸びる。前進可能	3東 6月11日 ③ 2才 1 新馬 8ト13頭 千四 1231 54 三浦 S ⑥④④ 450 人気8 好位差切 クビ 371中341 フィンガークリ 1231 0.0	3東 6月11日 ③ 2才 2 新馬 3ト13頭 千四 1231 54 ルメール S 8④⑥ 486 人気2 G前競い クビ 373内339 ロッソランパン 1231 0.0	2新 8月6日 ③ ダリア賞 4 オープン 10ト11頭 千四内 1224 54 柴田大 M ⑤⑥⑥ 438 人気7 中位伸も 4¼ 351中356 ミシシッピテソ 1217 0.7	2福 7月17日 ⑥ 2才 3 牝新馬 10ト14頭 千八 1515 51 原 S ②①② 434 人気7 先行粘る 2身 369中368 マスキュリン 1512 0.3	レース診断 上昇度○ 荒れた馬場も苦にせず内を突いて差し切った	2札 8月13日 ① 2才 9 牝新馬 7ト14頭 千五 1319 54 丹内 S 8⑩⑩ 430 人気9 G前不利 4½ 374内363 アースビート 1311 0.8	レース診断 上昇度○ 好位の内で折り合って抜け出す。レース巧者
4中 9月17日 ③ 2才 5 新馬 12ト13頭 千八内 1512 54 杉原 S ⑦⑧⑦ 416 人気10 中位差詰 6½ 389外349 ティファニード 1501 1.1	1函 7月16日 11 函館2才 13 GIII 1ト13頭 千二 1143 54 三浦 H 4③③ 452 人気11 好位バテ 14½ 348内395 ブトンドール 1118 2.5	2新 8月7日 ④ 2才 1 未勝 8ト9頭 千六外 1354 54 川田 S ⑥⑤④ 488 人気1 直線一気 ½身 374外339 マテンロウブラ 1355 0.1	4中 9月10日 ① アスター 2 1勝 10ト10頭 千六外 1362 54 柴田大 S ②②② 434 人気4 二位粘る 2½ 369中348 ドンデンガエシ 1358 0.4	4中 9月10日 ① 2才 1 未勝 2ト14頭 千六外 1343 54 横山和 S ①①① 422 人気2 逃切る 5身 354内346 テンプーシャオ 1351 0.8	2札 9月3日 ⑦ 2才 1 新馬 3ト13頭 千五 1312 54 菱田 S ④⑤④ 442 人気9 内突差切 ½身 372内357 アスクエピソー 1313 0.1	2札 8月28日 ⑥ 2才 1 牝未勝 4ト8頭 千五 1310 54 丹内 M ⑦⑥③ 422 人気3 楽抜出 1¾ 362内367 メリオルヴィー 1313 0.3	2福 7月17日 ⑥ 2才 1 牝新馬 2ト14頭 千八 1512 54 武藤 S ③⑥④ 426 人気8 好位抜出 1¼ 372内361 エリダヌス 1514 0.2

1着④サンティーテソーロ
（1番人気）
2着③サラサハウプリティ
（5番人気）
3着②コスモフーレイ
（6番人気）

単④170円
8頭立てのため枠連発売なし
複④110円　③190円　②330円
馬連③－④1170円
馬単④→③1480円
ワイド③－④380円
②－④570円
②－③1500円
3連複②③④2970円
3連単④→③→②10280円

5番人気までは複勝1倍台で、ほとんど差がないように見えてしまいます。しかし上限の数値はどうでしょうか。ハッキリとした差がわかります。つまり複勝オッズの下限の数値を採用してしまうと、本当の複勝オッズの人気の差がわからなくなってしまう欠点があるのです。

特に例として紹介したように、人気を集めている馬が出走したレースなどでは、その傾向が強く出てしまいます。大谷式オッズ馬券で、複勝オッズは上限の数値を採用しているのは、このような理由があるからなのです。

コンピ指数と馬連の7位以下の馬の動きに注目する

私は「馬連を中心に馬券を購入する層」と「単勝や複勝を中心に馬券を購入する層」は異なっていると考えています。馬連は一般の競馬ファン、単勝や複勝は馬の調子などに詳しい層、馬主などが中心に購入する馬券だと考えています。

特に注意しなければならないのが、**単勝や複勝を中心に馬券購入した層が下した結論**です。単勝や複勝オッズの動きを注視すれば、下位ランク、すなわち人気薄のどの馬が高配当馬券を演出するのか、見つけ出すことができるからです。

馬連ランク（馬連人気）と同じように、もうひとつ単勝や複勝オッズを比較しなければならない要素に「日刊コンピ指数」があります。コンピ指数は馬券が発売される前の仮想オッズであるということは、先に紹介しました。この仮想オッズであるコンピ指数も、馬連ランクと同じように単勝や複勝オッズと比較していきます。

【図Ｄ】をご覧ください。これはコンピ指数と馬連や単勝、複勝を人気順に並び替え、それをひとつの表にまとめたものです。

コンピ指数14位の⑮番に注目してください。⑮番は馬連ランクでは12位にいます。しかし単勝や複勝ランクではどうでしょうか。単勝は5位に、複勝は３位に大きく上昇しています。これは仮想オッズであるコンピ指数や馬連を購入した層からは、あまり注目をされていない⑮番が、特定の馬のこと、すなわちこの場合でしたら⑮番のことに詳しい人たちから、単勝や複勝が購入されていることがわかります。

同じように馬連13位の⑧番を見てください。単勝は10位ですが複勝は４位に上昇しています。

レース結果は⑮番が１着になり、しっかりと馬券に絡んでいます。このレースは２０２２年11月12日、福島12Rのもので、詳しい解説は２章のＰ56～で掲載しています。

「オッズの壁」のルールと的中馬券

大谷式オッズ馬券において、穴馬を見つけ出す作業として最も重要な要素と

【図Ｄ】2022年11月12日・福島12Rのコンピと馬連・単勝・複勝ランク

コンピ順位	1位	2位	3位	4位	5位	6位	7位	8位	9位	10位	11位	12位	13位	14位	15位	16位
馬番	2	13	3	1	11	6	12	7	4	9	8	10	16	15	14	5
馬連ランク	2	3	13	7	1	4	12	10	11	6	9	15	8	14	16	5
単勝ランク	4	13	2	3	15	7	12	9	1	8	6	10	11	14	16	5
複勝ランク	4	2	15	8	3	9	12	13	7	6	10	14	11	1	16	5

なるのが「オッズの壁」と呼んでいるものです。「オッズの壁」とは、馬連や単勝オッズを人気順に並び替えたとき、**ランク間の乖離差が1・8倍以上ある箇所**のことをいいます。

特に馬連ランクにおいて**「オッズの壁」が出現した箇所の前の2頭は馬券に絡む**可能性が高く注目します。実際のレースで解説したほうがわかりやすいと思いますので、ひとつレースを紹介しましょう。

２０２２年５月７日、東京11ＲプリンシパルＳです（Ｐ30参照）。

このレースは前日の段階、コンピ指数は１位が76Ｐ、46Ｐの箇所が14位になっており、コンピ指数３位は66Ｐで１位との指数の差は76Ｐ－66Ｐで10Ｐ、14Ｐ以下なので完全な大穴型レースとして浮上していました。

９時半のオッズチェックでも、馬連１番人気は11・５倍、単勝30倍未満の頭数は10頭と、穴レースの条件をクリアしており、まさしく大穴型レースのパターン通りです

そこで、馬連オッズを人気順に並び替えていきしょう。馬連１番人気は⑥－⑭です。⑭番の単勝オッズが６・４倍、⑥番の単勝オッズが７・０倍でした。⑭番のほうが⑥番より人気があるので⑭番が馬連の軸馬、すなわち馬連１位となります。

⑭番絡みの馬連オッズを抜き出し、人気順に並び替え、ひとつの表にまとめたものが【図Ｅ】です。

馬連ランク９位と10位の箇所に注目してください。馬連９位は④番で54・７倍、馬連10位は③番で１０１倍となっています。馬連９位と10位との間の乖離差は、馬連10位のオッ

【図Ｅ】2022年５月７日・東京11ＲプリンシパルＳの馬連ランク

	1位	2位	3位	4位	5位	6位	7位	8位	9位	10位	11位	12位	13位	14位	15位	16位
馬連ランク	14	6	2	10	8	1	15	13	4	3	16	11	7	9	5	12
馬連オッズ		11.5	13.7	16.5	24.3	32.7	43.2	52.1	54.7	101	107	162	318	389	441	取消

太線がオッズの壁（その前の2頭に注目）

ズを馬連9位のオッズで割ると求めることができます。すなわち101÷54・7＝1・85となり、馬連9位と10位の間には1・85倍の乖離差があることがわかりました。

ランク間の乖離差が1・8倍以上であり、先述したように、ここには「オッズの壁」があることがわかります。「オッズの壁」の前の2頭を穴馬候補として注目するのがルールですから、④番と⑬番が浮上します。

ここで注意したいことがあります。P23でも申し上げましたが、大穴馬は馬連ランク9位以降の馬です。⑬番は馬連8位ですから大穴馬ではありません。つまり馬連9位と10位との間に出現した「オッズの壁」から浮上した穴馬候補は④番1頭ということになります。

馬連12位と馬連13位の間にも「オッズの壁」がありますが、すでに「オッズの壁」から大穴馬は浮上しているので、基本的に無視してもらって結構です。

つまり、馬連9位以降に出現した「オッズの壁」は、上位ランクで浮上した「オッズの壁」に注目し、その後に出現した「オッズの壁」には注目する必要がありません。

「オッズの壁」から浮上した穴馬候補からの馬券の組み立て方ですが、**馬連オッズが80倍未満のケースは馬連、80倍以上の場合はワイド馬券**というのが、ひとつの目安になります。

このレースの場合、穴馬候補の④番の馬連オッズは54・7倍ですから80倍未満です。馬連馬券を上位ランク8頭へ組み立ててみました。

レース結果は⑧番セイウンハーデスが1着。2着には「オッズの壁」から浮上した④番キングズパレスが入り、馬連馬券GETとなりました。馬連④－⑧は1万1520円の万馬券です（P30参照）。

●2022年5月7日・東京11Rプリンシパル S（３歳L、芝2000m）

枠	馬番	馬名	父	母	毛色	斤量・性齢	騎手	厩舎	賞金	総賞金	馬主	生産者	印	持ち時計	前々走	前走
桃8	16	ディナースタ	ドゥラメンテ	ラヴァリーノ	栗毛	56 牡3	横山和	辻野	400	746	ノルマンディーTR	クラウン日高牧場	△ △ △ … … △ 西	三 2131① 阪 1480⑧ 阪 2013④	1阪 2月13日 ② 4着 未勝 8ト10頭 芝内2013 56岩田望 S⑧⑦⑦ 462 人気4 後方追上 2½ 390外343 ショウナンアデ 2009 0.4	2阪 4月17日 ⑧ 1着 未勝 15ト18頭 三内2131 56横山和 S⑬②② 462 人気3 内紅一気 2½ 366中347 ゲーテローズ 2135 0.4
桃8	15	ブラックノワール	キタサンブラック	ブラックエンブレム	鹿毛	56 牡3	内田博	藤原英	400	600	シルクR	ノーザンF	△ … … … △ … 西	東 1491①	1東 2月5日 ③ 1着 新馬 16ト16頭 芝1491 56内田博 S①①① 480 人気2 逃切る ¾身 368内346 サニーバローズ 1492 0.1	3ヵ月休 放牧 乗込み3週間 仕上り○ 連対体重 480キロ 3ヵ月以上休 ①②③外 1000
橙7	14	セレシオン	ハーツクライ	クルソラ	黒鹿	56 牡3	和田竜	友道	900	2030	キャロットF	ノーザンF	◎ ◎ ○ ◎ 初△ B▲ 西	三 2133④ 阪 2019①	1中京 1月16日 ⑥ 若駒1着 1勝 5ト4頭 三 2157 56川田 S③③③ 476 人気1 G前差すアタマ 384中340 トゥデイイズザ 2157 0.0	1阪 2月26日 ⑤ すみれS 4着 L 5ト8頭 三内2133 56和田竜 S⑥⑤⑦ 470 人気3 後方追上 2¼ 372中343 ボッドボレット 2129 0.4
橙7	13	ヴァモスロード	エピファネイア	スターシンフォニー	栗毛	56 牡3	替田辺	西園正	400	650	久保博文	レイクヴィラF	△ … … △ △ … 西	阪 1342①	2阪 3月27日 ② 3着 未勝 11ト17頭 芝外1355 56幸 S②②② 522 人気2 先行粘る 2身 355中355 ムーンリットナ 1352 0.3	2阪 4月17日 ⑧ 1着 未勝 8ト17頭 芝外1342 56幸 S①①① 518 人気1 逃切る ¾身 363内335 コーリングユー 1343 0.1
緑6	12	テーオードレフォン	ドレフォン	エミネントシチー	栗毛	56 牡3	川須	梅田智	900	1805	小笹公也	Wing F	… … △ … △ … 西	中京ダ 1472① 中京ダ 1543⑤	1中京 2月6日 ⑫ 5着 1勝 4ト11頭 ダ1543 56武豊 S①①① 486 人気5 逃一息 5¼ 376内386 オディロン 1534 0.9	2小 2月27日 ⑥ ネモフィラ 1着 1勝 2ト16頭 ダ1472 56川須 H⑨⑧⑦ 488 人気5 中位差切クビ 376外384 コパノニコルソ 1472 0.0
緑6	11	ダノンフューチャー	ドゥラメンテ	ミスセレンディピティ	栗毛	56 牡3	替石橋脩	寺島	400	1481	ダノックス	ノーザンF	… … ◎ △ … △ 西	大ダ 1539② 新 1515③ 阪ダ 2084③	1阪 2月19日 ③ 3着 未勝 6ト9頭 ダ2084 56川田 H⑤⑤③ 516 人気1 中位伸 2¾ 361中400 エミサソウツバ 2079 0.5	1阪 3月12日 ⑨ 1着 未勝 1ト11頭 ダ1556 56川田 S④④③ 506 人気1 好位差切クビ 389内377 ショウグン 1557 0.1
黄5	10	コリエンテス	ディープインパクト	イスパニダ	黒鹿	56 牡3	Mデムーロ	堀	400	1110	シルクR	ノーザンF	△ 注 △ 注 … △	新 1353② 中 2007③	5中 12月4日 ① 葉牡丹9着 1勝 5ト15頭 芝内2014 55横山和 S②②② 472 人気6 先行一杯 4½ 364中363 ボーンディスウ 2006 0.8	2中 3月12日 ⑤ 3着 1勝 12ト13頭 芝内2007 56Mデムーロ M⑧⑦① 482 人気3 4角先頭 1¾ 364外349 エターナルピク 2004 0.3
黄5	9	マイネルクリソーラ	スクリーンヒーロー	マイネトゥインクル	栗毛	56 牡3	柴田大	中野栄	400	884	ラフィアン	ビッグレッドF	… … … … … …	[illegible]⑤ 小 2002①	2小 2月27日 ⑥ 1着 未勝 1ト13頭 芝2002 56丹内 H⑦④② 450 人気6 中位抜出 1¾ 356内363 ストップザタイ 2005 0.3	3中 4月16日 ⑦ 山吹4着 1勝 4ト9頭 芝内2017 56柴田大 S③⑥⑥ 442 人気9 中位差詰 8¾ 379中360 ローシャムパー 2003 1.4
青4	8	セイウンハーデス	シルバーステート	ハイノリッジ	黒鹿	56 牡3	幸	橋口慎	400	1811	西山茂行	鮫川啓一	△ ▲ 注 … ○ 注 西	阪 1[illegible]29① 京[illegible]56⑤ 阪 1[illegible]79④	1阪 2月13日 ② こぶしS 2着 1勝 3ト6頭 芝外1369 56幸 S①①① 472 人気4 逃惜敗アタマ 380内336 スタニングロー 1369 0.0	2阪 3月26日 ① 毎日杯4着 GIII 3ト10頭 芝外1479 56幸 M③④⑤ 476 人気7 好位一息 2½ 362中356 ピースオブエイ 1475 0.4
青4	7	フジマサフリーダム	ディープインパクト	セデュイールII	芦毛	56 牡3	替田中勝	菊川	400	850	藤原正一	白老F	… … … … … …	三 2188⑧ 東 2018④	1東 2月19日 ⑦ フリージア4着 1勝 9ト9頭 芝2018 56田辺 S⑧⑤⑤ 522 人気3 後方差詰 4¼ 394外341 ジャスティンス 2012 0.6	3中 4月3日 ④ 山吹8着 1勝 9ト9頭 三外2188 56戸崎圭 S⑥⑤④ 522 人気5 中位一杯 10¼ 390中368 トーセンリョウ 2171 1.7
赤3	6	グランディア	ハービンジャー	ディアデラノビア	鹿毛	56 牡3	替戸崎圭	中内田	900	2090	キャロットF	ノーザンF	○ ○ △ ○ ◎ ◎ 西	小 1499② 京 2001①	1中京 1月22日 ⑦ 若駒4着 L 3ト7頭 芝2026 56川田 S③②② 476 人気2 折合欠 2¼ 385中353 リューベック 2022 0.4	3ヵ月半 放牧 乗込み3週間 仕上り○ 連対体重 468〜476 3ヵ月以上休 ①②③外 0100
赤3	5	ゼンノインヴォーク	シルバーステート	ヴォワルドール	鹿毛	56 牡3	富田	四位	400	693	大迫久美子	村上欽哉	▲ … … … … … 西	函 2278④ 小 2042①	2小 2月19日 ③ 1着 未勝 9ト13頭 芝2042 56富田 M⑥④④ 446 人気4 直抜出 ¾身 372外374 ミアステラ 2043 0.1	1阪 3月12日 ⑨ ゆきやなぎ5着 1勝 8ト8頭 芝外2278 56富田 S①①① 444 人気8 逃一杯 4¼ 372内347 ボルドグフーシ 2271 0.7
黒2	4	キングズパレス	キングカメハメハ	ドバウィハイツ	鹿毛	56 牡3	替松岡	戸田	400	860	社台RH	社台F	… … ▲ … … …	三 [illegible]① 新 [illegible]⑨ 中 [illegible]②	3中 4月2日 ③ 2着 未勝 7ト18頭 芝内2027 56松岡 S⑬⑨⑦ 490 人気3 直進伸 3身 387外351 ヴィブラフィオ 2022 0.5	3中 4月17日 ⑧ 1着 未勝 14ト18頭 三外2149 56武豊 H⑭⑫⑥ 490 人気1 漸進伸 2身 379外353 フィレンツェ 2152 0.3
黒2	3	ギャラクシーナイト	ドゥラメンテ	アンジェリック	青鹿	56 牡3	菊沢	菊沢	900	1750	ライオンRH	杵臼牧場	… △ … △ 注 △	大ダ 1544① 東 1524② 中 2029②	1中 1月15日 ⑤ 1着 未勝 5ト16頭 ダ1555 56菊沢 S①①① 494 人気3 逃切る 2身 384内390 オヤノナナヒカ 1558 0.3	2中 3月13日 ⑥ 1着 1勝 12ト16頭 ダ1544 56菊沢 M②②② 490 人気3 先行抜出 ¾身 367中390 ジョイス 1545 0.1
白1	2	ドーブネ	ディープインパクト	プレミアステップス	青毛	56 牡3	武豊	武幸	1000	2300	藤田晋	社台F	注 △ … ▲ ▲ ○ 西	京 1214① 阪 1345⑦ 中 1490⑥ 芸 1305①	6阪 12月19日 ⑥ 朝日FS 7着 GI 11ト15頭 芝外1345 55吉田隼 M⑫⑬⑨ 480 人気5 後方差詰 5¾ 360外353 ドウデュース 1335 1.0	2中 3月20日 ⑦ スプリングS 6着 GII 6ト13頭 芝内1490 56武豊 S⑫⑬⑪ 472 人気8 一瞬脚 3¾ 385外348 ビーアストニッ 1484 0.6
白1	1	ショウナンマグマ	ザファクター	レッドメアラス	鹿毛	56 牡3	菅原明	尾関	900	1520	国本哲秀	青藍牧場	△ △ … △ … △	東 1354④ 東 1478① 中 2007④	1東 2月20日 ⑧ 4着 1勝 15ト15頭 芝1354 56吉田豊 M⑦②② 502 人気4 好位一息 5¾ 347中370 ラスール 1344 1.0	3中 3月26日 ① 1着 1勝 4ト12頭 芝内1484 56菅原明 M①①① 500 人気3 逃楽勝 8身 361内357 ゼッフィーロ 1497 1.3

1着⑧セイウンハーデス
（6番人気）
2着④キングズパレス
（9番人気）
3着⑨マイネルクリソーラ
（14番人気）

単⑧1010円　枠連2－4 6220円
複⑧290円　④540円　⑨3250円
馬連④－⑧11520円　馬単⑧→④20550円
ワイド④－⑧3030円　⑧－⑨17200円　④－⑨20630円
3連複④⑧⑨305910円
3連単⑧→④→⑨1400950円

馬連④－⑧１万1520円！

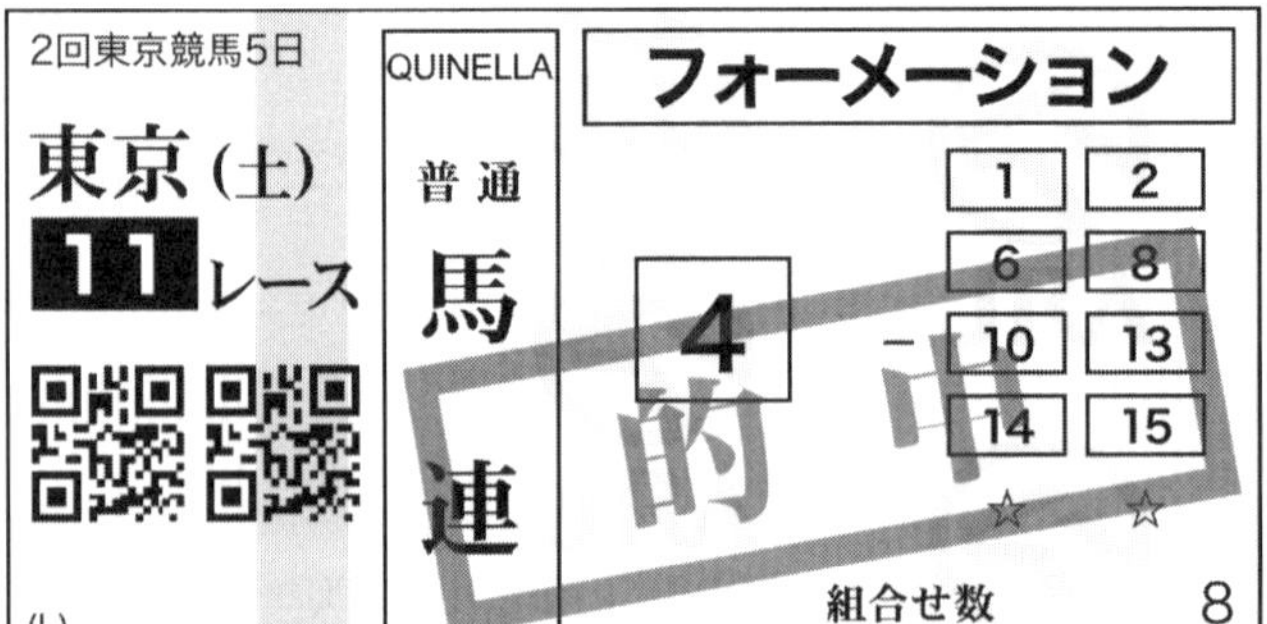

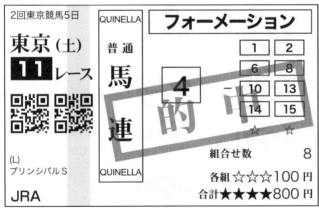

「突入&移動馬」のルールと的中馬券

馬連ランクと単勝や複勝ランクを比較することでも、高配当馬券を演出する穴馬を見つけ出すことができます。「突入&移動馬」というルールをクリアした馬が該当します。

「突入&移動馬」のルールとは、馬連ランクと比較して、単勝や複勝ランクが5ランク以上上昇している馬のことをいいます。

実際のレースで「突入&移動馬」とは、どんな穴馬候補なのかを紹介してみましょう。

2022年9月25日、中京12Rです（P33参照）。

最初にコンピ指数のチェックです。コンピ指数1位は72P、46Pの馬は13位、コンピ指数1位と3位との差は7Pだったので、大穴型レースとして浮上しました。

朝9時半のオッズでは、馬連1番人気は10・1倍、単勝30倍未満の頭数は10頭ですから、このレースは完全に大穴型レースとして「競馬予報」から判定されたレースということになります。

まずは馬連ランクを人気順に並び替えなければなりません。

馬連1番人気は⑥-⑦で10・1倍、⑥番の単勝は3・6倍、⑦番の単勝

【図F】2022年9月25日・中京12Rのコンピ指数と馬連・単勝・複勝ランク

コンピ指数	1位	2位	3位	4位	5位	6位	7位	8位	9位	10位	11位	12位	13位	14位	15位	16位
馬番	6	7	1	12	11	2	8	10	3	4	16	9	15	5	14	13

馬連ランク	6	7	1	2	12	11	10	8	4	16	3	9	5	13	14	15
馬連オッズ		10.1	12.7	15.5	16.4	20.9	23.5	39.7	48.1	55.6	71.0	75.2	94.0	222	224	276

単勝ランク	6	7	2	1	4	12	11	16	10	8	9	5	3	15	13	14
単勝オッズ	3.6	5.0	7.0	8.2	9.8	11.4	17.6	19.4	19.8	24.9	34.3	34.5	35.2	61.6	81.1	83.3

複勝ランク	6	4	7	1	2	11	9	10	12	3	8	5	16	14	13	15
複勝オッズ	2.3	2.8	2.9	3.1	3.6	3.6	4.7	4.9	6.0	6.0	6.3	8.2	10.6	12.0	16.9	24.2

は5・0倍ですから⑥番のほうが人気があります。つまり馬連の軸馬は⑥番となります。

⑥番絡みの馬連オッズを抜き出し、人気順に並び替えていきます。単勝オッズや複勝オッズも同様に人気順に並び替えていきます。それをひとつの表にまとめたのが【図F】です。

ここでは馬連ランク12位の⑨番に注目してください。複勝ランクを見ると、7位に5ランク上昇していることがわかります。「突入&移動馬」のルールは馬連ランクと単勝&単勝ランクを比較して、5ランク以上上昇している馬なので、⑨番は「突入&移動馬」のルールをクリアした穴馬候補ということになります。

もう1頭同じような動きをしている馬がいます。馬連ランク9位の④番です。こちらは複勝ランク2位へ7ランク上昇しています。④番も「突入&移動馬」であることがわかります。

つまり、このレースからは⑨番と④番が「突入&移動馬」のルールから浮上した穴馬候補ということになります。

馬連13位と14位の間には「オッズの壁」があり、そこからも⑨番は浮上しています。もう1頭、「オッズの壁」のルールから⑤番が浮上していますが、⑨番と⑤番の単勝オッズが34倍と同じようなオッズに対し、複勝オッズでは⑨番は4・7倍、一方の⑤番は8・2倍と売れていません。

他に穴馬候補がいなければ注目してもいいですが、「突入&移動馬」のルールから2頭穴馬候補が浮上しています。ここは無視しても大丈夫です（余裕のある方はワイド馬券程度で押さえてもOKです）。

レース結果は、馬連ランク2位の⑦番フルムが1着、2着に「突入&移動馬」の最終オッズでは13番人気の⑨番コーリングローリー、3着に馬連1位の⑥番キッショウと入り、3連複は1万1730円、

●2022年９月25日・中京12R（３歳上２勝クラス、ダ1200m）

馬番	枠	馬名	父	母	毛色・斤量・性齢	騎手	厩舎	賞金	総賞金	馬主	生産者
1	白1	アイスリアン	キズナ	アイスメアー（2勝）	黒鹿 55 牝4	吉田隼	高柳大	900	2224	村上憲政	岡田牧場
2	白1	タイセイグラシア	ディープインパクト	インプレスゴールド（3勝）	黒鹿 51 牝4	★古川奈	矢作	900	1910	田中成奉	下河辺牧場
3	黒2	カネコメアサヒ	ダンカーク	クニコチャン（1勝）	栗 57 牡6	川又	中尾秀	900	3072	高岡義雄	アサヒ牧場
4	黒2	ゲンパチミーティア	ロードカナロア	ロージーローズ（未勝）	鹿 57 騸4	坂井	矢作	900	1960	平野武志	上村清志
5	赤3	ミッキーマインド	ディープインパクト	マイグッドネス（米）	鹿 57 牡7	浜中	音無	900	2883	野田みづき	三嶋牧場
6	赤3	キッショウ	キンシャサノキセキ	ルージュノアール（1勝）	鹿 49 牝3	★今村	奥村豊	900	1983	ニッシンHD	チャンピオンズF
7	青4	フルム	シニスターミニスター	サンタテレサ（公）	黒鹿 55 牡3	水口	浜田	900	2380	京都ホースR	高橋F
8	青4	ペラール	ロードカナロア	ルリビタキ（未勝）	黒鹿 56 牡5	☆角田和	武幸	900	2687	安原浩司	三嶋牧場
9	黄5	コーリングローリー	ヘニーヒューズ	ヤヤラーラ（2勝）	栗 57 牡5	斎藤	小野次	900	2295	伊藤恵子	田端牧場
10	黄5	チャーミングアクト	ヴァンセンヌ	アルーリングアクト（2勝）	鹿 51 牝5	★永島	飯田雄	540	1539	橋本浩	白老F
11	緑6	ジューンステータス	メイショウボーラー	フラワーチャンプ（6勝）	青鹿 57 牡6	和田竜	今野	900	3281	吉川潤	吉田又治
12	緑6	エールソヴール	ストロングリターン	ラブリリック（公）	黒鹿 55 牝4	松若	樋口慎	900	2121	佐伯由加理	社台F
13	橙7	イチザウイナー	ヴァンセンヌ	イチザラブ（公）	鹿 52 牝3	▲服部	服部	900	1348	奈良崎孝一郎	奈良崎孝一郎
14	橙7	サクセスリボーン	ゴールドアリュール	サクセスアイニー（未勝）	黒鹿 56 牡5	☆亀田	北出	900	2251	柴田実千代	タニグチ牧場
15	桃8	クリノカサット	ゴールドアリュール	クリノビリオネア（3勝）	栗 52 牝7	▲鷲頭	藤沢則	580	2149	栗本博晴	三輪牧場
16	桃8	コウバコ	エスポワールシチー	ワンモアアリュール（4勝）	栗 55 牝4	幸	北出	900	2464	増田江利子	長浜秀昭

1着⑦フルム
（2番人気）
2着⑨コーリングローリー
（13番人気）
3着⑥キッショウ
（1番人気）

単⑦410円　枠連4－5 3450円
複⑦150円　⑨670円　⑥150円
馬連⑦－⑨11390円　馬単⑦→⑨17490円
ワイド⑦－⑨2980円　⑥－⑦330円　⑥－⑨2660円
3連複⑥⑦⑨11730円
3連単⑦→⑨→⑥90140円

3連複⑥⑦⑨１万1730円！

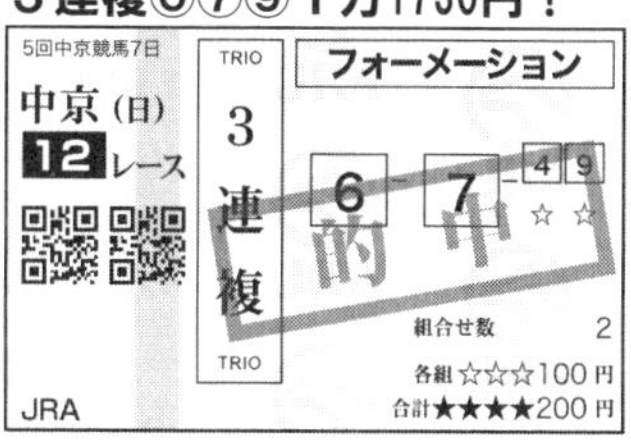

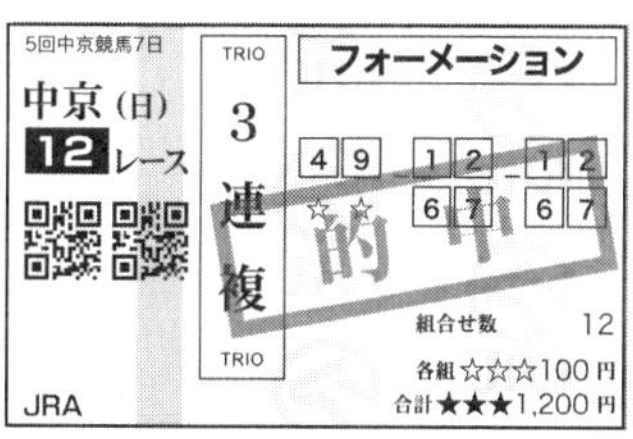

馬連⑦－⑨
１万1390円！

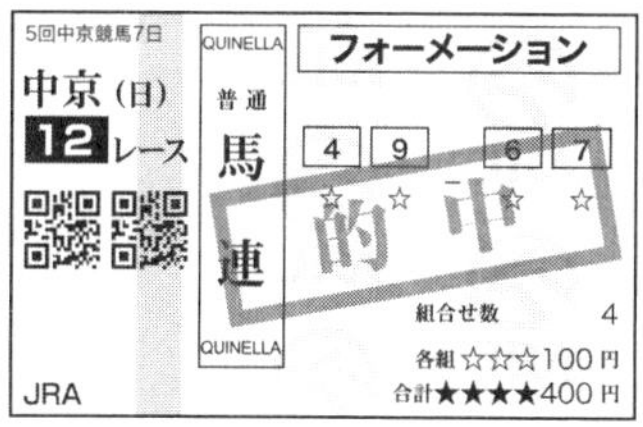

ワイド
⑦－⑨2980円！
⑥－⑨2660円！

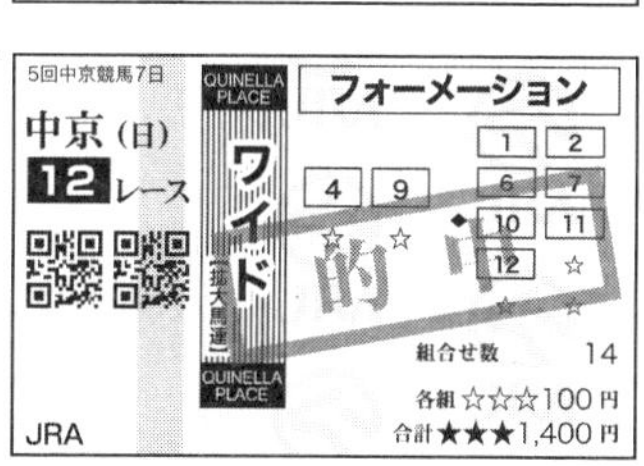

ワイド⑥－⑨2660円、⑦－⑨2980円の的中となりました。

馬連と3連複で⑥番と⑦番を中心に組み立てたのは、コンピ指数1、2位が⑥番と⑦番、馬連、単勝ランクも1、2位が⑥番と⑦番で、きれいに揃っていたからです。もう1枚の3連複馬券のほうは、その⑥番と⑦番に、①番と②番を加えました。

⑨番と④番は馬連オッズが80倍未満だから馬連馬券でもいいのですが、このレースは⑥番から馬連が売れ、⑦番からだと馬連でも100倍を超えていたので、念のためにワイド馬券も買いました。結果的に⑦－⑨の馬連1万1390円とワイド2点獲りとなりました。

「複勝6倍の壁」のルールと的中馬券

もうひとつ、大穴型レースとして浮上したレースで、穴馬を見つけ出す方法を紹介しましょう。「複勝6倍の壁」というものです。穴馬候補を見つけ出す方法は難しくありません。複勝オッズを人気順に並び替え、複勝オッズが6倍を超えた箇所を「複勝6倍の壁」と呼び、その前の2頭に注目するルールです。複勝6・0倍の場合はその馬は含まず、その前の2頭となります。

つまり複勝で①番が5・6倍、②番が5・8倍、③番が6・0倍、④番が6・1倍のケースでは、「複勝6倍の壁」のルールをクリアしている馬は②番と③番ではなく、①番と②番となります。

では、実際のレースで「複勝6倍の壁」とは、どのようなものなのかを見ていきましょう。2022年3月13日、中京12Rです（P36参照）。まずはコンピ指数をチェックしていきます。

1位のポイントは74P、46Pの馬は12位、さらには1位と3位とのポイント差は9Pでしたので、大穴型レースとして浮上です。

朝9時半のオッズでは馬連1番人気は13・3倍、単勝30倍未満の頭数は11頭ですから、こちらも穴レースの条件をクリアしており、このレースは「競馬予報」から大穴型レースと判定されることになります。

大穴型レースとして判定されたら、次は穴馬を見つけ出さなければなりません。まずは馬連ランクを人気順に並び替えていきます。馬連1番人気は①－⑪です。単勝①番は8・5倍、⑪番は8・4倍ですから、馬連1位は⑪番となります。⑪番から馬連ランクを並び替えていきます。

単勝や複勝オッズも同じように人気順に並び替え、それをひとつの表にまとめたのが【図G】です。

先述したように「複勝6倍の壁」とは複勝オッズが6倍を超えた箇所です。複勝8位と9位の箇所に注目してください。複勝8位が4・7倍、複勝9位が6・1倍となっており、ここに「複勝6倍の壁」があることがわかります。その前の2頭に注目するのがルールなので、⑦番と⑬番が対象ということになります。

しかし⑬番は馬連4位の馬です。大穴馬は馬連ランク9位以下であるのが大穴馬のルールなので、「複勝6倍の壁」からは⑦番だけが浮上したこ

【図G】2022年3月13日・中京12Rのコンピ指数と馬連・単勝・複勝ランク

コンピ順位	1位	2位	3位	4位	5位	6位	7位	8位	9位	10位	11位	12位	13位	14位	15位	16位
馬番	11	13	8	14	1	6	3	12	5	10	2	15	7	16	9	4

馬連ランク	11	1	8	13	14	9	5	6	3	10	2	7	12	15	4	16
馬連オッズ		13.3	15.5	21.4	25.6	32.6	38.7	41.6	63.6	72.9	81.7	82.0	85.4	97.5	116	449

単勝ランク	8	9	11	1	5	7	6	14	13	10	15	3	4	2	12	16
単勝オッズ	5.1	5.9	8.4	8.5	8.7	10.5	10.8	13.1	17.2	19.9	23.5	31.7	33.6	34.1	42.5	90.9

複勝ランク	9	11	5	8	6	1	7	13	15	3	10	14	12	2	4	16
複勝オッズ	2.3	2.4	2.6	3.7	4.3	4.3	4.7	4.7	6.1	6.2	6.3	7.0	9.9	10.3	10.6	24.0

太線がオッズの壁、複勝6倍の壁

●2022年３月13日・中京12R（４歳上１勝クラス、ダ1200m）

枠	馬番	馬名	父	母	毛色	斤量 性齢	騎手	厩舎	賞金	馬主	生産	印	持ち時計	過去走（上段）	過去走（下段）
白1	1	ウェーブメジャー	ダイワメジャー	ショウナンワヒネ	鹿毛	57 牡4	藤岡康	栗 中尾秀	400 / 1536	万波健二	桑田牧場	▲ ◯ ◯ ▲ ◎ B△	小ダ58.6⑫ 新ダ1115⑩ 中京ダ1258⑫ 函芝1244⑦	6中京12月18日 ⑤ 三才上 8 1勝10ト16頭 ダ1119 54藤田菜 M②②② 474B人気8 先行一杯 5¾ 341中378 アシタバ 1109 1.0	2小2月20日 ④ 四才上 2 1勝9ト14頭 千ダ58.9 57藤岡康 H①①① 476B人気5 逃粘る ½身 346中360 ビーアイフェリ 588 0.1
白1	2	メイショウゼッケイ	サウスヴィグラス	ナンヨールージュ	栗毛	52 牝6	▲原	栗 梅田智	400 / 2013	松本好雄	岡部牧場	△ △ △ △ △	小ダ58.6❽ 新ダ1114❸ 名ダ1317⑧ 東ダ1390⑪	1中京1月23日 ⑧ 四才上 11 1勝10ト13頭 ダ1144 55荻野琢 M①②② 432人気10 先行一杯 9身 359中385 ディーズローリ 1129 1.5	2小2月20日 ④ 四才上 4 1勝14ト14頭 千ダ59.0 52原 H⑤④④ 422人気7 好位一息 1½ 350中357 ビーアイフェリ 588 0.2
黒2	3	スターオブスパーダ	ディスクリートキャット	ダイワソフィー	芦毛	57 牡4	城戸	美 荒川	400 / 987	光安了	小林仁	△	小ダ59.3❺ 中京ダ1125⑫ 京ダ1260❺	4阪10月9日 ① 三才上 16 1勝7ト16頭 ダ1270 55城戸 M①①① 422人気15 逃一杯 14½ 347内398 シゲルホサヤク 1247 2.3	2小2月20日 ④ 四才上 5 1勝4ト14頭 千ダ59.3 57城戸 H⑮⑤⑥ 448人気10 出遅る 3身 353中358 ビーアイフェリ 588 0.5
黒2	4	アテンフェアリー	サウスヴィグラス	ハロウィンパレード	黒鹿	52 牝6	▲角田和	美 笠野	400 / 1182	齋藤直信	本桐牧場	△ 東	函ダ59.7⑧ 新ダ1107❹ 東ダ1247❼ 東ダ1380⑫	2福11月14日 ④ 三才上 10 1勝6ト16頭 ダ1096 55坂井 H⑬⑭⑬ 480人気6 後方まま 4身 361内364 テオドラ 1090 0.6	1東2月20日 ❽ 四才上 15 1勝12ト16頭 ダ1256 52小林脩 S⑧⑧⑨ 492人気12 中位一杯 12¼ 359外371 アルマドラード 1236 2.0
赤3	5	(外)コズミックマインド	イントゥミスチーフ	ミスティカルスター	鹿毛	57 牡4	Mデムーロ	栗 田島俊	400 / 783	レッドマジック	アメリカ	△ 初△ B△ 東	ダ1[illegible]3⑥ ダ1[illegible]6❹ 東ダ1[illegible]6⑤ **1**	2福11月13日 ③ 三才上 6 1勝2ト15頭 ダ1473 55勝浦 M⑧⑥⑥ 458人気❸ 中位まま 12¼ 369中393 ブリエヴェール 1452 2.1	1中1月22日 ⑦ 四才上 11 1勝6ト14頭 ダ1556 56Mデムーロ H⑥⑥⑥ 466人気4 中位一杯 15身 380中408 クリーンドリー 1531 2.5
赤3	6	スイーツビュッフェ	ゴールドアリュール	サイモンドルチェ	鹿毛	53 牝6	◇藤田菜	栗 西田	400 / 1140	YGGホースC	ヤナガワ牧場	△ 東	大ダ1551⑬ 新ダ1116⑥ 東ダ1255⑭ 東ダ1379❽	4新9月4日 ⑦ 三才上 6 1勝2ト15頭 ダ1116 55三浦 M⑬⑬⑫ 512人気9 後方差詰 6¼ 354内362 ビップエレナ 1106 1.0	1東2月12日 ❺ 四才上 14 1勝9ト16頭 ダ1255 55石橋脩 M⑮⑬⑬ 508人気10 後方まま 16身 368外372 ジャングルキン 1228 2.7
青4	7	(地)ソナトリーチェ	ルーラーシップ	ソムニア	鹿毛	55 牝4	西村淳	美 奥村豊	70 / 262	DMMドリームC	ノーザンF		[illegible]③ [illegible]⑤ [illegible]① [illegible]① **2**	6阪12月28日 ⑨ 三才上 14 1勝14ト14頭 ダ1281 54団野 H①①① 448人気5 逃バテ 18¼ 349内411 ワンダーイチョ 1251 3.0	1中京1月9日 ③ 四才上 11 1勝2ト16頭 ダ1268 54団野 H②②① 456人気12 4角先頭 7½ 350中392 エコロマンボ 1255 1.3
青4	8	(外)コスモアディラート	スニッツェル	リヴァーセレナーデ	鹿毛	56 牡4	岩田望	栗 和田郎	400 / 1126	ビッグレッドF	オーストラリア	◯ ▲ △ △ 注 ◎ 東	東芝1215① 東芝1342⑨	1中1月10日 ④ 四才上 3 1勝15ト15頭 芝外1347 55Mデムーロ M⑧⑧⑥ 484人気❸ 外々回る 2¾ 357外355 スリートップキ 1343 0.4	1東2月5日 ③ 四才上 9 1勝15ト16頭 芝1342 56柴田大 S⑥②④ 492人気7 先行一杯 5¼ 350外352 レフトゥバーズ 1333 0.9
黄5	9	(地)シンゼングレート	ラブリーデイ	ボーシュヴァル	青鹿	54 牡4	▲松本	美 荒川	130 / 145	原司郎	ヴェルサイユF	△	中芝1086⑫ 阪ダ1142⑦ 阪ダ1281⑪ 大ダ1556❾	1中京2月5日 ⑪ 四才上 14 1勝4ト16頭 ダ1281 57城戸 H③④② 474人気13 好位バテ 11¾ 348内412 タイセイブレイ 1260 2.1	1阪2月20日 ④ 四才上 7 1勝12ト16頭 ダ1142 57川島 H⑥⑤④ 470人気12 中位一杯 6½ 354中388 スズカキンシャ 1132 1.0
黄5	10	(地)スズカサウスソング	サウスヴィグラス	ファイトソング	栗毛	57 牡5	岩田康	美 橋田	130 / 499	永井啓弍	グランド牧場	△ B△	小ダ59.3④ 阪ダ1132⑧ 名ダ1300① 中ダ1473⑦	1小1月23日 ④ 四才上 4 1勝11ト13頭 千ダ59.3 56泉谷 H②③③ 512B人気4 好位一息 3¾ 343中364 キョウドウクン 587 0.6	1小2月6日 ⑧ 四才上 9 1勝12ト14頭 千ダ1005 56泉谷 M②②⑤ 510B人気5 好位一杯 7身 360中368 エルズリー 593 1.2
緑6	11	トミケンカラバティ	ディスクリートキャット	ペイドリン	鹿毛	54 牡4	▲土田	美 尾形和	400 / 1718	佐野信幸	信岡牧場	注 ◎ 注 ◯ ◯ ◯ 東	函ダ59.3① 中京ダ1113❸ 東ダ1252⑤ 東ダ1401⑪	6中京12月19日 ❻ 三才上 3 1勝3ト16頭 ダ1113 53小林凌大 H⑥⑨⑨ 454人気❶ 中位伸 1身 348内365 キュムロンニン 1111 0.2	1中1月9日 ③ 四才上 3 1勝12ト16頭 ダ1121 56石橋脩 M③③② 456人気4 先行粘る 1¼ 347外374 ロレンフォ 1119 0.2
緑6	12	サイモンルピナス	ダノンレジェンド	メイショウチルチェ	黒鹿	55 牡4	大野	美 羽月	400 / 1838	澤田昭紀	三嶋牧場	△ △ B△	小ダ58.5③ 新ダ1117❷ 京ダ1247❽ 中ダ1088②	6中京12月19日 ❻ 三才上 14 1勝4ト16頭 ダ1126 54西村淳 H⑥⑥⑥ 432B人気6 中位一杯 8身 345内381 キュムロンニン 1111 1.5	1阪2月13日 ② 四才上 10 1勝2ト16頭 ダ1138 55坂井 M⑨⑨⑨ 436B人気13 中位一杯 4身 361中377 タイセイグラシ 1130 0.8
橙7	13	シゲルメダリスト	リアルインパクト	バンビーナココ	鹿毛	57 牡4	鮫島駿	栗 川村	400 / 893	森中蕃	バンブー牧場	◎ 注 ▲ ◎ ▲ B注	函ダ1127⑤ 中ダ1265⑦ 大ダ1578⑦	1中京1月23日 ⑧ 四才上 2 1勝7ト13頭 ダ1133 56川島 M⑨⑩⑩ 478B人気6 中位伸 2½ 369外364 ディーズローリ 1129 0.4	1中京2月5日 ⑪ 四才上 7 1勝11ト16頭 ダ1265 57幸 H⑨⑦⑦ 482B人気7 中位まま 2¼ 352中391 タイセイブレイ 1260 0.5
橙7	14	ヒヤ	パドトロワ	ゴールドビアース	鹿毛	57 牡4	荻野極	栗 鮫島	400 / 1487	山口正行	若林順一	△ △ ◎ 注 △ ▲	小ダ[illegible]⑧ 中京ダ11[illegible]④ 阪ダ[illegible]② **3**	1小1月29日 ⑤ 四才上 2 1勝7ト13頭 千ダ59.7 53角田和 H⑥⑥⑧ 450人気4 中位伸 ½身 356中361 ムジック 596 0.1	2小2月20日 ④ 四才上 8 1勝3ト14頭 千ダ59.5 54角田和 H⑨⑧⑦ 456人気4 中位まま 4¼ 356内357 ビーアイフェリ 588 0.7
桃8	15	フェラーラ	ワールドエース	シスターエレキング	鹿毛	55 牝4	幸	栗 森田	400 / 638	北山敏隆	ヒダカF		中芝1092⑭ 中京ダ1118❽ 阪ダ1244❹ 阪芝1370⑪	5阪11月27日 ⑦ 三才上 6 1勝12ト12頭 ダ1140 54幸 M⑧⑦⑤ 422人気7 中位まま 6¾ 360中380 ジェットエンブ 1129 1.1	1中京1月8日 ② 四才上 11 1勝10ト16頭 ダ1131 54岩田望 M⑭⑬⑮ 420人気13 出遅る 6¾ 370中361 ロコポルティ 1119 1.2
桃8	16	(地)ホイッスルヴォイス	キンシャサノキセキ	リリカルホイッスル	鹿毛	54 牝5	☆亀田	美 大竹	130 / 762	藤田岳彦	白老F	東	小ダ1008⑭ 新ダ1124⑦ 函ダ1322⑩ 東芝1362④	1小2月5日 ⑦ 四才上 17 1勝1ト18頭 芝1107 53藤田菜 S⑪⑪⑭ 462人気17 後方まま 10¾ 352内355 スマートルシー 1090 1.7	2小2月20日 ❹ 四才上 14 1勝10ト14頭 千ダ1008 55西村淳 H⑪⑪⑫ 462人気13 後方まま 12¾ 359内369 ビーアイフェリ 588 2.0

1着⑤コズミックマインド
（5番人気）
2着⑦ソナトリーチェ
（9番人気）
3着⑭ヒヤ
（8番人気）

単⑤740円　枠連3－4 1590円
複⑤300円　⑦820円　⑭490円
馬連⑤－⑦10890円　馬単⑤→⑦14280円
ワイド⑤－⑦4110円　⑤－⑭2130円　⑦－⑭8020円
3連複⑤⑦⑭61800円
3連単⑤→⑦→⑭255930円

ワイド⑤－⑦4110円！⑦－⑭8020円！

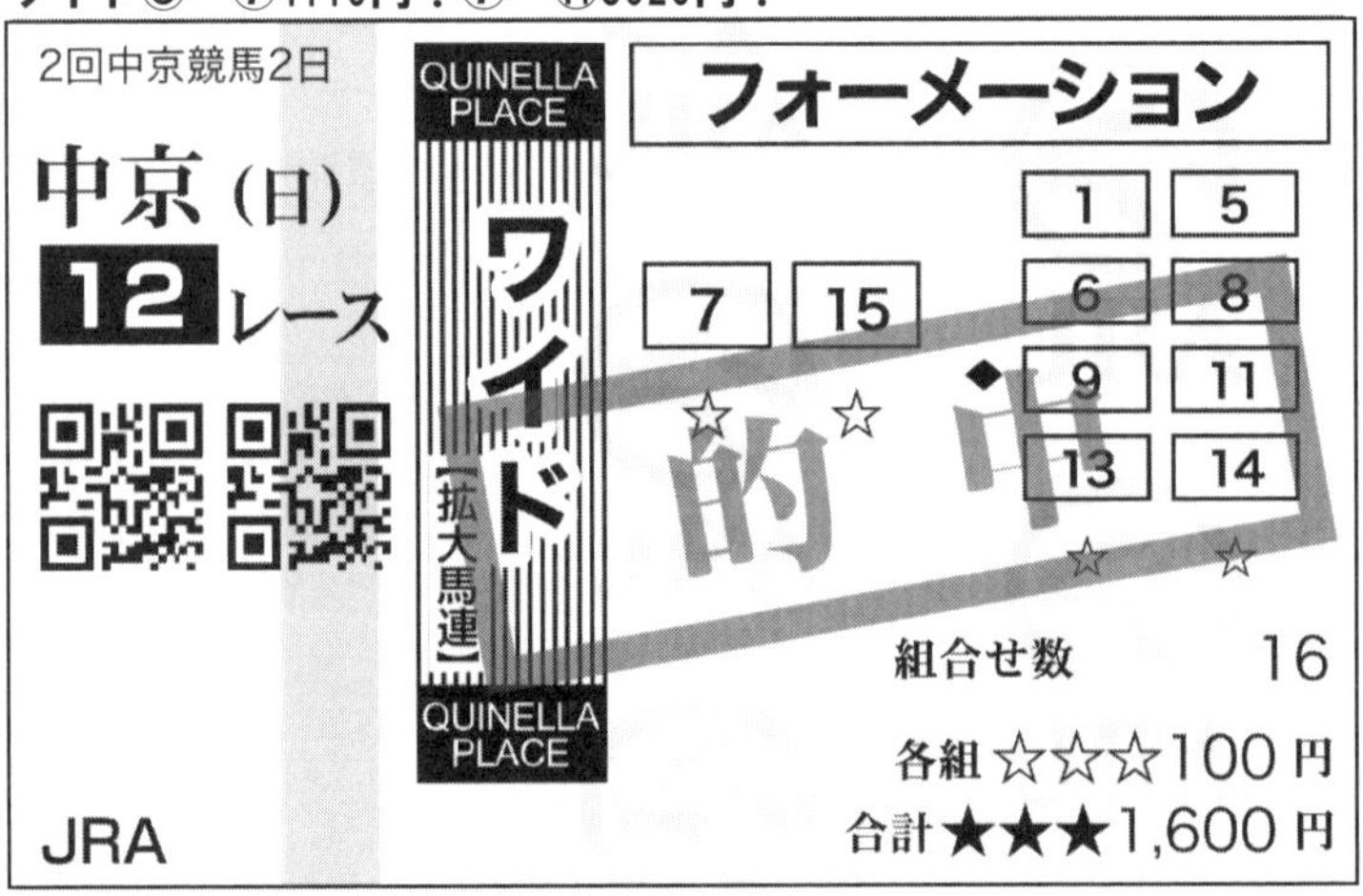

となります。

馬券は「複勝6倍の壁」から浮上した⑦番と⑮番からのワイド馬券を組み立てました。⑮番は馬連ランク15位と16位の間にある「オッズの壁」の前の馬であり、複勝ランク14位から9位へ5ランク上昇し「突入&移動馬」のルールもクリアしていたからです。

⑦番も馬連12位から複勝7位へと5ランク上昇し「突入&移動馬」のルールをクリアしています。

レース結果は1着に馬連ランク7位の⑤番コズミックマインド。2着には「複勝6倍の壁」から浮上の⑦番ソナトリーチェ、3着馬連5位の⑭番ヒヤで、⑦番はしっかりとワイド馬券に絡みました。

ワイド馬券は⑤－⑦で4110円、⑦－⑭で8020円。合計1万2130円です。馬連⑤－⑦は1万890円でしたから、馬連馬券を購入したケースよりリターンが大きくなりました。

「馬連人気分布表」と「ボトム値」の効用を理解する

大谷式オッズ馬券では「オッズの壁」「突入&移動馬」「複勝6倍の壁」だけでも十分、高配当馬券をGETすることができますが、他にも方法はあります。

少々面倒な作業になりますが、「馬連人気分布表」という表があります。これは馬連がどのように売れているか、集中的に売れているのがどの馬なのかを見つけ出すことができるスグレモノの表です。

2022年10月9日、阪神11RオパールSを例に説明しましょう（P40参照）。

最初に行なう作業は、ここでもコンピ指数のチェックです。1位のポイントは77P、46Pの馬は12位、

1位と3位とのポイント差は6Pなので、コンピ指数からは大穴型レースの条件をクリア。朝9時半のオッズでも、馬連1番人気は11・8倍、単勝30倍未満の頭数は11頭だったので、「競馬予報」から大穴型レースと判定されました。

馬連1番人気は⑨－⑯で⑨番の単勝が4・5倍、⑯番の単勝が6・8倍。よって⑨番が馬連の1位となり、⑨番から馬連ランクを並べ替えていきます。

【図H】の表をご覧ください。見慣れない表かと思いますが、ヨコ軸には⑨・⑯・①・④……と並んでいます。タテ軸にもヨコ軸と同じように⑨・⑯・①・④……と並んでいます。一番上の段、⑨番からの馬連オッズは、今まで紹介してきた馬連ランクと同じオッズが並んでいます。

表の作成方法ですが、まずは通常の馬連ランク1位からヨコ軸の一番上の段にオッズの数値を記入していきます。11・8、12・9、14・5、19・8……と並んでいるのは、馬連1位の⑨番からのオッズを人気順に並び替えたものです。今まで「オッズの壁」「突入&移動馬」「複勝6倍の壁」で馬連1番人気から並び替えたものと同じものが並んでいます。

【図H】2022年10月9日・阪神11Rの馬連人気分布表

	9	16	1	4	5	2	13	3	12	6	8	10	14	15	7	11
9		11.8	12.9	14.5	19.8	24.4	26.2	45.3	45.3	46.7	87.0	99.8	123	156	159	202
16			20.4	32.0	32.3	40.4	42.8	94.0	51.3	71.2	143	159	222	247	184	346
1				32.6	32.4	35.8	44.8	67.7	83.2	81.4	167	188	246	290	212	342
4					34.6	37.0	63.2	92.6	88.0	93.1	47.0	168	259	473	245	368
5						48.8	73.3	96.1	97.5	110	180	206	329	426	334	457
2							76.1	93.2	87.8	114	130	236	276	361	218	397
13								143	154	129	222	262	242	495	466	590
3									203	183	294	415	653	725	386	790
12										185	339	348	495	598	463	526
6											368	321	570	745	471	622
8												659	787	1097	659	1097
10													889	1624	695	1181
15														934	1065	1491
7															1177	1597
11																1045

A　B　C

二段目は⑯番からの馬連オッズをヨコ軸の⑨・⑯・①・④……と並んでいるその組み合わせのオッズを記入していきます。Aの箇所は馬連①−⑯の馬連オッズが20・4倍、Bの箇所は馬連②−④のオッズが37・0倍であることを表しています。すべての組み合わせのオッズを記入したら完成です。

ここで、Cの箇所に注目してください。馬連④−⑧が47・0倍となっています。

この表は馬連1位の⑨番から人気順に並び替え、タテ軸にもヨコ軸と同じように馬連オッズを並び替えたもの。ヨコ軸に注目すると右へいくほど人気薄、タテ軸に注目すると下へいくほど人気薄、すなわち数値が大きくなるのが普通です。

しかし馬連④−⑧の組み合わせは、①−⑧の馬連オッズや馬連④−⑥のオッズより低いことがわかります。もちろん馬連④−⑩や⑤−⑧のオッズよりも低いです。

このように、上下左右のオッズより低いオッズを示している箇所を**「ボトム値」**と呼び、この箇所に注意する必要があるのです。すなわち、この場合なら馬連11位、穴馬ゾーンにランクされている⑧番が大穴馬として怪しいことになります。

他にも②−⑫や⑥−⑩のような箇所（太線部分）にも「ボトム値」がありますが、④−⑧の箇所だけは上下左右のオッズより強烈に売れています。私はこのレースは⑧番が大穴馬だと判断し、⑧番からの馬券を組み立てることにしました。

レース結果は、馬連2位の⑯番トウシンマカオが1着。2着には馬連1位の⑨番サンライズオネスト、3着には「馬連人気分布表」から強烈な「ボトム値」があった大穴馬の⑧番エレナアヴァンティが入り、3連複⑧−⑨−⑯2万890円、ワイド⑧−⑨2960円、⑧−⑯5160円をGETしました。

●2022年10月９日・阪神11Ｒオパール S（Ｌ、芝1200m）

16 桃8	15	14 橙7	13	12 緑6	11	10 黄5	9	8 青4	7	6 赤3	5	4 黒2	3	2 白1	1
ビッグアーサー	アグネスデジタル	サウスヴィグラス	ヴィクトワールピサ	ロードカナロア	ノヴェリスト	シユーニ	ダイワメジャー	アドマイヤムーン	マツリダゴッホ	ダイワメジャー	ダイワメジャー	キングカメハメハ	ダイワメジャー	ロードカナロア	キズナ
トウシンマカオ	ダイメイフジ	ヒロシゲゴールド	ディヴィナシオン	レイハリア	シセイヒテン	(外)ヴィズサクセス	サンライズオネスト	エレナアヴァンティ	リンゴアメ	ケープコッド	オパールシャルム	アヌラーダプラ	サヴォワールエメ	スティクス	スマートリアン
ユキノマーメイド4勝	ダイメイダーク1勝	エフテーストライク3勝	フギン4勝	ライトリーチューン未勝	シセイカグヤ5勝	ヴィズ 愛	サイモンドルチェ未勝	ドリームカムカム8勝	マイネデセール2勝	ハーロンベイ4勝	ジルコニア3勝	ボロンナルワ未出	ニアメ 英	ベンテシレイア2勝	スマートオーシャン1勝
栗 54 牡3	鹿 57 牡8	青鹿 57.5 牡7	黒鹿 54 牡5	鹿 55 牝4	青 54 牡7	鹿 54 牡5	黒鹿 56 牡5	鹿 51 牝5	黒鹿 53 牝4	黒鹿 53 牝5	栗 54 牝5	鹿 54 牝5	栗 53 牝6	鹿 52 牝4	鹿 53 牝5
鮫島駿	菱田	和田竜	岩田望	松岡	田中勝	柴山雄	横山典	今村	国分優	藤岡康	江田照	団野	松田	武豊	秋山真
高柳瑞	森田	北出	森	田島俊	宗像	奥村武	河内	宗像	菊川	高柳瑞	武藤	萩原	辻野	武幸	石橋
2350	5000	7760	2400	4850	2400	2400	3600	2200	2000	2500	3600	3600	3800	2400	2400
5250	22,730	19,345	9773	10,448	9679	6545	10,512	5190	4680	8810	11,080	7500	8710	5362	10,695
サトー	宮本昇	ウエストヒルズ	一村哲也	ヒダカBU	猪苗代勇	嶋田賢	松岡隆雄	加藤裕司	ビッグレッドF	ゴドルフィン	落合幸弘	キャロットF	平井裕	シルクR	大川徹
服部牧場	横井哲	斉藤正男	高山牧場	谷岡牧場	バカバカF	アイルランド	ヤナガワ牧場	千代田牧場	ビッグレッドF	ダーレージャパンF	下河辺牧場	ノーザンF	社台F	ノーザンF	三嶋牧場
▲ ▲ ○ ▲ ○ ◎ 東	… … △ △ … △	… … … △ … B	注 … … ◎ 注 △	△ … △ … … △ 東	… … … … … 東	… … … … ▲ 東	○ ○ ◎ ○ 初 B ○	… … … … … 東	… △ … … … 東	△ ◎ … … △ B 東	△ △ △ … … 注 東	… … … △ △ 東	△ △ 注 △ △ △	… △ △ △ ◎ △	◎ 注 ▲ 注 △ ▲
1 札[illegible]95④ 東[illegible]15② 東1331⑧	新55.3⑨ 崇1076⑪ 東1198⑩ 崇1338⑪	小ダ1011① 阪1098⑩ 京ダ1251❹ 函ダ1357❷	天1483⑤ 小1071① 東1213⑧ 京1346⑨	千ダ1118❶ 函1077④ 東1227⑤	天1471⑫ 中1081⑮ 新1213⑦ 中1343⑤	天1466⑥ 札1078② 芋2031⑫ 函2301⑨	2 天[illegible]⑥ 崇[illegible]③ 崇[illegible]③ 崇[illegible]④	3 新[illegible]⑯ 小[illegible]⑯ 新[illegible]⑲ 新[illegible]⑤	函57.6① 崇1078⑫ 阪1209⑨ 阪1341⑫	札1077⑥ 京1214⑥ 阪1377⑱	新57.6⑦ 崇1081① 東1205⑧ 東1330⑥	新55.9⑰ 中1084① 東1210[illegible] 中1348⑥	天1479⑤ 小1079③ 崇1205⑪ 阪1334⑥	新55.0⑤ 小1069① 阪1207⑤ 函ダ1254❸	天1460① 小1067④ 崇1198⑤ 中1321④
2東 5月8日 ⑥ NHKマイル 8 GⅠ 6ﾄ18頭 天1331 57戸崎圭 M①①① 448 人気11 逃一息 4½ 341中357 ダノンスコーピ 1323 0.8	1函 6月25日 ⑤ 函館SS 5 オープン 5ﾄ16頭 1092 58池添 M⑫⑫⑬ 528 人気13 後方追上 3¾ 353内339 ヴァトレニ 1086 0.6	門別 6月2日 ⑤ 北海道SC 4 交流GⅢ 7ﾄ10頭 ダ1111 57武豊 M③②② 482 B 人気4 先行粘る 2¼ 345内366 ダンシングプリ 1106 0.5	3小 7月23日 ⑦ 佐世保S 1 3勝 6ﾄ9頭 1071 55川田 M⑤⑤④ 464 人気1 G前差す アタマ 336内335 ハリーバローズ 1071 0.0	1函 6月12日 ② 函館SS 4 GⅢ 16ﾄ16頭 1077 54松岡 M②②① 460 人気8 先行一息 3¼ 329中348 ナムラクレア 1072 0.5	3中 4月10日 ⑥ 春雷S 15 L 4ﾄ16頭 芝外1081 54丸山 S⑮⑮⑭ 462 人気15 出遅る 8¼ 351外330 ヴェントヴォー 1068 1.3	1函 7月2日 [7] TVh杯 1 3勝 11ﾄ16頭 1102 55岩田康 H⑩⑩⑨ 478 人気3 中位差切 クビ 348中354 イルクオーレ 1102 0.0	3中京 5月8日 ② 鞍馬S 4 オープン 12ﾄ18頭 1074 57柴田大 S⑬⑬⑪ 474 人気2 後方追上 2¼ 345外329 シゲルピンクル 1071 0.3	4新 21年8月 ⑥ 朱鷺S 15 L 11ﾄ18頭 芝内1219 54木幡初 S①①① 464 人気15 逃一杯 5½ 342内358 カイザーミノル 1210 0.9	1函 6月25日 ⑤ 函館SS 4 オープン 13ﾄ16頭 1090 54泉谷 M⑥⑥⑥ 450 人気9 中位差詰 2¼ 344内346 ヴァトレニ 1086 0.4	2福 7月17日 ⑥ 福島TV 10 オープン 9ﾄ16頭 1099 54三浦 S③③③ 488 人気2 好位一息 2¾ 349中350 オパールシャル 1094 0.5	2札 8月28日 ⑥ キーンランド 5 GⅢ 11ﾄ15頭 1095 54江田照 S①②② 488 人気11 先行一息 2½ 345中350 ヴェントヴォー 1091 0.4	2札 21年8月 ② UHB賞 1 オープン 3ﾄ16頭 1088 53横山武 S②②② 484 人気1 先行抜出 ハナ 343中345 タイセイアベニ 1088 0.0	2札 8月14日 [2] UHB賞 3 オープン 10ﾄ16頭 1094 53松田 M②②② 462 人気10 先行粘る ¾身 340中354 ロードマックス 1092 0.2	3小 7月3日 ② CBC賞 7 GⅢ 15ﾄ17頭 1069 52幸 H①②② 496 人気6 先行一杯 6¾ 319中350 テイエムスパー 1058 R 1.1	3小 7月3日 ② CBC賞 4 GⅢ 12ﾄ17頭 1067 53秋山真 H⑮⑮⑮ 476 人気5 後方追上 5¼ 330外337 テイエムスパー 1058 R 0.9
2札 8月28日 ⑥ キーンランド 4 GⅢ 16ﾄ15頭 1095 53川田 S⑨⑧⑦ 452 人気1 中位差詰 2¼ 350外345 ヴェントヴォー 1091 0.4	3ヵ月余 放牧 乗込み4週間 仕上り○ 連対体重 508～534 3ヵ月以上休 ①②③外 1102	3新 8月21日 [4] NST賞 3 オープン 10ﾄ15頭 ダ1109 57.5石橋脩 H②②② 468 B 人気6 先行粘る 5¼ 337中372 ギルデッドミラ 1101 0.8	4小 8月21日 ④ 北九州記念 8 GⅢ 14ﾄ18頭 1075 54横山典 M⑱⑰⑬ 466 人気6 後方差詰 3¼ 340外335 ボンボヤージ 1069 0.6	2札 8月28日 ⑥ キーンランド 10 GⅢ 15ﾄ15頭 1101 55松岡 S②③② 470 B 人気9 好位一杯 6身 346中355 ヴェントヴォー 1091 1.0	2福 7月17日 ⑥ 福島TV 6 オープン 12ﾄ16頭 1097 56田中勝 S⑥⑤④ 454 人気15 好位一息 1¾ 351中346 オパールシャル 1094 0.3	2札 8月14日 [2] UHB賞 10 オープン 12ﾄ16頭 1098 54岩田康 M⑦⑤⑤ 482 人気3 中位一杯 3身 343中355 ロードマックス 1092 0.6	5中京 9月11日 ② セントウルS 3 GⅡ 7ﾄ13頭 1068 56横山典 M⑦⑥⑧ 468 人気4 中位伸 3¾ 336内332 メイケイエール 1062 R 0.6	2福 7月17日 ⑥ 福島TV 9 オープン 5ﾄ16頭 1099 54内田博 S①①① 462 人気14 逃一息 2½ 346内353 オパールシャル 1094 0.5	2札 8月14日 [2] UHB賞 12 オープン 2ﾄ16頭 1099 53泉谷 M⑫⑫⑪ 460 人気7 出遅る 3½ 348中351 ロードマックス 1092 0.7	2札 8月14日 [2] UHB賞 5 オープン 8ﾄ16頭 1095 53池添 M⑧⑦⑦ 488 B 人気2 中位差詰 1¾ 345中350 ロードマックス 1092 0.3	浦和 9月21日 ❷ オーバル 5 交流GⅢ 8ﾄ11頭 ダ1275 52江田照 S②③④ 492 人気4 先行一杯 8½ 370内377 シャマル 1258 1.7	2新 7月31日 ② アイビス 17 GⅢ 11ﾄ18頭 千直55.9 54ホー H ⑤⑬ 480 人気4 好位一杯 9身 220―339 ビリーバー 544 1.5	2札 8月28日 ⑥ キーンランド GⅢ 3ﾄ15頭 取消 54松田 左前挫跖のため ヴェントヴォー 1091	2新 7月31日 ② アイビス 5 GⅢ 4ﾄ18頭 千直55.0 54藤田菜 H ②① 496 人気13 一旦先頭 3½ 219―331 ビリーバー 544 0.6	3ヵ月余 放牧 乗込み6週間 仕上り○ 連対体重 456～480 3ヵ月以上休 ①②③外 1102

1着⑯トウシンマカオ
（3番人気）
2着⑨サンライズオネスト
（1番人気）
3着⑧エレナアヴァンティ
（11番人気）

単⑯580円　枠連5－8 1140円
複⑯220円　⑨180円　⑧850円
馬連⑨－⑯1260円　馬単⑯→⑨2650円
ワイド⑨－⑯570円　⑧－⑯5140円　⑧－⑨2960円
3連複⑧⑨⑯20890円
3連単⑯→⑨→⑧95430円

3連複⑧⑨⑯２万890円！

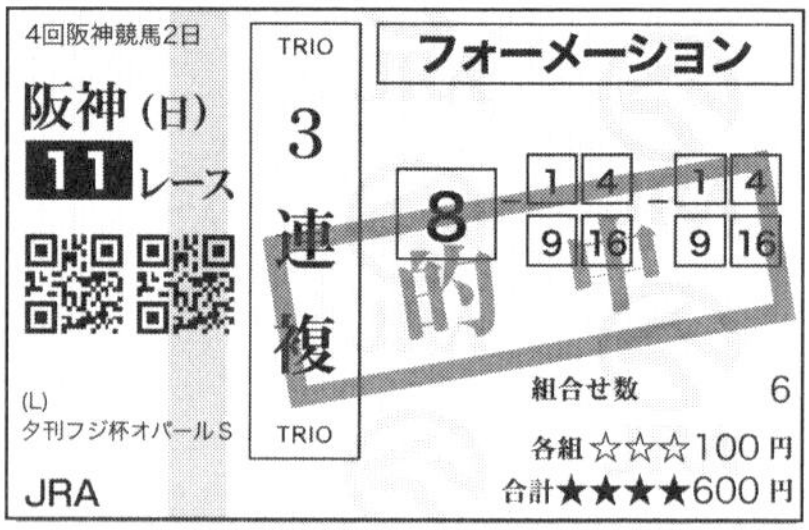

4回阪神競馬2日
阪神（日）
11 レース
TRIO
3連複
TRIO
フォーメーション
8 - 1 4 9 16 - 1 4 9 16
的中
組合せ数 6
各組☆☆☆100円
合計★★★★600円
(L)
夕刊フジ杯オパールS
JRA

ワイド⑧－⑯5140円！⑧－⑨2960円！

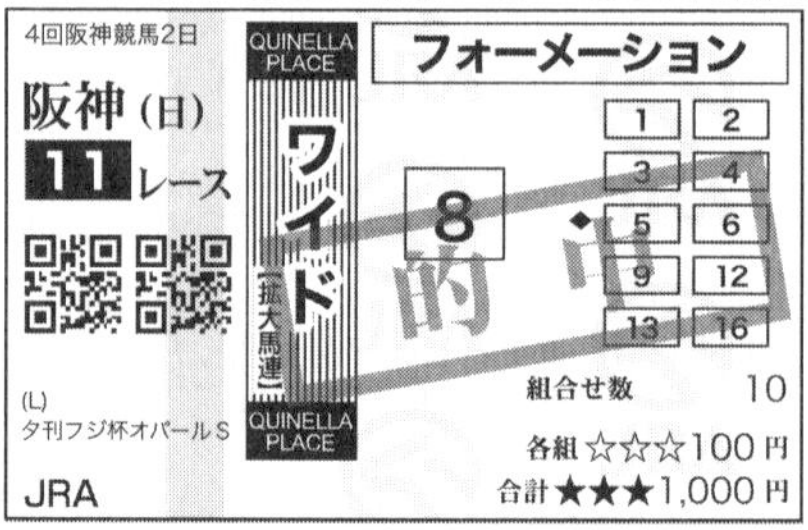

4回阪神競馬2日
阪神（日）
11 レース
QUINELLA PLACE
ワイド
【拡大馬連】
QUINELLA PLACE
フォーメーション
8
1 2 3 4 5 6 9 12 13 16
的中
組合せ数 10
各組☆☆☆100円
合計★★★1,000円
(L)
夕刊フジ杯オパールS
JRA

3連複⑧⑨⑯２万890円！

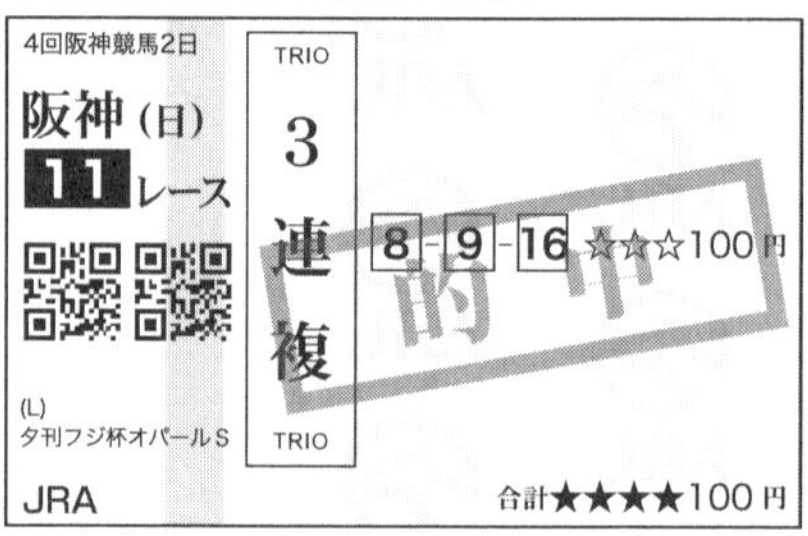

第２章

＜分析＞

高配当馬券に絡む穴馬の正体

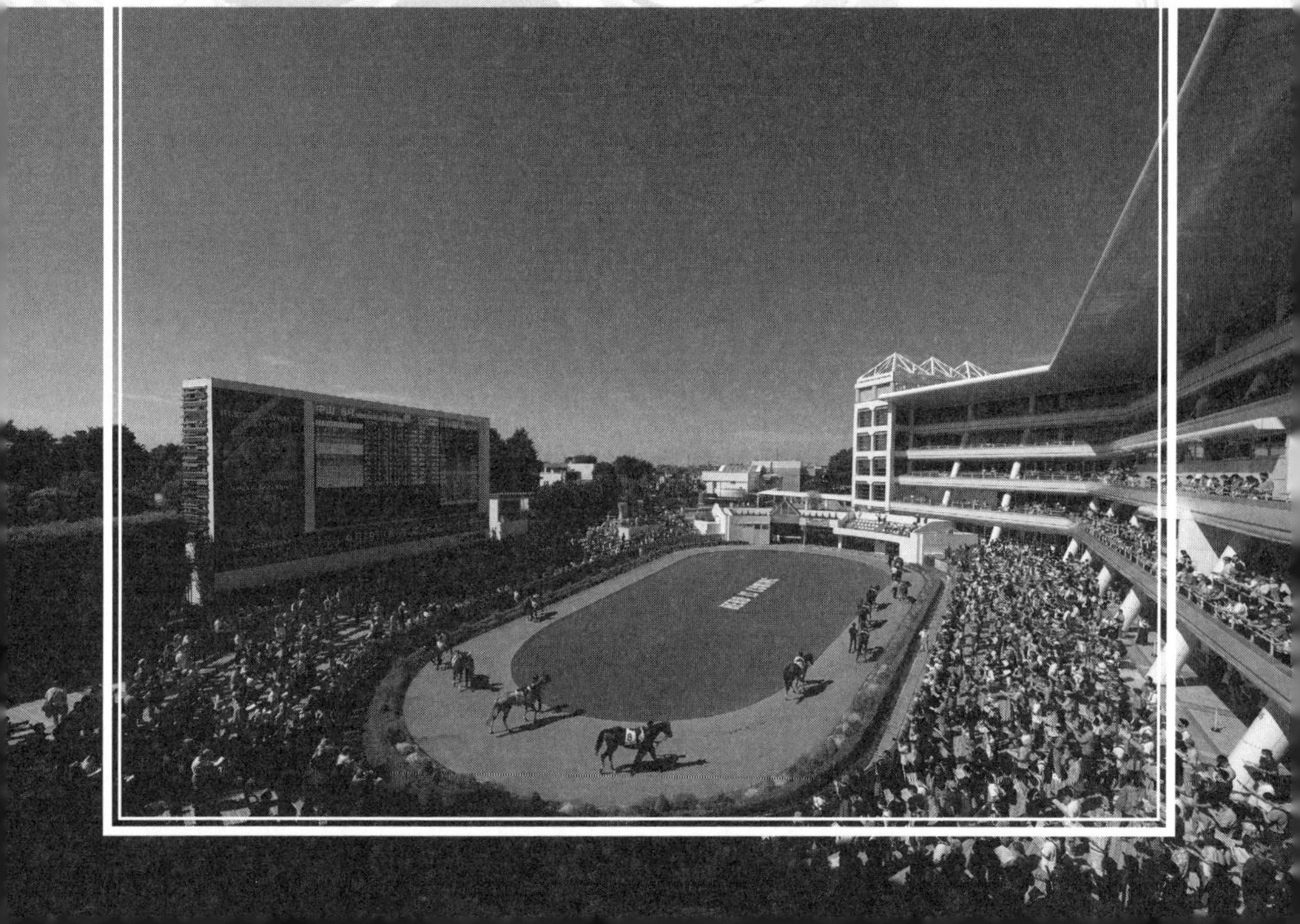

万馬券の本質は大きく分けて3パターン

大谷式オッズ馬券では、万馬券の種類は大きく分けて3つに分けられると思っています。

ひとつ目は、「競馬予報」から浮上した「大穴型レース」からルールに従って穴馬を見つけ出し、見事的中させることができた万馬券です。

2つ目は、「競馬予報」から超1番人気になると予測された1番人気が「危険な1番人気」として判定され、予測通りに超1番人気は消え、的中させることができた万馬券です。

3つ目は、3連単馬券が1千万円を超えるようなとんでもない配当を演出する、予測不可能な馬が馬券に絡んでしまったレースです。

3連単馬券で1千万を超えるようなレースが飛び出すと、ネットや新聞などで記事になりやすいものですが、的中馬券を手にしている人が少ないから、1千万円などという高配当馬券になっているわけです。WIN5などは的中者がひとりのときもあります。5億円もの配当金が出たと報道されても、的中者はたったひとりです。確かに一度でいいから、そんな馬券を的中させたいという衝動に駆られるのは無理はありません。

しかし、億を超えるようなWIN5や1千万円を超えるような3連単馬券ばかりに気を取られていると、けっして馬券収支は向上しないと思っています。

すべてのレースを的中させることなど、絶対に不可能なことです。万馬券とひと口にいっても、狙ってGETできる万馬券とGETできない万馬券があるのですから、自分のスタンスで獲れる万馬券を常に狙っていくことが、結果的に回収率向上につながるのではないでしょうか。

統計学において**「外れ値（はずれち）」**という言葉があります。これはある統計において、著しく他のデータより数値が異なる値のことを指します。

５人のグループであるテストをしたとしましょう。非常に難しいテストで、ほとんどの人は50点を取るのが精一杯。４人の平均点が50点の中、ひとりだけ１００点を取った人がいたとすると、平均点は50点から60点にアップしてしまいます。

つまり、平均点60点は現実の数値からは10点もかけ離れていることになってしまい、全体の正確な姿を捉えることができません。

競馬の場合も同じです。

億を超えるＷＩＮ５や３連単１０００万円馬券は、この「外れ値」と考えることが重要なのではないでしょうか。大きな配当を意識するがために、レースそのものの本質を見抜けないケースがあるからです。

つまり、自分のデータでは手が届かないような超高額配当が飛び出したレースは、統計学の「外れ値」であると私は考え、レース結果の内容は無視するようにしています。

私は「競馬予報」で「大穴型レース」と判定されたレース以外では、穴馬から馬券を組み立てるようなことはけっしてしません。「大穴型レース」ではないと判定されたレースでは、レースの性格そのものが、穴馬が馬券に絡むことが難しいと判定されているからです。

信頼できる超1番人気は、朝9時半のオッズを見れば判別できる！

日刊コンピ指数で90Ｐや88Ｐになっている馬は、多くの競馬新聞で◎印が並んでいる馬。つまり、超1番人気になる可能性が高いものです。この馬が馬券に絡めば本命サイドで収まる可能性が高く、馬券対象から消えた場合では大きな配当が飛び出す可能性が高くなります。

競馬新聞に上から下まで◎印が並んでいる馬は、単勝オッズが2倍を切るような1番人気になることが多いものです。なぜなら、このようなオッズが出ると「この馬は絶対に馬券に絡む」と思い込んでしまう人が多いからです。そして超1番人気が出走するレースは、その馬番からの馬連や3連系の馬券が売れていきます。

しかし、すべての超1番人気が馬券に絡むかといえば、そうでもありません。馬群に沈み高配当馬券が飛び出してしまうことも珍しくありません。

大谷式オッズ馬券では、超1番人気になった馬が信用できるかどうか、簡単に判断できる方法があるのです。それは朝9時半のオッズで、その馬の単勝と複勝オッズをチェックすればいいのです。

チェックポイントは次の2点です。

①単勝オッズが3倍以上になっている

②複勝オッズが2倍以上になっている

この2つの要件のどちらかに該当している馬は、1着にならない可能性が高いものです。①②の要件を2つとも満たしている馬は、1着にならないどころか、3着にも絡まないことが多いです。

9時半の段階で、①②のような要件を満たしている馬は時間の経過とともに売れ、レース直前になると単勝1・8倍、複勝1・5倍というような、超1番人気の顔になっているものです。このような超1番人気が消えると判断された場合は、その馬がオッズによっては2着や3着、あるいは馬券から消えてしまう可能性が高いものです。

ひとつ例を出してみましょう。

2022年8月6日、札幌12Rです（P46参照）。このレースのコンピ指数の1位は⑧番で、90Pでした。9時半のオッズで⑧番モンタナアゲートの単勝と複勝オッズをチェックすると、なんと単勝は5・0倍になっており、1番人気どころか3番人気まで人気を落としてしまっています。

基準値が3倍に対して5・0倍、しかも3番人気とは驚きです。

レース結果は、9時半のオッズから危険な1番人気のシグナルを発していた⑧番は3着をキープするのが精一杯です。1着になったのは10番人気の②番エープラス、2着には⑧番モンタナアゲートに代わって1番人気に推された⑥番ヴェントボニートで、馬連②－⑥は1万290円の万馬券でした。

ちなみに1着になった②番ですが、最終オッズでは10番人気と人気薄ですが、けっして狙えない穴馬ではありません。第5章でもう一度詳しく解説しますが、コンピ指数を使えば簡単に見つけ出すことが可能な穴馬なのです。

●2022年８月６日・札幌12R(３歳上１勝クラス、芝1500m)

14 桃8	13	12 橙7	11	10 緑6	9	8 黄5	7	6 青4	5	4 赤3	3	2 黒2	1 白1
ストロングリターン	ダイワメジャー	ヴィクトワールピサ	ブラックタイド	リオンディーズ	アメリカンペイトリオット	ダイワメジャー	アンクルモー	ディープインパクト	メイショウボーラー	キズナ	ドゥラメンテ	キズナ	パドトロワ
フラリオナ	ビヨンドザタイム	ガルプグリーン	ナバロン	ジャンドゥーヤ	サザンステート	モンタナアゲート	ヴィクトリオン	ヴェントボニート	(地)キャットリング	エクラノーブル	レディズビーク	(地)エープラス	ユキヤナギ
ラカ未勝	ウメノファイバー4勝	ファータグリーン2勝	シシャモチャン3勝	ツルマルオトメ4勝	ディープサウス2勝	カリスペル愛	イースターアイランド米	シャッセロール3勝	キネオソレイユ公	ノーブルステラ独	レディホークフィールド愛	アドマイヤスペース4勝	エーピーモモ未勝
青鹿 55 牝4	栗 54 牡3	黒鹿 50 牝3	鹿 54 牡3	青 54 牝4	黒鹿 54 牡3	黒鹿 54 牡3	鹿 57 騸4	鹿 55 牝5	青鹿 55 牝4	青 52 牝3	青鹿 50 牝3	青鹿 55 牝4	鹿 52 牝3
替藤岡佑	替吉田隼	△横山琉	菱田	替☆秋山稔	替浜中	替岩田望	替丸山	池添	替古川吉	鮫島駿	替△角田和	替斎藤	勝浦
栗平田	美金成	美相沢	栗杉山佳	栗小林	栗松永幹	美和田郎	栗羽月	栗池添学	栗藤沢則	栗中村	栗池江寿	美池上和	美的場
400	400	400	400	400	400	400	400	400	70	400	400	40	400
2081	465	700	792	690	1272	1980	760	2646	168	890	918	78	820
大冨智弘	レッドマジック	斎藤光政	大島牧場	グリーンファーム	窪田芳郎	吉田勝己	菅原広隆	名古屋友豊	榊原浩一	社台RH	青芝商事	馬目卓	山口敦広
社台F	ハクレイF	本間牧場	大島牧場	那須野牧場	坂東牧場	ノーザンF	日高大洋牧場	オリエント牧場	岡田S	社台F	ノーザンF	辻牧場	山岡F
△ △ … △ △ △西	△ △ ◎ … △ △	…	△ ◎ △ 注 初△ B△西	… … … … 初 B…西	… … △ … … 西	◎ 注 △ ▲ ▲ ◎	… … … △ … △西	▲ ○ ▲ ○ ○ ▲西	… 西	△ ▲ ○ ◎ ◎ ○西	○ △ 注 △ 注 注西	…	注 … … △ … △
1474④ 1211② 札1291⑤ 阪1344⑯	1471⑥ 東1361①	1510⑨ 東1237⑧ 2027⑧ 中1381[1]	札1096③ 阪1223[5] 札1319④ 阪1357⑪	小1089⑩ 新1237⑩ 札1285① 1351⑦	ダ1550⑫ ダ2045⑤ 阪1358②	**3** 東[illegible]② [illegible][9] 東1331③	ダ1458❿ ダ1262⑧ ダ1547[1] 2059⑪	**2** 阪[illegible]⑧ [illegible]④ 阪1340④	函1094⑬ 新1234⑦ 1486⑧ 新1351⑪	1509③ 2051[7]	1232⑫ 1493[2] 1341①	**1** ダ1?46❶ ダ1?56⑨ ダ1?94⑩ 1543⑥	函1094① 1224⑦ 札1312⑥ 東1362❼
2中京3月13日 ②四才上12 1勝11ﾄ16頭 1345 55Mデムーロ S⑩⑪⑫ 410B人気5 後直だけ5½ 367外349 ラブアンバサダ 1336 0.9	4東10月31日 ⑧三才1 未勝4ﾄ11頭 1361 55Mデムーロ S[11]⑩⑤ 452人気5 後方追込同着 378外338 ワールドコネク 1361 0.0	4東10月24日 ⑥三才8 1勝2ﾄ8頭 1237 51横山琉 S⑦⑦⑦ 450人気8 後方まま11身 360内357 キミワクイーン 1219 1.8	2中京3月19日 [3]ファルコ14 GⅢ11ﾄ18頭 1228 56川又 H⑪⑬[13] 474人気18 後方まま11¾ 343中373 ブルパレイ 1209 1.9	1小1月16日 ②四才上10 1勝9ﾄ15頭 1089 51角田和 M⑩⑫⑫ 448人気14 後方まま5¾ 344外345 ショウナンラス 1080 0.9	1中京2月5日 ⑪三才5 未勝2ﾄ13頭 ダ2045 56福永 M①①② 476人気2 逃一息大差 370内422 インディゴブラ 2009 3.6	1中1月5日 ①ジュニア3 L 6ﾄ9頭 外1353 56津村 S②②② 556人気4 先行粘る2½ 363中350 インダストリア 1349 0.4	6中京12月5日 ②三才上8 1勝4ﾄ14頭 ダ1552 56原田和 M①①① 506人気14 逃一杯14¾ 367中403 ラズルダズル 1528 2.4	1阪3月6日 ⑧四才上4 1勝7ﾄ16頭 外1340 52大久保 M[9]⑩⑪ 424人気6 出遅る4身 359外349 ジュノー 1333 0.7	1新5月29日 ⑧11 1勝10ﾄ13頭 外1351 55角田和 M⑨⑦⑦ 426人気11 中位一杯6½ 356中359 マイネルダグラ 1340 1.1	兄弟 ノーブルジュエリー(6勝) プロキシマ(2勝)	1中京1月15日 ⑤三才12 未勝16ﾄ18頭 1232 54団野 M[10]⑫⑫ 438人気5 出遅る9身 349外364 ショウナンハク 1216 1.6	水沢12月6日 ❺三才上1 C2 6ﾄ10頭 ダ1279 54山本聡 M③③② 482人気1 好位楽抜4身 376中381 ダイヤモンドブ 1285 0.6	1函6月12日 ②三才上11 1勝10ﾄ14頭 1094 52勝浦 M[9]⑩⑨ 440人気14 S後ヨレ3身 346中348 ヤマニンルリュ 1089 0.5
1函6月25日 [5]14 1勝13ﾄ14頭 1494 55松田 S④⑥⑪ 426人気10 好位一杯8¾ 367中360 ハーツラプソデ 1479 1.5	1東1月30日 ②セントポ6 1勝3ﾄ8頭 1471 56Mデムーロ M[2]⑥④ 452人気7 不利有8½ 357外364 ドゥラドーレス 1457 1.4	1東2月19日 ⑦フリージ8 1勝4ﾄ9頭 2027 54横山琉 S[5]⑤⑥ 442人気8 もまれる9½ 390内349 ジャスティンス 2012 1.5	2阪4月3日 ④三才11 1勝3ﾄ13頭 外1357 56菱田 S③③④ 474人気11 好位一杯4¾ 363内353 メモリーレゾン 1349 0.8	1小2月5日 ⑦四才上14 1勝15ﾄ18頭 1100 55藤岡康 S②③② 448人気16 好位一杯6¼ 347中353 スマートルシー 1090 1.0	1阪2月27日 ⑥三才2 未勝8ﾄ15頭 ダ1572 56福永 M④③② 474人気3 好位伸1身 389中402 メッセージソン 1570 0.2	2中2月27日 ②三才3 1勝1ﾄ10頭 外1356 56津村 S②③④ 554人気4 好位粘る1身 360中348 レッドモンレー 1354 0.2	6中京12月19日 ⑥三才上8 1勝5ﾄ13頭 ダ1594 56原田和 S[4]⑤⑤ 510人気12 中位まま9¼ 374内383 ダッシュダクラ 1579 1.5	2阪4月24日 [10]四才上2 1勝6ﾄ14頭 外1346 55池添 S⑧⑨⑥ 422人気1 中位伸¾身 368中345 スズカトップバ 1345 0.1	1函6月19日 ④三才上13 1勝1ﾄ14頭 1094 55菱田 M[13]⑪⑪ 426人気14 出遅る3¾ 347中347 テーオーメアリ 1088 0.6	1函21年7月 [4]三才1 新馬2ﾄ12頭 1517 51小沢 S①①① 416人気7 逃楽勝5身 373内357 アスクワイルド 1526 0.9	2阪4月24日 [10]三才4 未勝5ﾄ18頭 外1368 50今村 S④④⑤ 430人気6 好位一息4身 367内350 コスタボニータ 1362 0.6	1東2月6日 ④四才上10 1勝7ﾄ16頭 ダ1394 52横山琉 M⑦⑦⑦ 482人気12 中位一杯5¼ 375中373 ラレイナ 1386 0.8	1函6月25日 [5]三才上2 1勝11ﾄ12頭 1100 52勝浦 M⑨⑨⑩ 444人気12 後方伸¾身 356外344 ユキノフラッシ 1099 0.1
1函7月2日 [7]三才上8 1勝8ﾄ9頭 2036 55松田 H②②② 422人気9 先行一杯11身 360中382 マイネルエニグ 2018 1.8	2中2月27日 ②三才7 1勝4ﾄ10頭 外1362 56Mデムーロ S[9]⑤④ 448人気6 追上一杯4¾ 376外351 レッドモンレー 1354 0.8	1函7月3日 ⑧三才上9 1勝1ﾄ10頭 1510 49横山琉 M①①① 442人気4 逃バテ12¾ 361内383 オンリーオピニ 1490 2.0	1函7月9日 ⑨三才上9 1勝14ﾄ14頭 1102 54菱田 M⑤③③ 480人気6 好位一杯4¾ 346中356 ドロップオブラ 1094 0.8	1新5月15日 ④四才上10 1勝4ﾄ16頭 内1237 54亀田 S⑨⑨⑨ 438人気13 後方まま8身 361中357 エコロデイジー 1223 1.4	2中京3月21日 [4]三才1 未勝9ﾄ14頭 ダ1551 52今村 S③②② 472人気1 好位抜出2½ 380中383 クロニクル 1555 0.4	3中4月2日 [3]三才2 1勝5ﾄ12頭 外1346 56戸崎圭 S⑥⑥⑥ 548人気2 中位伸2½ 365中343 ゴーゴーユタカ 1342 0.4	1函7月9日 ⑨三才上4 1勝6ﾄ11頭 ダ1461 57丸山 M①①① 496人気10 逃粘る3¼ 363内395 ロードヴァレン 1455 0.6	1函6月12日 ②3 1勝14ﾄ14頭 1474 55池添 M⑧⑦⑥ 428人気1 中位伸½身 364外350 ブルトンクール 1473 0.1	1函7月3日 [8]三才上14 1勝11ﾄ14頭 ダ1480 51古川奈 M⑦⑪⑪ 428人気12 後方まま16身 361中403 フローラルビア 1454 2.6	2小2月13日 [2]あすなろ7 1勝4ﾄ8頭 2051 54菱田 S[3]⑦⑦ 430人気3 中位一杯9¾ 374中381 シーグラス 2034 1.7	1新5月14日 [3]三才2 未勝10ﾄ13頭 外1493 50今村 S⑧⑤⑤ 436人気2 中位伸1身 370中354 バトルキャット 1492 0.1	2東5月29日 ⑫四才上9 1勝4ﾄ16頭 ダ1256 55横山和 H⑦⑧⑧ 490人気4 中位まま7身 360内375 アウリガテソー 1244 1.2	1函7月10日 ⑩7 1勝1ﾄ11頭 1107 52勝浦 S⑩⑩⑧ 448人気8 後直だけ3身 363中344 ネレイド 1102 0.5
1札7月24日 ②三才上6 1勝6ﾄ11頭 1301 55菱田 S[7]⑥⑥ 418人気6 中位一杯5身 369中355 セッタレダスト 1292 0.9	5ヵ月余 放牧 乗込み6週間 仕上り○ 連対体重 452キロ 3ヵ月以上休 ①②③外 0 0 0 1	1函7月17日 ⑫三才上13 1勝13ﾄ13頭 ダ1463 49横山琉 M⑧⑨⑪ 442人気11 後方まま大差 368中390 メイショウホマ 1431 3.2	1札7月23日 [1]三才上6 1勝6ﾄ13頭 1109 54菱田 M③⑤⑤ 478人気3 好位一杯6¼ 346内363 ドグマ 1099 1.0	1札7月24日 ②三才上11 1勝2ﾄ11頭 1307 55荻野琢 S⑦⑨⑪ 458人気10 後方まま9身 371中358 セッタレダスト 1292 1.5	3中京5月29日 ⑧三才12 1勝3ﾄ15頭 ダ1550 53角田河 S⑥⑧⑧ 464人気10 中位一杯17¾ 377外401 ドライゼ 1521 2.9	3東6月5日 ②三才上3 1勝9ﾄ13頭 1331 54ルメール S③③③ 546人気1 好位伸1¾ 352中350 フォティノース 1328 0.3	1札7月24日 ②三才上11 1勝8ﾄ12頭 ダ1503 57原田和 H②④⑨ 506人気10 先行バテ大差 365内429 アシタガアルサ 1468 3.5	1函6月19日 ④4 1勝4ﾄ11頭 1490 55池添 S③③③ 430人気1 好位一息4¼ 375中346 コルベイユ 1483 0.7	1函7月16日 [11]三才上12 1勝6ﾄ14頭 1120 55菱田 M④⑤⑥ 424人気14 好位一杯5身 356中364 スウィートプロ 1112 0.8	1札7月24日 ②三才上3 1勝2ﾄ10頭 1509 52鮫島駿 S②②② 424人気3 先行粘る3¾ 376中365 ヤマニンゼスト 1503 0.6	4中京6月5日 ②三才1 未勝5ﾄ16頭 1341 50今村 M⑥③③ 436人気4 G前差すクビ 354中353 アオイゴールド 1342 0.1	2福7月17日 [6]三才上10 1勝8ﾄ15頭 ダ1466 52小林脩 S⑧⑤⑤ 488人気13 中位一杯11身 372中385 バレルゾーン 1447 1.9	1札7月23日 [1]三才上10 1勝5ﾄ13頭 1114 52勝浦 M⑩⑩⑩ 442人気6 後方まま9¾ 352中362 ドグマ 1099 1.5

1着②エープラス
（10番人気）
2着⑥ヴェントボニート
（1番人気）
3着⑧モンタナアゲート
（2番人気）

単②6120円　枠連2－4 13020円
複②1270円　⑥130円　⑧130円
馬連②－⑥10290円　馬単②→⑥28130円
ワイド②－⑥2520円　②－⑧2980円　⑥－⑧240円
3連複②⑥⑧6530円
3連単②→⑥→⑧82720円

3連複の人気順オッズが「危険な超1番人気」を教えてくれる

危険な1番人気を事前に察知することができれば、それはイコール高配当馬券ＧＥＴへとつながります。もうひとつ、日刊コンピ指数の１位90Ｐや88Ｐ馬が信用できるかどうか、判別する方法を紹介しましょう。

それは、３連複の人気順オッズを見ればわかります（３連複の人気順のオッズはＪＲＡのホームページでもチェックすることが可能です）。

超1番人気になるような馬は、３連複馬券でも中心に売れなければなりません。

例えば、①番が単勝2倍を切るような1番人気だと仮定しましょう。３連複は①－②－③というような①番絡みの組み合わせが売れるのが当たり前です。それがまれに②－③－④というような超1番人気の①番以外の組み合わせが売れているケースがあります。

これは3連複馬券の購入層の人たちが「超1番人気の①番に不安材料あり」と判断したことを表していると考えています。

私はひとつの基準値として**60倍未満**という数値を定めています。ひとつ例を出してみましょう。

２０２２年4月3日、阪神11Ｒ、ＧⅠレース大阪杯です（Ｐ49参照）。

レースの検証は5章Ｐ１２５～で解説するので、ここでは超1番人気の判定方法だけを紹介しておきます。コンピ指数1位は⑥番エフフォーリアで88Ｐです。レース当日9時半のオッズは、単勝1・7倍、複勝1・2倍とまったく問題のないオッズ、すなわち信用できる1番人気の顔をしています。

では3連複の人気順のオッズはどうでしょう。これは【図A】のようになっていました（最終オッズ）。

1番人気は④－⑥－⑭の5・8倍から始まり、2番人気は④－⑤－⑥で9・3倍、3番人気は④－⑥－⑩で12・6倍と、⑥番絡みの3連複が売れています。しかし15番人気を見てください。④－⑤－⑭で⑥番が絡んでいない組み合わせが出現しています。しかもオッズは58・1倍です。

3連複馬券の購入層は「⑥番に不安材料あり」と判断しているのです。

レース結果は、なんと⑥番は9着に大敗し、馬連は1万980円、3連複は5万990円、3連単は53万7590円という高配当馬券が飛び出しました。

信用できる超1番人気の馬は、どんな時間帯のオッズでも、バランスよくしっかりと売れていなければなりません。3連複の人気順のオッズも同様です。単勝1番人気が2倍を切るような超1番人気の馬が出現したら、不安材料ありと判断されているようなケースもあるので、3連複の人気順のオッズをチェックすることをオススメします。

ちなみに前項で紹介した2022年8月6日、札幌12Rの⑧番モンタナアゲートに話を戻すと……3連複の人気順のオッズでは、1番人気、2番人気、3番人気は③－⑥－⑧、④－⑥－⑧、③－④－⑧と⑧番絡みの組み合わせが続いていましたが、4番人気では③－④－⑥で20・5倍と、驚くことに⑧番絡み以外の組み合わせの馬

【図A】2022年4月3日・阪神11R　3連複人気順

1番人気	④－⑥－⑭	5.8倍	7番人気	④－⑥－⑬	24.4倍	13番人気	⑥－⑨－⑭	45.5倍
2番人気	④－⑤－⑥	9.3倍	8番人気	⑥－⑩－⑭	27.0倍	14番人気	⑥－⑬－⑭	48.3倍
3番人気	④－⑥－⑩	12.6倍	9番人気	④－⑥－⑦	33.5倍	15番人気	④－⑤－⑭	58.1倍
4番人気	⑤－⑥－⑭	19.6倍	10番人気	④－⑥－⑪	35.8倍			
5番人気	④－⑥－⑧	21.5倍	11番人気	⑥－⑧－⑭	36.2倍			
6番人気	④－⑥－⑨	22.1倍	12番人気	⑤－⑥－⑩	42.1倍			

●2022年４月３日・阪神11Ｒ大阪杯（ＧⅠ、芝2000m）

馬番	枠	馬名	父	母	斤量・性齢	騎手	厩舎	賞金	総賞金	馬主	生産
1	白1	スカーフェイス	ハーツクライ	スプリングサンダー	57牡6	岩田康	橋田	3250	8366	伊藤佳幸	グランド牧場
2	白1	レッドジェネシス	ディープインパクト	リュズキナ	57牡4	藤岡康	友道	4700	9507	東京ＨＲ	ノーザンＦ
3	黒2	ヒュミドール	オルフェーヴル	アヴェクトワ	57騸6	Ｍデムーロ	小手川	4000	10,225	サンライズ	宮内牧場
4	黒2	ジャックドール	モーリス	ラヴァリーノ	57牡4	藤岡佑	藤岡健	7150	14,570	前原敏行	クラウン日高牧場
5	赤3	アカイイト	キズナ	ウアジェト	55牝5	幸	中竹	7650	20,542	岡浩二	辻牧場
6	赤3	エフフォーリア	エピファネイア	ケイティーズハート	57牡4	横山武	鹿戸雄	34,800	69,510	キャロットＦ	ノーザンＦ
7	青4	ウインマリリン	スクリーンヒーロー	コスモチェーロ	55牝5	松岡	手塚	12,400	27,911	ウイン	コスモヴューＦ
8	青4	ポタジェ	ディープインパクト	ジンジャーパンチ	57牡5	吉田隼	友道	4600	15,800	金子真人ＨＤ	ノーザンＦ
9	黄5	アリーヴォ	ドゥラメンテ	エスメラルディーナ	57牡4	武豊	杉山晴	4550	9540	シルクＲ	ノーザンＦ
10	黄5	ヒシイグアス	ハーツクライ	ラリズ	57牡6	池添	堀	12,180	27,750	阿部雅英	ノーザンＦ
11	緑6	ステラリア	キズナ	ポリネイター	55牝4	福永	斉藤崇	3700	7420	社台ＲＨ	白老Ｆ
12	緑6	ショウナンバルディ	キングズベスト	パノヴィナ	57牡6	坂井	松下	5250	15,790	国本哲秀	木村牧場
13	橙7	キングオブコージ	ロードカナロア	ファイノメナ	57牡6	横山典	安田翔	8350	19,160	増田和啓	白老Ｆ
14	橙7	レイパパレ	ディープインパクト	シェルズレイ	55牝5	川田	高野	12,550	29,780	キャロットＦ	ノーザンＦ
15	桃8	アフリカンゴールド	ステイゴールド	ブリクセン	57騸7	国分恭	西園正	6300	16,775	ゴドルフィン	ダーレーJF
16	桃8	マカヒキ	ディープインパクト	ウィキウィキ	57牡9	岩田望	友道	13,000	59,771	金子真人ＨＤ	ノーザンＦ

着順		払戻
1着⑧ポタジェ（8番人気）		単⑧5870円　枠連４－７ 4790円
2着⑭レイパパレ（3番人気）		複⑧1140円　⑭420円　⑨1240円
3着⑨アリーヴォ（7番人気）		馬連⑧－⑭10980円　馬単⑧→⑭39630円
		ワイド⑧－⑭1990円　⑧－⑨7110円　⑨－⑭3160円
		3連複⑧⑨⑭50990円
		3連単⑧→⑭→⑨537590円

券が売れていました。

不安定な動きをしている超1番人気も「危険な1番人気」！

日刊コンピ指数1位の馬が90Ｐや88Ｐで支持され、レース当日9時半のオッズでも、単勝1・9倍、複勝1・3倍というような数値を示し、なおかつ3連複人気順のオッズでも、超1番人気絡みの馬から馬券が売れていても安心してはいけません。

先ほど超1番人気はどんな時間帯のオッズでも、バランスよくしっかりと売れていなければならないと申し上げました。つまり信用できる超1番人気の馬は、単勝オッズや複勝オッズの数値が上がったり下がったりしてはいけないのです。

2022年12月4日、中京競馬ではチャンピオンズCが行なわれました。1番人気は前走、盛岡のJBCクラシックを勝ち、前年の同レースを圧勝した⑫番テーオーケインズ。最終オッズは単勝が1・5倍、複勝が1・2倍とバランスが取れ、3連複の人気順のオッズ（最終オッズ）でも、テーオーケインズ絡みの馬券が売れ、⑫番以外の組み合わせ、①-③-⑤は86・4倍となっており、こちらのオッズでも、問題ないように感じます。

しかし、レース結果はどうだったでしょうか。最後の直線、危なげなく抜け出せるような位置取りにも関わらず、いつもの精彩を欠き4着と敗れ、馬券対象から消えてしまいました。

テーオーケインズの前売りの段階から時系列でオッズを追いかけてみると、土曜日の早朝6時30分頃、単勝1・6倍、複勝1・9倍と、複勝オッズのほうが単勝オッズより高いという現象がしばらく続きました。このような現象を**「単複逆転現象」**と呼び、私は危険な1番人気の兆候としてとらえています。

かつて1998年12月20日、名スプリンター、タイキシャトルの引退レース、伏兵マイネルラヴに差され3着に敗れたスプリンターズSも、単勝1・2倍、複勝1・3倍と「単複逆転現象」があったのを今もハッキリと覚えています。

テーオーケインズの単勝&複勝オッズは土曜日の9時半には単勝2・5倍、複勝1・8倍となり、17時半は1・8倍で前売りは終了。ここから少しずつ単勝と複勝が売れていくかと思いきや、レース当日9時半には1・9倍と人気が下がり、13時頃には1・6倍。そして14時頃にはまた1・7倍と人気が上がったり下がったりしています。

2017年の桜花賞でも、超1番人気のソウルスターリングの単勝は、前売りの段階では1・3倍だったものが、レース当日9時半のオッズでは1・4倍。さらに10時半のオッズでは1・5倍と人気が下がり、結果3着でした。

2017年の宝塚記念においても、超1番人気のキタサンブラックが怪しいオッズの動きを示していました。前売りの段階では単勝1・4倍にも関わらず、レース当日9時半のオッズでは単勝1・5倍→10時半のオッズでは1・6倍と人気を下げ、結果は9着でした。

古い話では、2012年の天皇賞・春、超1番人気のオルフェーヴルの単勝オッズが発走2時間前のオッズで、1・3倍からで1・4倍となり、結果11着と馬群に沈んでいます。

このように超1番人気の単勝や複勝オッズが上がったり、下がったりするのも、超1番人気にとっては好ましい材料ではありません。逆にいえば、このような動きが超1番人気に見えた場合には、穴党にとっては高配当馬券GETのチャンスかもしれません。

高配当馬券を狙い撃ちする3つのパターン

この章の冒頭で紹介した通り、万馬券には「狙って獲れる万馬券」と「狙って獲れない万馬券」があります。競馬の検討方法は人それぞれですから、狙って万馬券とそうでない万馬券も人それぞれです。

大谷式オッズ馬券において狙って獲れる万馬券とは、「競馬予報」から「大穴型レース」と判定されたレースで、ルールに従って浮上した穴馬が激走したケース、また、「競馬予報」から「危険な超1番人気」と判定され、判定通りに超1番人気が切れてしまったケースが挙げられます。

狙って獲れる万馬券は、どのようにすれば的中させることができるでしょうか。

大きく分けて3つのパターンが考えられます。

ひとつ目は、大谷式オッズ馬券で一番多く高配当馬券をGETしている**「買い上がり」**のパターンです。買い上がりとは、人気薄の穴馬を見つけ出し、あとは上位人気に流す手法です。

2つ目は、穴判定から上位ランクの馬が馬券に絡む可能姓が高いものの、大谷式オッズ馬券のルールから穴馬特定ができない場合、馬連上位ランクの馬から、穴馬ゾーン（通常、馬連9〜14位）へ3連複馬券を流す手法です。すなわち、上位ランクの馬から**「買い下がり」**のパターンです。

この手法は的中率は高いのですが、上位ランクから買い下がっているため、大きな配当を期待することができません。「買い上がり」のパターンでは、馬連やワイド馬券は推奨できますが、「買い下がり」のパターンでは馬連やワイド馬券は配当が低く、長期的に買い続けると回収率が悪化するため推奨できません。

3つ目は、**危険な超1番人気を見つけ出し、中穴馬を中心に馬券を組み立て高配当馬券をGETする方法**です。この手法は超1番人気が2、3着になっただけでも、3連単馬券などでは簡単に万馬券になります。

すべての基本は「競馬予報」からスタートしています。コンピ指数やレース当日9時半のオッズから検証する「競馬予報」は、大谷式オッズ馬券では基本中の基本となるのです。

また、大谷式オッズ馬券の重要な要素として**各ランクの「バランス」**があります。

各ランクとは、「コンピ指数（想定オッズ）」「朝9時半の馬連ランク（人気）」「朝9時半の単勝ランク（人気）」「朝9時半の複勝ランク（人気）」です。

この4つのランクを比較し、ランク順がほぼ揃っている、すなわち「バランスが取れているレース」は本命サイドへ。ランク順がバラバラ、すなわち「バランスが取れていないレース」が大穴サイドへ近づくことになります。

コンピ指数（想定オッズ）と大きく乖離がある馬と高配当馬券

5章以降で詳しく解説しますが、ここでは「バランスが取れていないレース」とはどんなレースなのか、簡単に２つ紹介してみましょう。

最初は２０２２年７月31日、新潟11Ｒアイビスサマーダッシュです。

まずはコンピ指数がどうなっているか、チェックしてみましょう。

コンピ指数１位は⑬番で79Ｐ、46Ｐは13位にランクされています。コンピ指数３位の⑰番は61Ｐなので１位と３位との差は18Ｐ。総合判定は「準大穴型レース」です。

レース当日の朝９時半のオッズでは、馬連１番人気は10・１倍、単勝30倍未満の頭数は11頭でしたので、穴レースの条件をクリア。新潟11Ｒは「準大穴型レース」として穴馬検討に進むことになります。

【図Ｂ】は、コンピ指数、馬連、単勝、複勝ランクを並び替え、ひとつの表にまとめたものです（馬連、単勝、複勝オッズは割愛しました）。

コンピ指数７位の⑤番の動きに注目してください。馬連13位、単勝と複勝は14位と７ランクも下がっていることがわかります。これは発売前の仮想オッズでは７番人気になっていた⑤番が、レース当日の９時半のオッズでは単勝、複勝ともに14番人気になっていることを表しています。つまり⑤番は、仮想オッズと実際のオッズで大きくバランスを崩しているのです。

大谷式オッズ馬券では、「バランスが取れていないレース」は波乱になる可能性が高く、コンピ指数と大きく人気の乖離がある馬は高配当馬券を演出すること

【図Ｂ】2022年７月31日・新潟11Ｒのコンピ指数と馬連・単勝・複勝ランク

コンピ順位	1位	2位	3位	4位	5位	6位	7位	8位	9位	10位	11位	12位	13位	14位	15位	16位	17位	18位
馬番	13	6	17	3	1	12	5	16	8	11	14	10	18	9	15	2	7	4
馬連ランク	13	17	12	6	11	8	16	3	1	15	10	14	5	4	18	9	7	2
単勝ランク	13	17	12	6	11	8	16	3	1	14	15	10	4	5	9	18	7	2
複勝ランク	13	17	12	6	16	11	8	3	1	15	14	10	4	5	9	18	7	2

●2022年７月31日・新潟11Ｒアイビスサマーダッシュ（ＧⅢ、芝1000ｍ）

枠	馬番	馬名	父	母	斤量・性齢	騎手	厩舎	賞金	馬主	生産
白1	1	ライオンボス	バトルプラン	ウーマンインレッド	58 牡7	坂井	和田郎	7450 / 15,980	和田牧場	対馬正
白1	2	トウショウピスト	ヨハネスブルグ	シーズトウショウ	56 牡10	江田照	土田	3650 / 14,318	トウショウ産業	トウショウ牧場
黒2	3	オールアットワンス	マクフィ	シュプリームギフト	54 牝4	石川	中舘	2950 / 7750	吉田勝己	ノーザンF
黒2	4	スティクス	ロードカナロア	ベンテンシレイア	54 牝4	藤田菜	武幸	2400 / 4952	シルクR	ノーザンF
赤3	5	ロードベイリーフ	ヴァンセンヌ	ショウナンアオバ	56 牡5	西村淳	森田	2400 / 8880	ロードHC	大北牧場
赤3	6	マリアズハート	シャンハイボビー	マリアズダンス	55 牝6	菊沢	菊沢	5000 / 12,740	ノルマンディーTR	アメリカ
青4	7	キタイ	ダンカーク	コウヨウルビー	54 牝6	木幡巧	杉浦	2400 / 6695	西村憲人	谷川牧場
青4	8	マウンテンムスメ	アドマイヤムーン	ヤマガール	54 牝4	Mデムーロ	中野栄	2400 / 7151	西村新一郎	田原橋本牧場
黄5	9	パーティナシティ	インヴィンシブルスピリット	ケリーズドリーム	56 牝6	岩田望	高橋忠	2400 / 7020	ゴドルフィン	イギリス
黄5	10	ジュニパーベリー	ゴールドシップ	エキナシア	54 牝5	嶋田	手塚	2400 / 7460	ミルF	ミルF
緑6	11	アヌラーダプラ	キングカメハメハ	ボロンナルワ	54 牝5	ホー	萩原	3600 / 7500	キャロットF	ノーザンF
緑6	12	トキメキ	アドマイヤムーン	リーベストラウム	54 牝5	松山	斎藤誠	2400 / 7442	ミルF	ミルF
橙7	13	ヴェントヴォーチェ	タートルボウル	ランウェイスナップ	56 牡5	福永	牧浦	3800 / 8890	エデンA	下河辺牧場
橙7	14	オヌシナニモノ	カレンブラックヒル	グラントリノ	56 牡5	今村	高橋康	2400 / 8316	ニットー商事	大狩部牧場
桃8	15	クリスティ	キズナ	ホワイトアルバム	54 牝5	松若	杉山晴	3800 / 9290	辻浦英雄	荻伏三好F
桃8	16	ビリーバー	モンテロッソ	デイドリーム	54 牝7	杉原	石毛	2400 / 11,882	ミルF	ミルF
桃8	17	シンシティ	サウスヴィグラス	ジェネロシティー	54 牝5	富田	木原	2400 / 6133	安藤豊平	高昭牧場
桃8	18	レジェーロ	キズナ	ロックフェアレディ	54 牝5	団野	西村	2850 / 7110	山本剛士	新冠橋本牧場

1着⑯ビリーバー（7番人気）
2着⑰シンシティ（2番人気）
3着⑤ロードベイリーフ（14番人気）

単⑯1730円　枠連8－8 2170円
複⑯400円　⑰210円　⑤1160円
馬連⑯－⑰3070円　馬単⑯→⑰8250円
ワイド⑯－⑰910円　⑤－⑯8380円　⑤－⑰5280円
3連複⑤⑯⑰49980円
3連単⑯→⑰→⑤267060円

が多いものです。

レース結果は1着⑯番ビリーバー、2着⑰番シンシティと入り、3着にはコンピ指数から大きく人気を下げた、人気薄の⑤番ロードベイリーフと続き、3連複⑤－⑯－⑰は4万9980円となりました。

もうひとつ例を出してみましょう。

2022年11月12日、福島12Rです。まずはコンピ指数のチェックです。1位は②番で78P、46Pの馬は14位となっています。1位と3位とのポイント差は17Pでしたから、このレースは事前の段階では「準大穴型レース」と判定されました。

さてレース当日、朝9時半のオッズはどうなっていたでしょうか。馬連1番人気は②－③で13・6倍、②番の単勝は6・6倍、③番は7・5倍だったので、馬連ランクの軸馬は②番となり、②番からの馬連オッズを並び替えていきます。単勝や複勝ランクも同様に調べ、ひとつの表にまとめたものが【図C】です（馬連、単勝、複勝オッズは割愛しました）。

コンピ指数14位の⑮番に注目してください。馬連ランクは12位ながら、単勝は5位、複勝はなんと3位になっています。コンピ指数、仮想オッズではまったく人気のなかった⑮番が、実際のオッズでは複勝3番人気まで売れているの

【図C】2022年11月12日・福島12Rのコンピ指数と馬連・単勝・複勝ランク

コンピ順位	1位	2位	3位	4位	5位	6位	7位	8位	9位	10位	11位	12位	13位	14位	15位	16位
馬番	2	13	3	1	11	6	12	7	4	9	8	10	16	15	14	5
馬連ランク	2	3	13	7	1	4	12	10	11	6	9	15	8	14	16	5
単勝ランク	4	13	2	3	15	7	12	9	1	8	6	10	11	14	16	5
複勝ランク	4	2	15	8	3	9	12	13	7	6	10	14	11	1	16	5

●2022年11月12日・福島12R（３歳上１勝クラス、芝1200m）

	桃8 16	桃8 15	橙7 14	橙7 13	緑6 12	緑6 11	黄5 10	黄5 9	青4 8	青4 7	赤3 6	赤3 5	黒2 4	黒2 3	白1 2	白1 1
父	オルフェーヴル	アメリカンペイトリオット	オルフェーヴル	アメリカンペイトリオット	キズナ	リオンディーズ	マツリダゴッホ	ヴィクトワールピサ	スクリーンヒーロー	オルフェーヴル	ダイワメジャー	オルフェーヴル	ロードカナロア	オルフェーヴル	ベーカバド	ハーツクライ
馬名	(地)アザル	イールテソーロ	(地)パラティーノヒル	サザンステート	タイガーリリー	(地)エコロキング	コスモサンレミ	ラッシュアップ	ミーハディビーナ	デルマヤクシ	アヴァノス	(地)クリノハニー	ルージュスミナス	(地)ベンガン	デフィデリ	ユナイテッドハーツ
母	キルシュワッサー4勝	ワイルドソース(英)	ファルネーゼ3勝	ディープサウス2勝	ケイエスホノカ5勝	イミラカチャ未勝	ドリームレディ未勝	ノーブルジュエリー6勝	マイネホコモモラ1勝	チリエージェ5勝	エセンテペ(愛)	パミーナコラッジョ1勝	シルバーフォックス1勝	ジョリーダンス7勝	アブマーシュ4勝	レディーガリレオ未勝
毛色・斤量・性齢	栗54牝4	鹿50牝3	栗53牝5	黒鹿55牡3	鹿55牝4	青鹿57牡4	鹿54牝4	青鹿57騸5	青鹿52牝5	栗57牡4	鹿57騸4	栗54牝3	芦54牝3	芦57牡5	黒鹿56牡3	鹿55牡4
騎手	替☆泉谷	替★永島	替◇藤田菜	替☆角田和	黛	替菊沢	替☆松本	替荻野極	替▲佐々木	替丸山	武藤	的場	替富田	替藤懸	勝浦	△横山琉
調教師	美本田	美加藤和	美南田	栗松永幹	美尾関	栗牧浦	美中野栄	美金成	美和田雄	栗田中克	美和田郎	美的場	栗平田	栗千田	美南田	美新開
賞金	70	400	60	400	400	150	400	400	400	400	400	100	400	90	400	400
総賞金	102	900	1327	1392	2237	1291	2467	1460	1268	923	1591	170	610	1198	1305	1150
馬主	ケーエスHD	了徳寺健二HD	Mr.ホース	窪田芳郎	ミルF	原村正紀	ビッグレッドF	社台RH	ノルマンディーTR	浅沼廣幸	吉田勝己	栗本博晴	東京HR	小林薫	伊達敏明	大塚亮一
生産者	天羽禮治	本田土寿	白老F	坂東牧場	高柳隆男	前田F	タニグチ牧場	社台F	岡田S	白井牧場	ノーザンF	宝寄山拓樹	ノーザンF	錦岡牧場	サンシャイン牧場	ディアレストC
予想印	B … … △ … 西	… … … … … …	… … … … … …	▲ 注 注 ○ ◎ ○ 西	◎ … … △ … △	△ … △ △ ▲ △ 西	B … … … △ …	初 △ B … … △ △	… … … … … …	△ ◎ ▲ 注 △ 注 西	△ … … … … △	… … … … … …	… △ △ … … 西	注 ▲ ◎ ▲ 注 ▲ 西	○ ○ ○ ◎ ○ ◎	△ B △ △ △ △ △
持ち時計	ダ1009⑦ 小1093⑬ 大1477⑪ 東1363⑩	新[illegible]6⑬ 小1[illegible]0③ ダ1[illegible]0① 大1517⑬	新54.9② 小1091③ 阪1293⑤ 東1341⑫	ダ1550⑫ ダ2045⑤ 1294④ 阪1358②	ダ[illegible]⑨ 中1[illegible]② 東[illegible]③ 新1373⑪	ダ1134⑩ 小1075④ ダ1312①	新56.0③ 小1087⑥	大1474⑦ 2022⑫ 2280⑦ 東1332⑦	新55.5⑤ 札1091③ 新1231④ 中1359⑨	大1485⑫ 小1081④ 阪1213④ 阪1342⑪	新57.2⑩ 中1092⑧ 東1234④ 中1346⑦	ダ1222③ 新ダ1139⑬ ダ1310⑭ 東1411⑩	阪ダ1265① 東1366⑥	新[illegible]⑥ 小10[illegible]⑦ ダ[illegible]44① 阪13[illegible]⑦	新56.7⑨ 中1091② 新1227⑫ ダ1152⑫	新55.5② 福1096⑥ 東1211① 阪1358⑪
2走前	5中京9月25日 ⑦3歳上13 1勝8ト16頭 ダ1270 51永島 M⑪②① 446B人気12 出遅る13½ 353中393 ワンダーキサラ 1248 2.2	4中10月2日 ⑨3歳上13 1勝15ト16頭 ダ1132 53木幡巧 H①①① 462人気14 追一杯9¾ 341内391 クールライズ 1116 1.6	4新10月16日 ②3歳上17 1勝14ト18頭 千直56.9 55嶋田 H ①⑬ 408人気9 先行バテ8¼ 223—346 セルレア 555 1.4	1札8月6日 ⑤3歳上4 1勝9ト14頭 芝1294 54浜中 S⑪⑩⑧ 468人気6 後方追上½身 370中344 エープラス 1293 0.1	4中9月24日 ⑥3歳上15 1勝15ト15頭 芝外1106 55黛 S⑪⑫⑪ 482人気7 後方まま13¾ 360外346 ミッキーハーモ 1083 2.3	3小7月23日 ⑦[illegible]4 1勝8ト17頭 芝1075 57国分恭 M⑪⑪⑦ 448人気14 中位伸も3¼ 339中336 マッドクール 1069 0.6	2札8月28日 ⑥[illegible]4 1勝4ト16頭 芝1097 55ホー M②②② 460B人気11 先行一息3¼ 341中356 ヒルノローザン 1092 0.5	3新9月3日 ⑦3歳上11 1勝15ト18頭 芝外1361 57田辺 S⑱⑱⑱ 522人気7 後追だけ5¾ 387外334 トライフォーリ 1352 0.9	4新10月16日 ②3歳上12 1勝6ト18頭 千直56.3 52佐々木 H ⑧⑦ 440人気14 中位一杯4½ 226—337 セルレア 555 0.8	4小8月28日 ⑥3歳上4 1勝11ト11頭 芝1081 57酒井 M⑤④③ 462人気6 伸一息1身 332中349 ワンダーカタリ 1079 0.2	1函7月9日 ⑨3歳上8 1勝6ト14頭 芝1100 57丸山 M⑩⑩⑨ 456人気9 鋭伸る3½ 350中350 ドロップオブラ 1094 0.6	4新10月22日 ③3歳上13 1勝10ト13頭 ダ1139 53的場 H⑪⑫⑫ 444人気12 後方まま11身 366内373 スカイナイル 1119 2.0	3中京5月22日 ⑥[illegible]12 1勝4ト13頭 ダ1277 54藤岡康 M⑬⑬⑫ 430人気9 後方まま大差 358外395 ハーツアズワン 1245 3.2	4小9月4日 ⑧3歳上7 1勝16ト15頭 芝1083 57武豊 M⑫⑪⑨ 470人気7 中位まま4¼ 341外342 ニシノデフィレ 1076 0.7	4中9月24日 ⑥3歳上2 1勝3ト15頭 芝外1091 55勝浦 S③③③ 458人気10 好位伸5身 351中340 ミッキーハーモ 1083 0.8	3新8月21日 ④[illegible]12 1勝3ト18頭 千直56.3 57三浦 H ⑮⑬ 444人気16 中位一杯6身 233—330 ルルルージュ 553 1.0
前走	4新10月23日 ④3歳上6 1勝4ト15頭 ダ1132 51永島 H⑨⑪⑪ 440B人気10 後方差詰6¾ 356中376 オンザダブル 1121 1.1	4新10月23日 ④3歳上13 1勝5ト15頭 千直57.6 50原 H ⑫⑫ 480人気9 太目残10¼ 231—345 ディアナグラン 559 1.7	4新10月30日 ⑥3歳上8 1勝4ト10頭 ダ1139 55黛 M⑤⑨⑧ 410人気8 後方まま11¾ 358中381 ナツイチバン 1120 1.9	2札8月20日 ③[illegible]8 1勝3ト14頭 芝1317 54浜中 M⑥⑦④ 468人気3 好位一杯4½ 363中370 モチベーション 1310 0.7	4東10月10日 ③3歳上13 1勝8ト18頭 芝1218 55黛 S②②② 478人気12 先行一杯5¾ 346中355 ジャッピーレーサ 1209 0.9	4小8月14日 ②[illegible]9 1勝1ト18頭 芝1085 57国分恭 M⑩⑧⑧ 448人気13 中位まま3¾ 337中348 トーホウラビア 1078 0.7	4中9月24日 ⑥3歳上12 1勝13ト15頭 芝外1100 55丹内 S③③③ 468B人気6 好位一杯10¼ 351中349 ミッキーハーモ 1083 1.7	4新10月30日 ⑥[illegible]10 1勝16ト18頭 芝外1486 57勝浦 H⑩⑦⑦ 516人気12 一瞬脚4½ 362外354 テイデ 1478 0.8	4新10月29日 ⑤3歳上8 1勝4ト18頭 千直56.7 54秋山稔 H ⑭⑪ 438人気18 後方差詰5¼ 235—332 リーゼントフラ 559 0.8	5中京9月10日 1 3歳上8 1勝11ト11頭 ダ1112 53今村 M⑨⑨⑧ 464人気1 追上一杯11¼ 353外359 クレア 1094R1.8	4新10月15日 ①[illegible]14 1勝15ト18頭 芝内1099 57武藤 M⑪⑬⑬ 452人気11 後方まま7¼ 348外351 ウィリン 1087 1.2	4新10月29日 ⑤3歳上14 1勝9ト14頭 ダ1139 53的場 H⑭⑭⑬ 442人気14 出脚鈍い14½ 358中381 ミレヴィーナス 1115 2.4	5中京10月1日 ⑧3歳上14 1勝15ト16頭 ダ1270 53和田竜 H⑤⑦⑧ 470人気6 太目残16½ 355外397 ロードアラビア 1242 2.8	4阪10月29日 ⑧3歳上7 1勝6ト18頭 芝外1338 57岩田望 S④⑤④ 470人気12 好位一息3¾ 353中353 スーサンアッシ 1332 0.6	4新10月15日 ①[illegible]3 1勝10ト18頭 芝内1092 55勝浦 M⑧⑧⑨ 462人気10 中位伸2½ 345中347 ウィリン 1087 0.5	4新10月16日 ②3歳上2 1勝17ト18頭 千直55.5 55横山琉 H ⑪② 454B人気3 中位伸アタマ 228—327 セルレア 555 0.0

1着⑮イールテソーロ
（12番人気）
2着③ベンガン
（2番人気）
3着⑫タイガーリリー
（6番人気）

単⑮3080円　枠連2－8 5200円
複⑮670円　③230円　⑫390円
馬連③－⑮15340円　馬単⑮→③34900円
ワイド③－⑮4410円　⑫－⑮4530円　③－⑫910円
3連複③⑫⑮44060円
3連単⑮→③→⑫300150円

３連複③⑫⑮４万4060円！

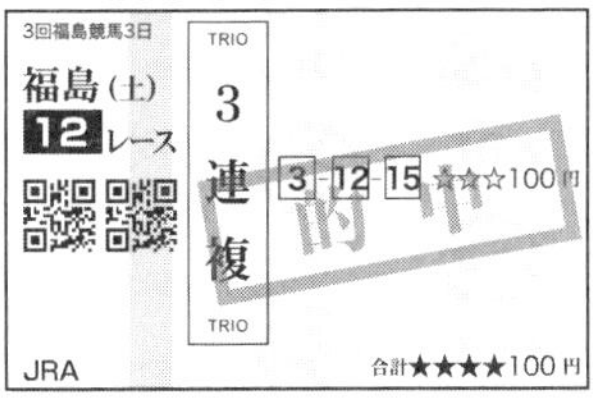

馬連③－⑮１万5340円！

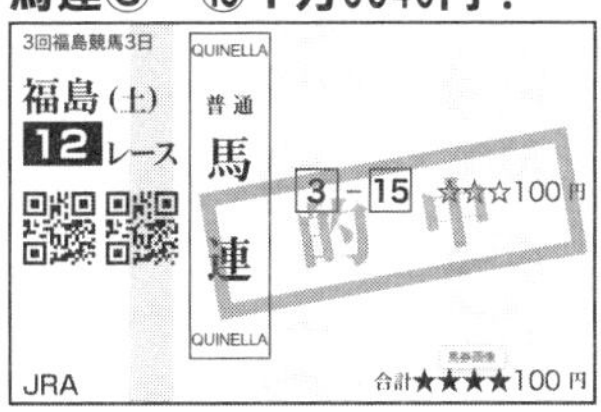

ワイド③－⑮4410円！　⑫－⑮4530円！

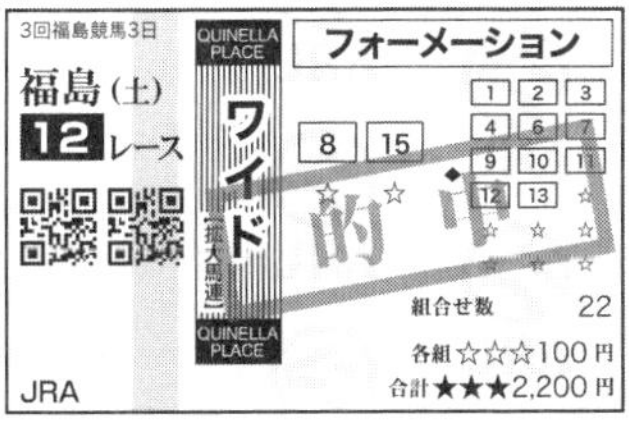

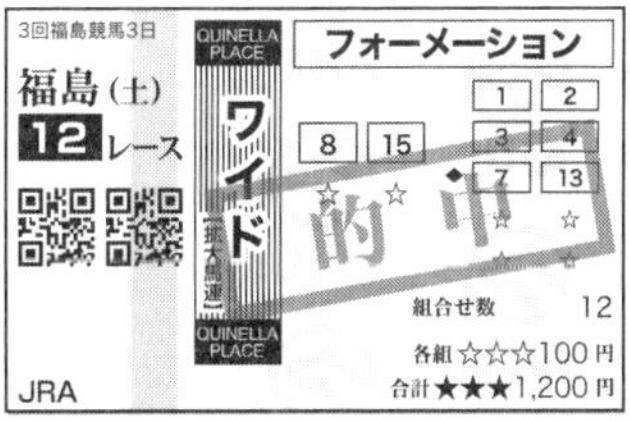

です。

つまり、仮想オッズと現実のオッズとの間で乖離差があり、レースは波乱になる可能性が高いことになります。

このレースでは同様に、コンピ指数11位、馬連13位の⑧番が複勝4位に上昇しているので、実際の馬券ではこちらの⑧番からの馬券も押さえました。

ここでひとつ注意したい点があります。コンピ指数4位の①番や、コンピ指数5位⑪番も、複勝ランク13位、14位と人気を下げていますが、今回のレースでは大きく上昇（人気を上げている）馬が⑮番、⑧番と2頭もいます。このような現象が複数箇所出たケースでは、**上昇している馬（このレースでは⑮番、⑧番）を穴馬候補**として注目します。

さてレース結果ですが、なんと1着には、コンピ指数14位から大きく上昇していた⑮番イールテソーロ、2着は③番ベンガン、3着に⑫番タイガーリリーと入り、3連複③－⑫－⑮とは4万4060円、ワイド馬券でも③－⑮4410円、⑫－⑮4530円と結構な配当となりました。

複勝6倍未満の頭数が7頭以下のレースは注意！

日刊コンピ指数から「大穴型レース」と判定されたレースは、波乱の可能性が高いレースです。しかし、すべてのレースからハッキリとした穴馬候補が浮上するわけではありません。

ここでは少々別な角度から、簡単に高配当馬券を狙える方法を紹介しましょう。複勝オッズ6倍未満に何頭いるか注目するのです。

具体的に実際のレースを取り上げて説明していきましょう。

まずは2022年10月10日、阪神12Rです（P60参照）。このレースのコンピ指数は1位⑦番で79P、46Pの馬は14位、1位と3位とのポイント差は14Pですから、コンピ指数からは完全に「大穴型レース」と判定されました。

しかしレース当日朝9時半のオッズでは、馬連1番人気は6・7倍、単勝30倍未満の頭数は9頭と、穴レースの条件はクリアしませんでした。本来ならば「競馬予報」から、大穴型レースとしては失格となり見送りとなります。

しかし、コンピ指数から「大穴型レース」と判定されたレースでは、まずチェックしてもらいたい項目があります。それは「複勝6倍未満の頭数」です。

【図D】はコンピ指数、馬連、単勝、複勝ランクを、ひとつの表にまとめたものです。ご覧のように、複勝だけはオッズを入れておきました。

複勝6倍未満の頭数をチェックすると6頭になっています。複勝6倍未満の頭数が7頭以下のケースには注意が必要なのです。

結論から申し上げましょう。コンピ指数の段階で「大穴型レース」と判定され、当日9時半のオッズで複勝6倍未満の頭数が7頭以下のケースでは、複勝6倍未満の馬の中で1〜3着馬が出る可能性が高いということです。

このレースの場合だと、複勝6倍未満の頭数は⑦、⑨、⑪、⑩、⑮、⑥番の6頭ということになり、この6頭の3連複ボックス買い、20点となります。


【図D】2022年10月10日・阪神12Rのコンピ指数と馬連・単勝・複勝ランク

コンピ順位	1位	2位	3位	4位	5位	6位	7位	8位	9位	10位	11位	12位	13位	14位	15位
馬番	7	10	15	4	6	1	9	14	3	8	11	12	5	13	2
馬連ランク	7	15	10	4	6	1	14	9	12	11	5	8	3	2	13
単勝ランク	7	10	9	11	15	14	6	4	8	1	12	5	3	2	13
複勝ランク	7	9	11	10	15	6	1	4	14	12	8	5	3	13	2
複勝オッズ	1.5	2.3	3.3	3.4	4.3	5.0	6.1	6.2	6.3	7.0	8.3	8.4	9.3	15.1	15.6

←6倍未満が6頭→

●2022年10月10日・阪神12R（3歳上2勝クラス、ダ1400m）

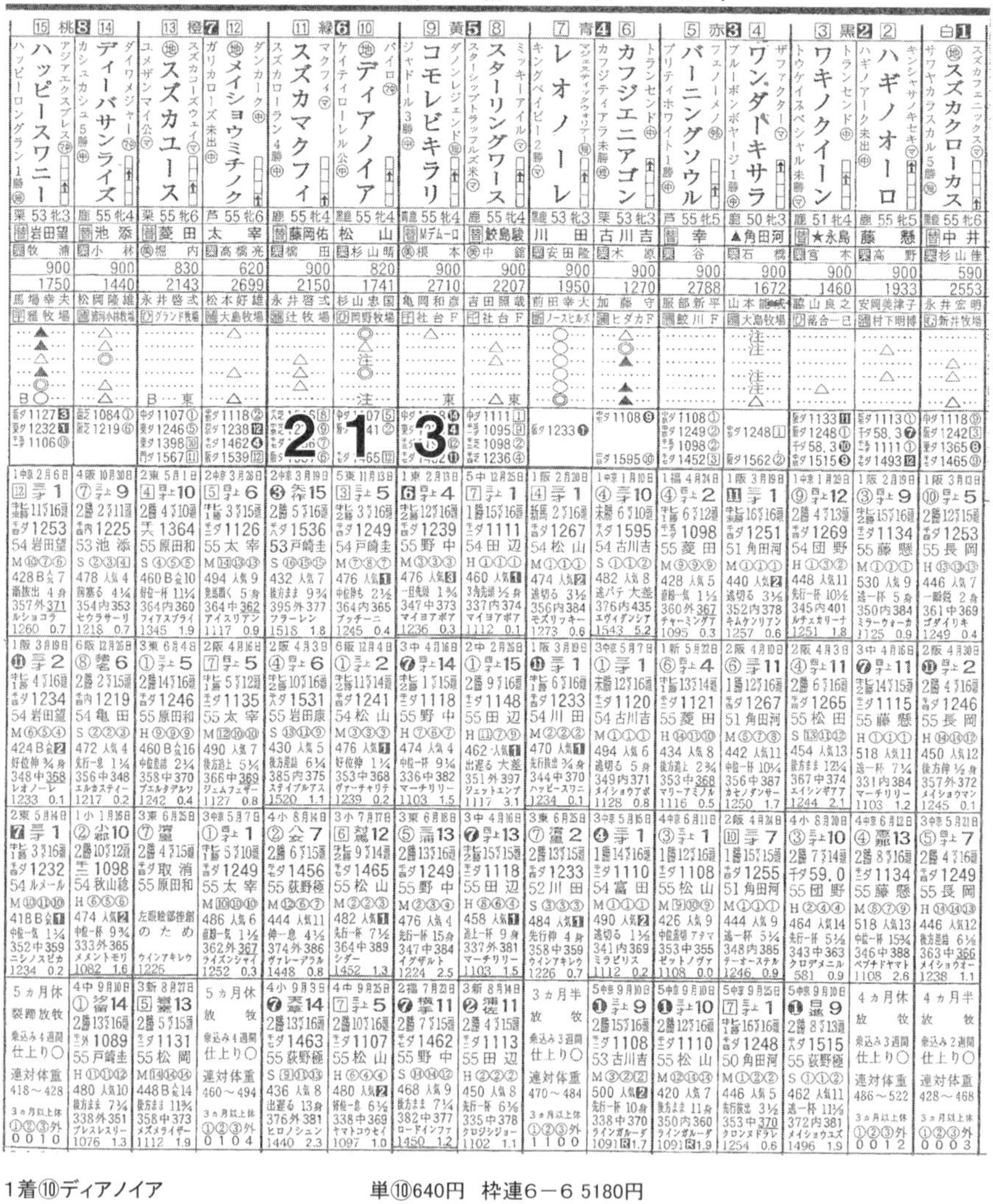

馬番	枠	馬名	父	母	性齢・斤量	騎手	調教師	賞金	馬主	生産者
1	白1	スズカクローカス	スズカフェニックス	サワヤカラスカル5勝	牝6 55	中井	杉山佳	590 / 2553	永井宏明	新井牧場
2	黒2	ハギノオーロ	キンシャサノキセキ	ハギノアーク未出	牝5 55	藤懸	高野	900 / 1933	安岡美津子	村下明博
3	黒2	ワキノクイーン	トランセンド	トウケイスペシャル未勝	牝4 51	★永島	宮本	900 / 1460	脇山良之	落合一巳
4	赤3	ワンダーキサラ	ザファクター	ブルーボンボヤージ1勝	牝3 50	▲角田河	石橋	900 / 1672	山本能成	大島牧場
5	赤3	バーニングソウル	フェノーメノ	プリティホワイト1勝	牝5 55	幸	谷	900 / 2788	服部新平	鮫川F
6	青4	カフジエニアゴン	トランセンド	カフジティアラ未勝	牝3 53	古川吉	木原	900 / 1270	加藤守	ヒダカF
7	青4	レオノーレ	マジェスティックウォリアー	キングベイビー2勝	牝3 53	川田	安田隆	900 / 1950	前田幸大	ノースヒルズ
8	黄5	スターリングワース	ミッキーアイル	スターシップトラッフルズ米	牝4 55	鮫島駿	中舘	900 / 2207	吉田照哉	社台F
9	黄5	コモレビキラリ	ダノンレジェンド	ジャドール3勝	牝4 55	Mデムーロ	根本	900 / 2710	亀岡和彦	社台F
10	緑6	ディアノイア	パイロ	ケイティローレル公	牝4 55	松山	杉山晴	820 / 1741	杉山忠国	岡野牧場
11	緑6	スズカマクフィ	マクフィ	スズカローラン4勝	牝4 55	藤岡佑	橋田	900 / 2150	永井啓弐	辻牧場
12	橙7	メイショウミチノク	ダンカーク	ガリカローズ未出	牝6 55	太宰	高橋亮	620 / 2699	松本好雄	大島牧場
13	橙7	スズカユース	スズカコーズウェイ	コメザンマイ公	牝6 55	菱田	堀内	830 / 2143	永井啓弐	グランド牧場
14	桃8	ディーバサンライズ	ダイワメジャー	カシュカシュ5勝	牝4 55	池添	小林	900 / 1440	松岡隆雄	谷川小林牧場
15	桃8	ハッピースワニー	アジアエクスプレス	ハッピーロングラン1勝	牝3 53	岩田望	牧浦	900 / 1750	馬場幸夫	雅牧場

1着⑩ディアノイア
（3番人気）
2着⑪スズカマクフィ
（8番人気）
3着⑨コモレビキラリ
（5番人気）

単⑩640円　枠連6－6 5180円
複⑩260円　⑪660円　⑨630円
馬連⑩－⑪8350円　馬単⑩→⑪13270円
ワイド⑩－⑪1760円　⑨－⑩1350円　⑨－⑪3280円
3連複⑨⑩⑪25650円
3連単⑩→⑪→⑨148000円

レース結果は、９時半のオッズで単勝２番人気の⑩番ディアノイア、２着に４番人気だった⑪番スズカマクフィ、３着には３番人気だった⑨番コモレビキラリと入り、３連複は２万５６５０円という、まずまずの配当となりました。

３着になった⑪番ですが、コンピ指数のランクに注目してください。11位にランクされています。そして馬連は10位です。そんな馬が複勝ランクでは３位に推されていたのですから、コンピ指数と単勝&複勝ランクを比較するだけでも、⑪番はおかしな動きをしていたことがわかります。

コンピ指数から「大穴型」と判定されたレースは、事前の仮想オッズでは波乱になる可能性があると判断されたレースです。やはり高配当馬券が期待できるレースなのです。

もうひとつ似たようなケースを紹介しましょう。

２０２２年４月24日、阪神10R甲南Sです（P62参照）。このレースのコンピ指数は、１位は74P、46Pの馬は13位、コンピ指数１位と３位との差は６Pで「大穴型レース」として判定されています。

さらにレース当日、朝９時半のオッズでも馬連１番人気が10・０倍、単勝30倍未満の頭数が11頭と、穴レースの条件をクリアしています。【図E】が

【図E】2022年４月24日・阪神10Rのコンピ指数と馬連・単勝・複勝ランク

コンピ順位	1位	2位	3位	4位	5位	6位	7位	8位	9位	10位	11位	12位	13位	14位	15位
馬番	14	6	9	10	2	5	15	7	8	1	12	3	13	11	4
馬連ランク	10	6	14	9	2	5	7	8	1	15	3	12	13	11	4
単勝ランク	10	14	6	9	2	8	5	7	1	11	15	3	12	13	4
複勝ランク	10	14	6	9	8	5	7	15	2	3	1	4	11	12	13
複勝オッズ	1.7	2.6	2.6	3.6	3.8	4.6	4.6	6.2	6.7	6.8	7.6	9.2	9.2	9.7	10.2

←6倍未満が7頭→

●2022年４月24日・阪神10Ｒ甲南Ｓ(４歳上３勝クラス、ダ2000m)

馬番	枠	父	馬名	母(母父)	毛色	斤量・性齢	騎手	厩舎	賞金	総賞金	馬主	生産者	印	持ち時計	前走1	前走2	前走3	前走4
1	白1	スクリーンヒーロー㊥	ベルゼール	ビリーヴミー㊥	栗毛	52 -3 牝4	替池添	栗平田	1500	2944	シルクR	安ノーザンF	△	小ダ1462 6、阪ダ1518 11、中芝1103 7、札芝1349 1	5新 10月24日 ⑥ [race] 11 2勝 2ﾄ14頭 ダ1518 51永島 S⑩⑫⑩ 458 人気7 後方まま 13½ 379内374 ヴィゴーレ 1496 2.2	5阪 11月21日 ⑥ 三才上 1 牝2勝 14ﾄ14頭 ダ1538 53団野 M⑩⑧⑥ 450 人気4 中位差切 ½身 380外378 エイカイステラ 1539 0.1	1中京 1月22日 ⑦ [race] 5 牝3勝 7ﾄ10頭 ダ1537 54団野 M⑨⑨⑨ 454 人気6 後直だけ 9¼ 391中380 クリノフラッシ 1522 1.5	1阪 2月13日 ② [race] 9 3勝 3ﾄ13頭 ダ1540 54団野 M⑪⑪⑪ 454 人気7 後方まま 6¾ 392外386 アルーブルト 1528 1.2
2	黒2	アジアエクスプレス	ムエックス	フォーミー㊥	栗毛	55 -2 牡4	幸	栗大根田	1500	2370	中辻明	日碧雲牧場	△△◎△△▲	ダ1132 7、阪ダ1522 1、函ダ1256 7	4阪 10月10日 ② 三才上 1 1勝 10ﾄ12頭 ダ1535 55幸 S②②② 506 人気3 好位抜出 1身 387中371 サンライズゴラ 1537 0.2	4阪 10月30日 ⑦ 三才上 1 2勝 7ﾄ10頭 ダ1532 55幸 S②②② 504 人気1 先行抜出 1身 392中368 ダンツチョイス 1534 0.2	5阪 11月27日 ⑦ [race] 6 3勝 8ﾄ16頭 ダ1536 55幸 S⑥⑦⑥ 504 人気6 中位まま 5½ 386中380 ダノンハーロック 1527 0.9	5ヵ月休 放牧 乗込み5週間 仕上り○ 連対体重 500～506 3ヵ月以上休 ①②③外 1001
3	黒2	ロージズインメイ㊥	ウインダークローズ	ベリーフ㊥	青鹿	54 -3 牡5	替国分優	栗梅田智	1500	5407	ウイン	新コスモヴューF	△ B	ダ2014 10、中ダ1523 5、阪ダ2051 5、東ダ2109 6	5東 11月20日 ⑤ [race] 13 3勝 13ﾄ16頭 三ダ2135 57和田竜 M⑤④⑤ 496 人気13 好位一杯 大差 379中404 キタノヴィジョ 2104 3.1	5中 12月5日 ② [race] 11 3勝 6ﾄ16頭 ダ1535 54丹内 M③⑤⑥ 500B 人気12 好位一杯 8¾ 365中392 ブランクチェッ 1519 1.6	5中 12月19日 ⑥ [race] 5 3勝 3ﾄ14頭 ダ1523 57丹内 S⑤④④ 502B 人気13 好位一息 7½ 375内384 ホールシバン 1511 1.2	2阪 4月10日 ⑥ [race] 10 3勝 11ﾄ16頭 ダ1532 57和田竜 S④⑤④ 500B 人気15 好位一杯 5¾ 377中380 ゴールドレガシ 1521 1.1
4	赤3	シンボリクリスエス	グラスブルース	グラスブロード	鹿毛	53 -4 牡8	替酒井	牧	1300	6777	半沢	フジカワ牧場	B…東	札ダ1435 9、中ダ1520 3、ダ1358 7、東ダ2145 16	2福 11月13日 ③ [race] 6 3勝 8ﾄ15頭 ダ1455 57木幡巧 M⑩⑫⑫ 520B 人気9 後方差詰 3¼ 373内375 エクレアスパー 1449 0.6	5中 12月5日 ② [race] 13 3勝 15ﾄ16頭 ダ1539 54吉田豊 M⑭⑫⑭ 522B 人気7 出遅る 11¼ 386外391 ブランクチェッ 1519 2.0	5中 12月19日 ⑥ [race] 9 3勝 9ﾄ14頭 ダ1531 57酒井 S⑪⑪⑪ 520B 人気11 後方差詰 12身 382中384 ホールシバン 1511 2.0	3中 4月16日 ⑦ [race] 8 3勝 4ﾄ12頭 ダ1539 57木幡巧 S⑦⑧⑧ 524B 人気10 中位一杯 11¾ 394中375 テリオスベル 1519 2.0
5	赤3	ローズキングダム	カネコメノボル	クニコチャン㋮	栗毛	55 -2 騸5	森裕	栗中尾秀	1500	4577	高岡義雄	新アサヒ牧場	△ △ △	函ダ1449 2、中京ダ1519 2、阪ダ2060 1、函ダ1277 6	5中京 9月19日 ❹ 三才上 5 1勝 6ﾄ13頭 ダ1523 57森裕 S⑦⑪⑨ 430 人気2 後方差詰 3¾ 382外372 タイセイシェダ 1517 0.6	5阪 11月6日 ① 三才上 1 1勝 5ﾄ13頭 ダ1534 57森裕 M⑧⑧⑥ 434 人気2 漸抜出 2½ 386中376 キングダムウイ 1538 0.4	5阪 11月27日 ⑦ 三才上 8 2勝 8ﾄ16頭 ダ1546 57森裕 S⑪⑬⑬ 442 人気10 後方差詰 8½ 393外384 ホールシバン 1532 1.4	1阪 3月12日 ⑨ 四才上 1 2勝 12ﾄ13頭 二ダ2060 57森裕 M⑧⑦⑤ 438 人気6 漸抜出 1½ 363外376 シルバーエース 2062 0.2
6	青4	ヴィクトワールピサ	㊞ラヴネヴァーエンズ	アフェクショネット㋮	黒鹿	56 -1 牡5	横山典	栗安田翔	1270	2780	ゴドルフィン	日ダーレージャパンF	注◎▲○ ○	函ダ1298 1、阪ダ1526 1、京芝2060 10	2阪 21年4月 ⑥ 四才上 6 1勝 5ﾄ7頭 ダ1536 57横山和 S③③② 526 人気3 好位一杯 3½ 386中372 ジロー 1530 0.6	2阪 5月2日 ⑫ 四才上 1 1勝 11ﾄ12頭 ダ1533 57横山和 S⑫⑨⑥ 522 人気2 後方一気 クビ 403外370 マジックスピー 1533 0.0	5阪 11月7日 ② 三才上 1 2勝 10ﾄ14頭 ダ1526 57武豊 H⑬⑬⑦ 518 人気1 直線一気 アタマ 386外374 ハイパーステー 1526 0.0	1阪 2月13日 ② [race] 2 3勝 7ﾄ13頭 ダ1531 57横山典 M⑬⑬⑬ 530 人気3 後方伸 1¾ 403外370 アルーブルト 1528 0.3
7	青4	キングカメハメハ	ゴールドティア	ヒストリックスター㊥	鹿毛	53 -2 牝5	替岩田望	栗池添学	1500	4740	キャロットF	安ノーザンF	△◎ B△	[illegible]	4中 9月20日 ⑤ [race] 3 2勝 2ﾄ7頭 芝内2018 55福永 S①①① 480 人気4 逃粘る 2½ 376内352 パラダイスリー 2014 0.4	5阪 11月21日 ⑥ 三才上 6 牝2勝 10ﾄ14頭 ダ1542 55戸崎圭 M⑩⑩⑧ 478 人気6 後方差詰 2身 381外379 ベルゼール 1538 0.4	1小 1月15日 ① [race] 1 牝2勝 6ﾄ10頭 ダ1464 55鮫島駿 M⑥⑦⑦ 476B 人気2 中位一気 3身 379外381 スマートアリエ 1469 0.5	2中 3月5日 ③ [race] 10 3勝 5ﾄ16頭 ダ1542 53鮫島駿 S⑬⑫⑬ 468B 人気8 3角不利 12¾ 378中387 ホウオウルバン 1521 2.1
8	黄5	キングカメハメハ	レザネフォール	ラナンキュラス㋮	黒鹿	54 -3 牡5	替鮫島駿	栗池江寿	1500	5170	前田幸貴	新ノースヒルズ	△△注△▲ B△	阪芝1?70 12、東芝1?94 7、京芝2134 1	4阪 10月17日 ④ [race] 7 3勝 12ﾄ15頭 芝外1471 57ルメール S⑤③② 474 人気8 好位一息 5½ 370外350 ジェラルディー 1461 1.0	5新 10月30日 ⑦ [race] 3 3勝 6ﾄ9頭 芝外2003 57荻野極 M⑥⑥⑥ 472 人気6 後方伸 3¾ 371中347 アイコンテーラ 1597 0.6	2中 3月6日 ④ [race] 11 3勝 10ﾄ16頭 芝外2134 57菅原明 H⑫⑭⑭ 466 人気11 後直だけ 6身 381外358 キングオブドラ 2124 1.0	1阪 3月12日 ⑨ [race] 12 3勝 16ﾄ16頭 芝外1470 54石橋脩 S⑤⑤③ 470B 人気9 好位一杯 7身 352中353 ヤマニンサンパ 1458 1.2
9	黄5	ジャスタウェイ㊥	アジャストザルート	エヴァディングタンペット㋮	鹿毛	54 -3 牡5	替和田竜	栗池添学	1500	5061	社台RH	千社台F	◎▲△△△注	京芝1353 7、中京ダ1523 4、阪ダ2038 2、ダ1599 10	6阪 12月26日 ⑧ [race] 8 2勝 8ﾄ13頭 ダ1558 57西村淳 S③②② 504 人気3 好位一杯 9身 391中389 ベプチドナイル 1543 1.5	1中京 1月5日 ① 四才上 2 2勝 13ﾄ14頭 ダ2010 57川田 S②②② 500 人気5 先行粘る 2身 384中385 クリノドラゴン 2007 0.3	1阪 3月12日 ⑨ 四才上 5 2勝 1ﾄ13頭 二ダ2068 57川田 M⑧⑩⑨ 500 人気1 伸一息 5¼ 365中383 カネコメノボル 2060 0.8	2阪 4月2日 ③ 四才上 1 2勝 12ﾄ14頭 ダ1527 57川田 M⑧⑦⑦ 498 人気1 中位差切 1½ 384中373 メイショウヨシ 1530 0.3
10	緑6	オルフェーヴル	オンザフェーヴル	トレノトマト	栗毛	55 -2 牡5	川田	栗野中	1500	4767	廣崎利洋	藤原牧場	▲注△注◎△	[illegible] 2、阪ダ[illegible] 1、阪ダ[illegible] 1、ダ2347 3	6阪 12月5日 ② 三才上 3 2勝 4ﾄ10頭 二ダ2079 57団野 S⑧⑧⑦ 492 人気1 中位伸 2身 377外368 リバプールタウ 2076 0.3	5中 12月18日 ⑤ [race] 3 2勝 7ﾄ16頭 ダ2347 55横山武 S④⑤③ 490 人気6 好位粘る 2¾ 386内386 グロリアムンデ 2343 0.4	1中 1月10日 ④ [race] 2 2勝 9ﾄ14頭 ダ2367 57富田 S③③② 488 人気1 好位伸 1¼ 376内388 レッドソルダー 2365 0.2	2中 3月21日 ⑧ 四才上 1 2勝 10ﾄ12頭 ダ2363 57川田 M③②② 500 人気1 好位差切 ¾身 398中372 フィストバンプ 2364 0.1
11	緑6	ハーツクライ	マイネルカイノン	マイネヌーヴェル㊥	青鹿	54 -3 牡7	替坂井	宮	1500	5097	ラフィアン	新ビッグレッドF	○	札ダ1448 5、京ダ1502 12、阪ダ2055 6、東ダ2123 5	1阪 21年2月 ② [race] 7 3勝 9ﾄ15頭 ダ1536 57国分恭 S⑭⑮⑭ 504 人気10 後方差詰 6½ 396外370 ライトウォーリ 1525 1.1	1阪 21年2月 ⑥ [race] 4 3勝 6ﾄ11頭 二ダ2059 57国分優 S⑩⑪⑩ 502 人気7 後方追上 3½ 381外367 ウインフォルテ 2053 0.6	3中 21年4月 ⑦ [race] 11 3勝 3ﾄ16頭 ダ1529 57柴田大 M⑮⑬⑪ 504 人気12 後方まま 7身 388中377 タイガーインデ 1518 1.1	1阪 2月26日 ⑤ [race] 14 3勝 14ﾄ16頭 ダ1560 57国分優 S⑯⑯⑮ 516 人気15 後方まま 17¼ 402中390 メイショウドヒ 1530 3.0
12	橙7	ヨハネスブルグ㋮	サンライズシェリー	サンデーローズ	鹿毛	54 -3 牡5	富田	河内	1500	3153	松岡隆雄	日ヤナガワ牧場		芝1493 1、阪ダ1520 5、ダ1593 1	3中京 5月30日 ⑧ 四才上 1 1勝 3ﾄ11頭 ダ1530 56富田 S②②② 482 人気2 先行楽勝 5身 375中371 マジックスピー 1539 0.9	5中京 10月2日 ⑧ 三才上 1 2勝 4ﾄ13頭 ダ1593 56富田 S①①① 480 人気6 逃切る ½身 375内377 ストロングライ 1594 0.1	4阪 10月17日 ④ [race] 13 3勝 1ﾄ15頭 ダ1572 54川須 H④⑦⑫ 482 人気10 好位バテ 大差 369内428 アンセッドヴァ 1521 5.1	2阪 4月10日 ⑥ [race] 16 3勝 8ﾄ16頭 ダ1542 57富田 S①①④ 486 人気9 逃一杯 11¾ 372内392 ゴールドレガシ 1521 2.1
13	橙7	ルーラーシップ	㊞リバプールタウン	マッキーパシオン㋮	鹿毛	54 -3 牡7	替角田河	石橋	1230	3889	薪浦亨	日下川茂広		小ダ1471 4、中京ダ1520 12、阪ダ2058 1、中京ダ2027 1	5阪 11月14日 ④ 三才上 5 2勝 1ﾄ10頭 二ダ2078 57岩田望 M④④⑥ 492 人気4 好位一息 10身 366中395 ストロングライ 2061 1.7	6阪 12月5日 ② 三才上 1 2勝 6ﾄ10頭 二ダ2076 57岩田望 S②②① 484 人気5 先行抜出 1¾ 367内371 レッドエンヴィ 2078 0.2	6中京 12月19日 ❻ [race] 12 3勝 5ﾄ15頭 ダ1520 57和田翼 S⑥⑤⑤ 484 人気11 中位一杯 8身 376中383 マテンロウスパ 1506 1.4	2中 3月21日 ⑧ [race] 9 3勝 6ﾄ16頭 ダ1536 57秋山真 S⑪⑪⑪ 486 人気16 中位まま 11身 386中368 ウィリアムバロ 1518 1.8
14	桃8	アスカクリチャン㊥	クリノドラゴン	クリノクレオパトラ	栗毛	56 -1 牡4	替三浦	大橋	1500	5123	栗本博晴	日宝寄山拓樹	○○○▲注◎	函ダ1449 1、中京ダ1500 5、ダ1372 7、ダ2007 1	6阪 12月11日 ③ 三才上 2 2勝 13ﾄ16頭 ダ1527 56幸 S⑭⑦⑤ 480 人気3 漸進伸 4身 388中372 バーデンヴァイ 1520 0.7	1中京 1月5日 ① 四才上 1 2勝 11ﾄ14頭 ダ2007 56武豊 S⑨⑤⑤ 478 人気1 直線一気 2身 397外379 アジャストザル 2010 0.3	1東 1月29日 ① [race] 7 3勝 7ﾄ14頭 ダ1372 54武豊 S⑬⑪⑫ 480 人気3 後方差詰 6¼ 369外356 ロードエクレー 1362 1.0	2阪 4月10日 ⑥ [race] 2 3勝 10ﾄ16頭 ダ1522 57武豊 S⑪⑧⑥ 486 人気6 漸進伸 クビ 386外366 ゴールドレガシ 1521 0.1
15	桃8	マンハッタンカフェ	エンダウメント	チャリティークエスト㊥	黒鹿	55 -2 牡6	替藤岡康	角田	1500	6195	ゴドルフィン	日ダーレージャパンF	△△ △ △	新ダ1463 1、中京ダ1512 7、阪ダ2065 6、東ダ2105 4	1東 21年2月 ⑦ [race] 3 3勝 2ﾄ16頭 三ダ2107 57松若 S④③③ 498 人気8 先行粘る 5身 376中377 バンクオブクラ 2099 0.8	2阪 4月25日 ⑩ [race] 6 3勝 8ﾄ16頭 二ダ2067 55松若 S⑮⑭⑭ 506 人気3 後直だけ 3½ 383外371 サンライズホー 2061 0.6	4中京 6月5日 ❶ [race] 7 3勝 2ﾄ16頭 ダ1512 55松若 M⑧⑩⑨ 508 人気3 中位まま 3¾ 378中374 マリオ 1505 0.7	10ヵ月半 脚部不安放牧 乗込み5週間 仕上り○ 連対体重 498～520 3ヵ月以上休 ①②③外 0101

1着⑧レザネフォール
（6番人気）
2着⑦ゴールドティア
（8番人気）
3着⑩オンザフェーヴル
（1番人気）

単⑧1690円　枠連4－5 960円
複⑧580円　⑦550円　⑩170円
馬連⑦－⑧14650円　馬単⑧→⑦28050円
ワイド⑦－⑧3260円　⑧－⑩1580円　⑦－⑩1680円
3連複⑦⑧⑩22730円
3連単⑧→⑦→⑩204980円

コンピ指数、馬連、単勝、複勝ランクを人気順に並び替え、それをひとつの表にまとめたものです。

　この表をもとにして穴馬を浮上させようにも、ハッキリとした穴馬候補が浮上してきません。「オッズの壁」や「突入&移動馬」などというルールから、穴馬候補が浮上してこないのです。

　そこで複勝6倍未満の頭数が何頭いるか調べてみました。すると⑩、⑭、⑥、⑨、⑧、⑤、⑦番の7頭しかいないことがわかりました。コンピ指数から「大穴型レース」として浮上したレースで、複勝6倍未満の頭数が7頭以下のケースでは、その7頭の3連複ボックスに注意です。このレースの場合でしたら、⑩、⑭、⑥、⑨、⑧、⑤、⑦番の7頭ボックス35点買いです。

　レース結果は、1着⑧番レザネフォール、2着⑦番ゴールドティア、3着⑩番オンザフェーヴルで決まり、9時半のオッズでは複勝ランク5位→7位→1位の順番で決まり、複勝6倍未満の7頭の馬たちだけで1～3着の決着となりました。

　3連複⑦－⑧－⑩は2万2730円と、こちらの配当もまずまずの結果です。

　このようにコンピ指数から「大穴型レース」と判断されたレースでは、9時半のオッズから複勝6倍未満の頭数を調べる必要があります。7頭以下のレースでは、その7頭にまずは注目しなければなりません。

　レース判定が失格となり、穴判定としては見送りになったとしても、複勝6倍未満の頭数が7頭以下のときには、その7頭が高配当馬券を演出してくれるからです。

　さらにもうひとつ、コンピ指数から「大穴型レース」と判定されたレースにおいて、複勝6倍未満の頭数が7頭以下のレースでは、**「複勝15倍の壁」**にも注意をしなければならないことを紹介しておきましょう。

「複勝15倍の壁」とは、第1章で紹介した「複勝6倍の壁」と同じようなもので、複勝オッズが15倍を超えた箇所を指し、その前の2頭に注目するというルールです。

理由はわかりませんが、コンピ指数で「大穴型レース」と判定され、複勝6倍未満の頭数が7頭以下のケースで、ここにランクされている馬が馬券に絡むことが多いです。複勝15倍の直前の馬ですから、人気は低く、ワイド馬券でも結構な配当が望めます。

2022年6月11日、函館10R北海ハンデキャップです。

このレースのコンピ指数は、1位が75P、46Pの馬が13位、さらに1位と3位とのポイント差が7Pですから、「大穴型レース」の条件をクリア。

9時半のオッズでも、馬連1番人気が9・4倍で、単勝30倍未満の頭数は13頭と多く、「競馬予報」からは文句なしの穴候補レースとなりました。

コンピ指数、そして馬連、単勝、複勝ランクを人気順に並び替えると、【図F】のようになっていました。コンピ指数12位の⑨番が単勝7位、複勝4位に上昇し、怪しい馬となっていますが、複勝6倍未満の頭数を調べると7頭しかいません。この7頭が馬券の中心になるはずです。

【図F】2022年6月11日・函館10Rのコンピ指数と馬連・単勝・複勝ランク

コンピ順位	1位	2位	3位	4位	5位	6位	7位	8位	9位	10位	11位	12位	13位	14位	15位	16位
馬番	2	4	7	1	6	13	5	10	15	3	12	9	16	8	11	14
馬連ランク	4	2	7	1	10	6	11	3	5	13	15	9	12	14	8	16
単勝ランク	4	2	1	7	6	10	9	11	12	3	5	15	13	8	14	16
複勝ランク	2	4	7	9	1	10	6	5	3	11	15	12	13	8	16	14
複勝オッズ	1.8	2.4	3.1	3.7	4.0	4.2	5.0	6.0	6.3	6.8	7.5	7.6	8.8	11.5	15.1	16

太線が複勝 15 倍の壁

●2022年６月11日・函館10Ｒ北海ハンデＣ（３歳上２勝クラス、芝1800m）

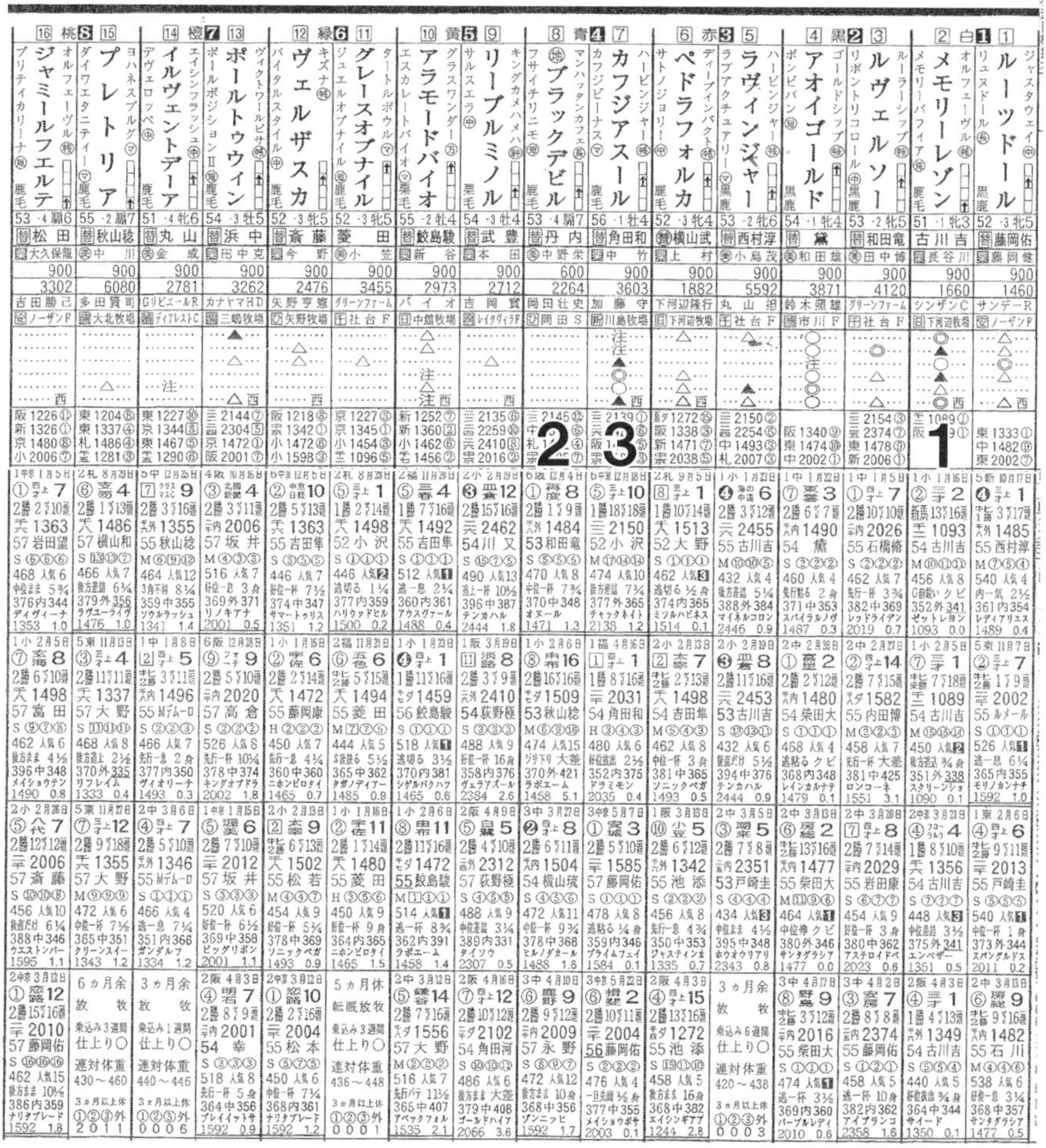

馬番	枠	馬名	父	母（母父）	毛色	斤量・性齢	騎手	調教師	賞金	総賞金	馬主	生産者
1	白1	ルーツドール	ジャスタウェイ	リュヌドール	黒鹿	52 -3 牝5	藤岡佑	藤岡健	900	1460	サンデーR	ノーザンF
2	白1	メモリーレゾン	オルフェーヴル	メモリーパフィア	鹿毛	51 -1 牝3	古川吉	長谷川	900	1660	シンザンC	下河辺牧場
3	黒2	ルヴェルソー	ルーラーシップ	リボントリコロール	黒鹿	53 -2 牝5	和田竜	田中博	900	4120	グリーンファーム	社台F
4	黒2	アオイゴールド	ゴールドシップ	ボンビバン	黒鹿	54 -1 牝4	黛	和田雄	900	3871	鈴木照雄	市川F
5	赤3	ラヴィンジャー	ハービンジャー	ラブアクチュアリー	黒鹿	53 -2 牝6	西村淳	小島茂	900	5592	丸山担	社台F
6	赤3	ペドラフォルカ	ディープインパクト	サトノジョリー	鹿毛	52 -3 牝4	横山武	上村	900	1882	下河辺隆行	下河辺牧場
7	青4	カフジアスール	ハービンジャー	カフジビーナス	鹿毛	56 -1 牡4	角田和	中竹	900	3603	加藤守	川島牧場
8	青4	ブラックデビル	マンハッタンカフェ	フサイチリニモ	鹿毛	53 -4 騸7	丹内	中野栄	600	2264	岡田壮史	岡田S
9	黄5	リーブルミノル	キングカメハメハ	サルスエラ	栗毛	54 -3 牡4	武豊	本田	900	2712	吉岡實	レイクヴィラF
10	黄5	アラモードバイオ	グラスワンダー	エスカレートバイオ	栗毛	55 -2 牡4	鮫島駿	新谷	900	2973	バイオ	中舘牧場
11	緑6	グレースオブナイル	タートルボウル	ジュエルオブナイル	鹿毛	52 -3 牝5	菱田	小笠	900	3455	グリーンファーム	社台F
12	緑6	ヴェルザスカ	キズナ	バイタルスタイル	鹿毛	52 -3 牝5	斎藤	今野	900	2476	矢野亨嘉	矢野牧場
13	橙7	ポールトウウィン	ヴィクトワールピサ	ポールポジションII	鹿毛	54 -3 牡5	浜中	田中克	900	3262	カナヤマHD	三嶋牧場
14	橙7	イルヴェントデーア	エイシンフラッシュ	デヴェロッペ	鹿毛	51 -4 牝6	丸山	金成	900	2781	Gリビエール・R	ディアレストC
15	桃8	プレトリア	ヨハネスブルグ	ダイワエタニティー	鹿毛	55 -2 騸7	秋山稔	中川	900	6080	多田賢司	大北牧場
16	桃8	ジャミールフエルテ	オルフェーヴル	ブリティカリーナ	鹿毛	53 -4 騸6	松田	大久保龍	900	3302	吉田勝己	ノーザンF

1着②メモリーレゾン
（1番人気）
2着⑧ブラックデビル
（15番人気）
3着⑦カフジアスール
（3番人気）

単②380円　枠連1－4 740円
複②180円　⑧2200円　⑦200円
馬連②－⑧25130円　馬単②→⑧33370円
ワイド②－⑧6060円　②－⑦540円　⑦－⑧5110円
3連複②⑦⑧41560円
3連単②→⑧→⑦217980円

まずは⑨番を含む7頭に注目です。ここで注意したいことがあります。それが「複勝15倍の壁」の前の2頭です。コンピ指数や当日の9時半のオッズから「大穴型レース」として浮上していたにも関わらず、複勝6倍未満の頭数が7頭と、上位ランクに人気が集まっています。

「競馬予報」では「大穴型レース」と判定されているのですから、下位ランクの人気薄の馬が馬券に絡んでも不思議ではありません。それが「複勝15倍の壁」の前の2頭なのです。その2頭が⑧番と⑬番です。

レース結果は、1着には複勝1位の②番メモリーレゾン、そして2着には「複勝15倍の壁」の1頭、⑧番ブラックデビルが入り、3着に複勝3位の⑦番カフジアースで、3連複②-⑦-⑧は4万1560円の高配当となりました。ワイドでも②-⑧6060円、⑦-⑧5110円ですから、悪い配当ではありません。

軸「複勝15倍の壁」の前の2頭（⑧⑬）―相手「複勝6倍未満」の7頭（①②④⑥⑦⑨⑩）の組み立てで獲れた馬券です。

「複勝15倍の壁」から浮上した穴馬候補は、最終オッズでは単勝万馬券になっているケースも珍しくない、超穴馬です。競馬新聞をにらめっこしていたら、なかなか見つけ出すのは難しい馬ですが、大谷式オッズ馬券では簡単に見つけ出すことができるのです。

このレースの⑧番も、最終オッズでは127倍という単勝万馬券でした。

第3章

＜攻略1＞

「複勝15倍の壁」と超万馬券攻略法

「複勝15倍の壁」から浮上した馬は高配当馬券を演出する

私は朝9時半のオッズから馬連や単勝、複勝オッズを人気順に並び替え、次に行なう作業はP18でも申し上げましたが、単勝80倍を超えている箇所、複勝6倍を超えている箇所、そして複勝15倍を超えている箇所に印をつけています。

単勝80倍を超えた箇所に印を入れる理由は、このラインを超えている人気薄の馬は、なかなか馬券に絡むことがないからです。

複勝6倍の箇所は「複勝6倍の壁」のルールから大穴馬や中穴馬を見つけ出すときに使っています。複勝15倍の箇所は、この章でこれから紹介しますが、一定の条件をクリアしたレースにおいて、超大穴として浮上する可能性が高い馬を見つけ出すことに使用しているからです。

単勝80倍を超えた人気薄の馬と同様に、複勝15倍の箇所を超えている人気薄も、馬券に絡むことはほとんどありません（もちろん競馬ですから、すべてではありません）。

私は複勝15倍を超えた箇所を、「複勝6倍の壁」と同様に「複勝15倍の壁」と呼び、その前の2頭に注目することにしています。

「複勝15倍の壁」から浮上した穴馬はレース直前になると、単勝オッズが100倍を超えるようなケースが多く、馬券に絡むと相手が上位ランクの人気馬であっても、ワイド馬券などで高配当を演出することになります。ワイド馬券で万馬券だって珍しくありません。

では、実際のレースを題材にして「複勝15倍の壁」の威力を紹介していきましょう。

まずは2022年8月14日、新潟11R関屋記念です（P70参照）。このレースの日刊コンピ指数は、1位①番が77Pです。46Pの馬12位、さらに1位と3位とのポイントの差は11Pでしたので、コンピ指数からは「大穴型レース」として判定されたことになります。

レース当日、9時半のオッズを調べてみると、馬連1番人気は9・5倍、単勝30倍未満の頭数は11頭。「競馬予報」から完全に「大穴型レース」として浮上しました。

馬連1番人気から馬連オッズを人気順に並び替え、さらに単勝、複勝オッズも人気順に並び替え、ひとつの表にまとめたのが【図A】です。

確かにこのレースは穴レースの条件をクリアしていますが、上位4頭、馬連と単勝オッズ4位に「オッズの壁」が出現してしまい、コンピ指数、馬連、単勝、複勝ランクが①、⑧、⑫、⑦番とほぼ揃ってしまっていることがわかります。

このレースは上位ランク4頭に人気が集まっていたり、ハッキリとした穴馬候補が浮上してきません。つまり「競馬予報」から「大穴型レース」と判定されたにも関わらず、穴判定は見送りとなってしまいました。

しかし気になることがあります。それは複勝6倍未満の頭数が6頭しかいな

【図A】2022年8月14日・新潟11Rの馬連・単勝・複勝ランク

	1位	2位	3位	4位	5位	6位	7位	8位	9位	10位	11位	12位	13位	14位
馬連ランク	8	12	1	7	3	11	5	2	10	4	14	6	9	13
馬連オッズ		9.5	10.2	13.4	28.0	31.2	32.7	42.5	47.2	53.1	88.2	148	185	420

単勝ランク	8	1	12	7	3	11	5	2	4	10	14	6	9	13
単勝オッズ	4.1	4.7	5.0	6.8	12.7	13.3	13.9	19.0	21.6	22.8	28.1	45.5	50.5	89.8

複勝ランク	8	12	1	7	11	3	5	10	2	14	4	6	9	13
複勝オッズ	1.9	2.2	2.5	2.5	4.1	4.9	6.1	6.1	6.2	7.3	7.4	9.8	12.6	24.2

太線はオッズの壁・複勝6倍の壁・複勝 15 倍の壁

●2022年８月14日・新潟11Ｒ関屋記念（ＧⅢ、芝1600m）

枠	馬番	父	馬名	母	毛色	斤量	性齢	騎手	調教師	賞金	総賞金	馬主	生産者
桃8	14	ジャングルポケット	ピースワンパラディ	クリアソウル1勝	鹿	56	牡6	替柴田善	美大竹	4600	13,130	長谷川成利	日高山牧場
桃8	13	エイシンフラッシュ	レッドライデン	ブランシエール1勝	青鹿	56	牡5	替吉田豊	美鹿戸雄	2400	6690	東京ＨＲ	平坂東牧場
橙7	12	スクリーンヒーロー	ウインカーネリアン	コスモクリスタル4勝	栗	57	牡5	三浦	美鹿戸雄	5200	13,280	ウイン	新コスモヴュードＦ
橙7	11	モーリス	ディヴィーナ	ヴィルシーナ5勝	鹿	54	牝4	武豊	栗友道	2400	5020	佐々木主浩	安ノーザンＦ
緑6	10	ディスクリートキャット	ワールドバローズ	ボーシア未勝	鹿	56	牡4	和田竜	栗石坂公	2400	7950	猪熊広次	浦大島牧場
緑6	9	ヴィクトワールピサ	エンデュミオン	ヒラボクビジン4勝	黒鹿	56	牡5	秋山真	栗清水久	2400	8756	ターフＳ	浦谷川牧場
黄5	8	ジャスタウェイ	ダノンザキッド	エピッククラヴ	鹿	57	牡4	川田	栗安田隆	5500	16,590	ダノックス	安ノーザンＦ
黄5	7	エピファネイア	スカイグルーヴ	アドマイヤセプター5勝	栗	54	牝5	ルメール	美木村	4000	9352	シルクＲ	安ノーザンＦ
青4	6	ハーツクライ	シュリ	エーゲリア未勝	黒鹿	57	牡6	替津村	栗池江寿	5200	10,677	前田幸貴	新ノースヒルズ
青4	5	ディープインパクト	リアアメリア	リアアントニア米	黒鹿	54	牝5	替菅原明	栗中内田	4600	11,070	シルクＲ	安ノーザンＦ
赤3	4	トーセンラー	ザダル	シーザシー未勝	栗	58	牡6	替戸崎圭	美大竹	7500	16,790	キャロットＦ	新新冠橋本牧場
赤3	3	ハヴァナゴールド	外ゴールデンシロップ	マスコヴァド米	黒鹿	56	牡4	Ｍデムーロ	美木村	2400	4990	ゴドルフィン	アイルランド
黒2	2	ハットトリック	外エアファンディタ	ノカゼ米	黒鹿	56	牡5	替田辺	栗池添学	3800	9032	ラッキーＦ	アメリカ
白1	1	ハーツクライ	イルーシヴパンサー	イルーシヴキャット2勝	黒鹿	56	牡4	替岩田望	美久保田	4450	10,490	草間庸文	安追分Ｆ

1着⑫ウインカーネリアン
（1番人気）
2着⑥シュリ
（12番人気）
3着⑧ダノンザキッド
（2番人気）

単⑫380円　枠連4－7 1900円
複⑫170円　⑥940円　⑧160円
馬連⑥－⑫11190円　馬単⑫→⑥17230円
ワイド⑥－⑫2770円　⑧－⑫350円　⑥－⑧2980円
3連複⑥⑧⑫11030円
3連単⑫→⑥→⑧77540円

い点です。第2章で紹介しましたが、「大穴型レース」として判定されたレースで、複勝6倍未満の頭数が7頭以下のときには、「複勝15倍の壁」の前の2頭に注意しなければなりません。

このレースの「複勝15倍の壁」の前の2頭は⑥番と⑨番です。この2頭は馬連13位に出現した「オッズの壁」の前の2頭でもあります。

レース結果はどうだったでしょうか。

1着には最終オッズでは1番人気にまで売れた、⑫番ウインカーネリアン。そして2着には「複勝15倍の壁」の前の1頭、12番人気の⑥番シュリ、3着には最終オッズで2番人気の⑧番ダノンザキッドが入り、馬連⑥-⑫は、1番人気との組み合わせにも関わらず1万1190円。3連複も1、2番人気が人気薄の⑧番の相手でも、⑥-⑧-⑫は1万1030円と、こちらも万馬券でした。

「複勝15倍の壁」から浮上した穴馬候補は、競馬新聞などではほとんど印がついてなく、なかなか見つけ出すことが難しい馬です。ですから、1、2番人気といった馬との組み合わせでも簡単に万馬券になってしまうのです。

「複勝15倍の壁」から浮上した穴馬はワイド馬券でも高配当!

もうひとつ似たような例を紹介してみましょう。

2022年7月10日、福島9R織姫賞です（P73参照）。このレースの日刊コンピ指数は、1位の⑦番が76P、46Pの馬が13位、さらには1位と3位とのポイント差が11Pでしたので、「大穴型レース」

として判定されました。

レース当日、朝9時半のオッズでも、馬連1番人気は9・5倍、単勝30倍未満の頭数が13頭と、完全に穴レースの条件をクリアし、「競馬予報」からは「大穴型レース」と判定されることになりました。

馬連1番人気から馬連オッズを人気順に並び替え、さらに単勝、複勝オッズも人気順に並び替え、ひとつの表にまとめたのが【図B】です。

このレースには馬連13位に「オッズの壁」があります。その前の2頭を穴馬候補として浮上させるのがルールなので、⑯番と③番が浮上します。⑯番は複勝6位に6ランク上昇しているので、「突入&移動馬」のルールもクリアしています。ところが、③番は複勝7・6倍とそれほど売れていません。「複勝6倍の壁」の前の2頭もチェックするも、⑫番は馬連ランク4位、⑮番は馬連ランク7位では、穴馬候補とはいえません。

もう少し他の角度から検証していくことにしました。すると馬連3位に「オッズの壁」ができていることがわかります。また上位3頭、⑦番、⑬番、⑪番はコンピ指数、馬連、単勝、複勝ランクでほぼ揃ってしまい、上位3頭中心に馬券が売れていることがわかります。

これは、どんなことを表しているのでしょうか。先ほどのレースもそうですが、上位ランクの馬が、コンピ指数、馬連、単勝、複勝ランクで揃うこと

【図B】2022年7月10日・福島9Rの馬連・単勝・複勝ランク

	1位	2位	3位	4位	5位	6位	7位	8位	9位	10位	11位	12位	13位	14位	15位	16位
馬連ランク	13	7	11	12	4	2	15	1	9	14	6	16	3	10	8	5
馬連オッズ		9.5	11.1	21.1	24.3	25.2	26.2	40.6	50.7	62.6	69.1	83.4	108	221	274	617

単勝ランク	13	7	11	2	1	4	9	12	15	16	14	3	6	10	8	5
単勝オッズ	4.9	6.2	6.3	7.5	8.5	12.7	13.4	15.3	18.9	21.5	24.7	25.2	29.1	45.3	67.5	84.9

複勝ランク	11	13	7	2	1	16	4	6	12	15	9	3	14	10	8	5
複勝オッズ	2.5	2.6	2.8	3.0	4.1	4.4	4.5	4.9	5.5	5.9	6.0	7.6	8.5	9.4	9.5	16.0

太線はオッズの壁・複勝6倍の壁・複勝 15 倍の壁

●2022年７月10日・福島９Ｒ織姫賞（３歳上１勝クラス、芝1800m）

馬番	枠	馬名	父	母	毛色・斤量・性齢	騎手	調教師	賞金	馬主	生産者
16	桃8	インフィニタス	モーリス	アンチュラス	鹿 55 牝4	松岡	伊坂	400 / 600	G1レーシング	追分F
15	桃8	エコルフリューゲル	ダイワメジャー	ムニラ	栗 52 牝3	内田博	鈴木慎	400 / 702	鈴木昌樹	社台F
14	橙7	ピナ	キズナ	アグネスカルミア	鹿 55 牝4	丸田	蛯名利	400 / 1352	畑佐博	高松牧場
13	橙7	ロムネヤ	ディープインパクト	ヤンキーローズ	鹿 52 牝3	三浦	国枝	400 / 1113	金子真人HD	ノーザンF
12	緑6	シャドウエリス	ハーツクライ	パールシャドウ	鹿 55 牝4	池添	金成	400 / 1553	飯塚知一	社台F
11	緑6	エリオトローピオ	ゴールドシップ	マイネジャーダ	栗 52 牝3	戸崎圭	深山	400 / 838	ラフィアン	ビッグレッドF
10	黄5	フミチャン	クロフネ	フェアリーダンス	芦 55 牝4	柴田善	鹿戸雄	400 / 941	林文彦	レイクヴィラF
9	黄5	ロッタチャンセズ	ディープインパクト	ワッツダチャンセズ	鹿 55 牝5	Mデムーロ	堀	400 / 676	G1レーシング	追分F
8	青4	(地)サイモンベラーノ	エスケンデレヤ	タワーライトブルー	栗 55 牝5	野中	根本	110 / 659	澤田昭紀	高昭牧場
7	青4	ヤマニンパニータ	ラブリーデイ	ヤマニンアドーレ	鹿 52 牝3	江田照	辻	400 / 800	土井肇	廣田光夫
6	赤3	クーファイザナミ	ディープインパクト	イーデンズコーズウェイ	鹿 55 牝5	田中勝	小手川	400 / 1977	大迫久美子	村上欽哉
5	赤3	(地)インプレストサマー	ノヴェリスト	メモリアルサマー	黒 55 牝4	菊沢	天間	60 / 66	矢野雅子	追分F
4	黒2	ロジレット	ロジユニヴァース	ロジフェローズ	黒 52 牝3	菅原明	稲垣	400 / 690	久米田正明	ノーザンF
3	黒2	アルコディオーサ	ディープインパクト	ナスケンアイリス	鹿 55 牝4	木幡初	粕谷	400 / 902	ヒダカBU	桜井牧場
2	白1	スウィートブルーム	ゴールドシップ	コスモバルバラ	鹿 55 牝4	柴田大	和田雄	400 / 2158	ラフィアン	ビッグレッドF
1	白1	ロックオンエイム	アドマイヤムーン	ゴールドヴァレー	黒 55 牝4	永野	奥村武	400 / 1398	京都ホースR	飛野牧場

1着⑪エリオトローピオ
（2番人気）
2着⑬ロムネヤ
（1番人気）
3着⑧サイモンベラーノ
（15番人気）

単⑪340円　枠連6－7 550円
複⑪160円　⑬150円　⑧1800円
馬連⑪－⑬790円　馬単⑪→⑬1770円
ワイド⑪－⑬360円　⑧－⑪8750円　⑧－⑬7780円
3連複⑧⑪⑬33990円
3連単⑪→⑬→⑧121530円

ワイド⑧－⑪8750円！⑧－⑬7780円！

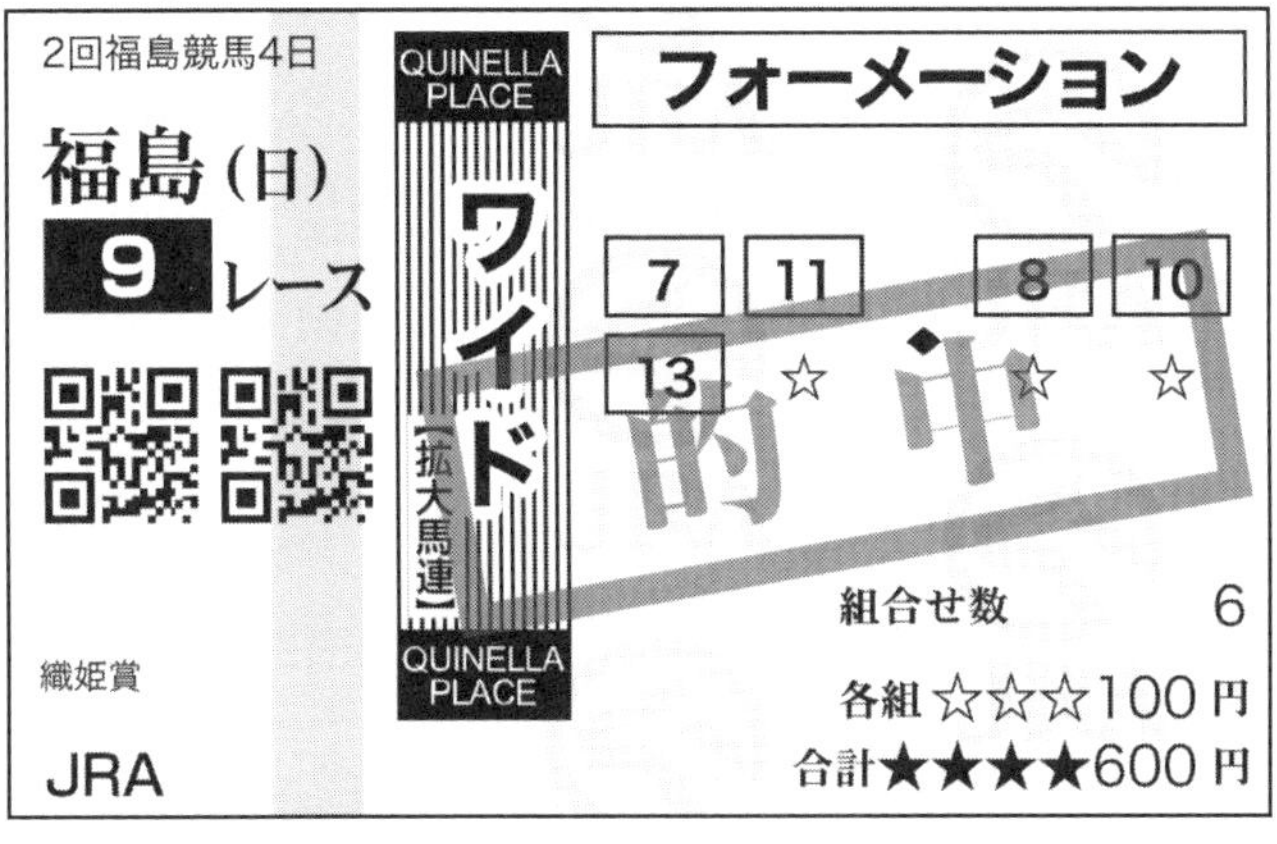

2回福島競馬4日
福島（日）
9 レース
QUINELLA PLACE
ワイド【拡大馬連】
フォーメーション
7 11
13 ☆
◆
8 10
☆ ☆
的中
組合せ数 6
各組☆☆☆100円
合計★★★★600円
織姫賞
JRA

は、穴レースとしてはマイナス要因です。つまり、レース判定は見送りに近づいてしまうのです。レース判定が見送り気味になってしまったときに注意しなければならないのが、「複勝15倍の壁」の前の2頭です。すなわち⑩番と⑧番が馬券に絡む可能性があるのです。

このレースは上位3頭中心に馬券が売れていましたので、⑧番と⑩番から上位3頭、すなわち⑬番、⑦番、⑪番へのワイド馬券を組み立ててみました。押さえに「オッズの壁」「突入&移動馬」のルールをクリアしていた⑯番を入れてもOKです。

レース結果は、最終オッズで2番人気の⑪番エリオトローピオが先行し、そのまま1着でゴール。2着は1番人気の⑬番ロムネヤ、そして3着には15番人気、「複勝15倍の壁」から浮上した⑧番サイモンベラーノが入り、ワイド馬券の的中です。ワイド⑧-⑪は8750円、⑧-⑬は7780円と、1、2番人気が相手にも関わらず、なかなかの高配当です。

3連複⑧-⑪-⑬は3万3990円となりましたが、こちらも上位ランク馬の3頭とうまく絡ませれば、それほど難しい馬券ではなかったはずです。

最終オッズで⑧番の単勝は156倍まで人気を下げていました。⑩番は単勝110倍です。単勝万馬券の馬から狙い撃ちするような馬券は、そう簡単にできるものではありません。しかし「複勝15倍の壁」のルールをうまく活用することができれば、簡単に浮上させることができる超穴馬なのです。

ちなみに4着には、「オッズの壁」「突入&移動馬」のルールをクリアしていた⑯番インフィニタスが入っています。

馬連1位と単勝1位が被っているレースと「複勝15倍の壁」との関係

コンピ指数90Pや88Pの馬がレース当日、朝9時半のオッズにおいて、馬連や単勝オッズが人気になるケースは珍しくありません。しかし81P～85Pのような馬がレース当日9時半のオッズで、突然人気を集めるようなことがたまにあります。

どうして、そのようなことが起きるのでしょうか。大きく分けて2つのパターンが考えられます。

ひとつは馬の隠れた能力がコンピ指数、すなわち事前予想では反映されていなかった場合。

もうひとつは、人気上位の馬の能力がほとんど変わらず、押し上げられた状態で人気を集めてしまったケースです。どちらのケースでも、上位人気の馬に何かしらの異常が生じてしまったことは否定できません。

馬連1位と2位の間、さらには単勝1位と2位の間に「オッズの壁」が出現したケースでは、下位ランクの馬が馬券に絡むことが多いものです。特に「複勝15倍の壁」の前の2頭には要注意です。

ここで馬連ランク1位と2位との間の「オッズの壁」について説明しておきましょう。

例えば、馬連3位のオッズが7・5倍、馬連4位のオッズが15・0倍なら、15・0÷7・5＝2・0。これで馬連3位と4位との間の乖離差は2・0倍であることがわかります。「乖離差1・8倍以上」の箇所が「オッズの壁」というルールですから、馬連3位と4位との間には「オッズの壁」があることがわかります。

馬連1位と2位の間の乖離差を調べるのであれば、馬連1位のオッズがなければわかりません。大谷式オッズ馬券では、**馬連1位と2位との乖離差は、馬連2位と3位との組み合わせのオッズを馬連3位のオッズで割って調べる**ことにしています。

実際のレースを例に、馬連1位と2位と乖離差の求め方を紹介しながら、超大穴馬、「複勝15倍の壁」の前の2頭が馬券に絡み、高配当馬券GETまでの手順を説明していきましょう。

2022年6月25日、阪神12Rです（P79参照）。

このレースは日刊コンピ指数からは1位の⑧番が82Pであり、「大穴型レース」としては浮上していませんでした。しかし朝9時半のオッズからは、⑧番に突然人気が集まり、馬連1位と単勝1位には「オッズの壁」ができてしまいました。

9時半のオッズで、馬連1番人気は⑧－⑮で8・1倍です。単勝1番人気は⑧番、3番人気が⑮番だったので、⑧番からの馬連オッズを人気順に並び替えていきます。単勝や複勝オッズも同じように並び替え、ひとつの表にまとめたものが【図C】です。

単勝1位と2位の間に注目してください。単勝1位は⑧番で3・1倍、単勝2位は⑯番で6・0倍となっています。

この間の乖離差は6・0÷3・1で求められるので、6・0÷3・1＝1・

【図C】2022年6月25日・阪神12Rの馬連・単勝・複勝ランク

	1位	2位	3位	4位	5位	6位	7位	8位	9位	10位	11位	12位	13位	14位	15位	16位
馬連ランク	8	15	3	6	16	11	2	7	12	10	4	5	1	14	9	13
馬連オッズ		8.1	11.4	12.7	13.0	14.0	24.1	24.1	42.4	59.6	63.9	65.1	71.4	85.4	88.8	103
単勝ランク	8	16	15	6	3	2	11	5	4	7	10	14	12	9	1	13
単勝オッズ	3.1	6.0	6.7	7.7	11.2	14.0	16.5	22.2	23.0	27.7	28.1	33.7	41.7	44.8	53.8	70.1
複勝ランク	8	15	16	2	3	5	6	4	11	14	10	12	7	13	1	9
複勝オッズ	1.7	2.6	2.7	4.5	4.7	4.8	5.1	5.6	6.1	6.5	7.4	8.0	8.2	8.6	11.3	13.4

太線はオッズの壁・複勝6倍の壁・複勝15倍の壁

94。乖離差が1・8倍以上あるため、単勝1位と2位の間には「オッズの壁」があることがわかります。

さて問題は、馬連1位と2位との間の乖離差です。

「馬連2位と3位との組み合わせの馬連オッズを、馬連3位のオッズで割る」のがルールです。この場合、馬連2位は⑮番、馬連3位は③番ですので、馬連③－⑮のオッズを調べます。すると23・0倍でした。馬連3位オッズ（③番の箇所）は11・4倍となっていますので、23・0÷11・4で馬連1位と2位との間の乖離差を求めることができます。

23・0÷11・4＝2・02。「オッズの壁」の基準値である1・8倍を超えているので、ここに「オッズの壁」があることがわかります。

つまりこのレースは、馬連1位と2位の間、単勝1位と2位の間に「オッズの壁」が出現していることとなります。すなわち⑧番からの馬券が中心に売れているわけです。

馬連2位以下、さらには単勝2位以下を見ると、他には「オッズの壁」がひとつもありません。特に「単勝ランクに「オッズの壁」がないということは、どの馬にもチャンスがあるということを示しているのです。おまけに単勝30倍未満の頭数も11頭と多いです。

さて「複勝15倍の壁」はどうなっているでしょうか。このレースは複勝最低ランクのオッズでも13・4倍となっており、15倍を超えている馬がいません。このようなケースでは、最低ランクが「複勝15倍の壁」となり、①番と⑨番が「複勝15倍の壁」の前の2頭となります。

私は「①番と⑨番から、馬連上位ランク5頭へのワイド馬券と3連複馬券」を組み立ててみました。

上位5頭までヒモとしたのは、馬連6位の⑪番が複勝9位に下がっており、ここにひとつの見えない壁があると読んだからです。馬連7位の②番が4位に上昇していますが、これは藤田菜七子騎手の馬であり、応援馬券の可能性もありオッズの数値をそのまま鵜呑みにしませんでした。「複勝15倍の壁」から浮上した①番や⑨番は超穴馬です。複勝6倍未満の馬8頭すべて流しても問題ありません。

3連複のフォーメーション馬券を見て、エッと思った方がいらっしゃるかもしれません。これは本書の編集者にも「ヘンな馬券」と指摘されたのですが、⑧⑮－③⑥⑯－①⑨という、1軸・2軸・3軸ともすべて異なる買い目になっているからです。

これを解説しましょう。「複勝15倍の壁」から3連複馬券を組み立てる場合は、馬連ランク上位ランク4頭が中心となりますが、このレースの場合、5位の⑯番は単勝2位、複勝3位に上昇しており、⑯番を捨てることができません。そこで上位ランク5頭を穴馬からの相手馬にしました。

私は「複勝15倍の壁」から浮上した穴馬からの3連複の相手が4頭を超えた場合は、馬連上位5頭を分け、1～2位→3～5位→穴馬のフォーメーションを購入するようにしています。上位2頭とも馬券に絡んだ場合、3連複は外れとなりますが、ワイド馬券でも流しているので、こちらは的中となるからです（上位6頭に流す場合は上位6頭を分け、1～3位→4～6位→穴馬となります）。

もちろん、穴馬①⑨番から5頭へ流す①⑨→⑧⑮③⑥⑯番→⑧⑮③⑥⑯番は悪手ではありません。ただ、今回のように相手が5頭でしたら20点で済みますが、6頭になると30点にもなってしまいます。

レース結果は、突然人気を集めた⑧番、ヴァレーデラルテが1着。2着には馬連3位の③番エクセスリターン、そして3着には「複勝15倍の壁」の1頭、①番ニホンピロハーバーが中団から追い込みを決め、しっかりと3連系の馬券に絡みました。

●2022年６月25日・阪神12Ｒ（３歳上１勝クラス、ダ1800m）

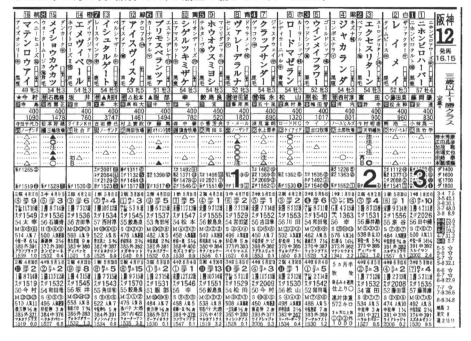

阪神 12 発馬 16.15 三歳以上1勝クラス 定量

馬番	枠	馬名	父	母	毛色	斤量・性齢	騎手	調教師	賞金	総賞金	馬主	生産者
1	白1	ニホンピロハーバー	ニホンピロアワーズ	ニホンピロタルト	黒鹿	57 牡4	藤岡康	安達	400	830	小林英一	佐竹学
2	白1	レイメイ	ザファクター	タイムピース	鹿毛	52 牝3	◇藤田菜	松永幹	400	960	岡浩二	サンデーヒルズ
3	黒2	エクセスリターン	ストロングリターン	ベアフルート	栗毛	54 牡3	富田	野中	400	900	今村明浩	天羽禮治
4	黒2	ジャカランダ	キズナ	コンポステラ	黒鹿	54 牡3	西村淳	河内	400	801	ノースヒルズ	土居牧場
5	赤3	ウインメイフラワー	ゴールドシップ	ウッドシップ	栗毛	52 牝3	松若	梅田智	400	1017	ウイン	出口牧場
6	赤3	ロードマゼラン	ルーラーシップ	レディカーニバル	青鹿	54 牡3	松山	奥村豊	400	1320	ロードHC	ケイアイF
7	青4	クラップサンダー	ジャスタウェイ	ゲッコウ	鹿毛	54 牡3	福永	五十嵐	400	890	深見富朗	水上習孝
8	青4	ヴァレーデラルナ	ドゥラメンテ	セレスタ	鹿毛	52 牝3	岩田望	藤原英	400	1820	ラ・メール	ノーザンF
9	黄5	ホウオウスミヨシ	マツリダゴッホ	テルヌーヴ	鹿毛	54 牡3	鮫島良	宮	400	520	小笹芳央	岡田S
10	黄5	シゲルツキミザケ	リオンディーズ	エアマスカット	黒鹿	54 牡3	幸	谷	400	782	森中蕃	[illegible]
11	緑6	プリモスペランツァ	エスケンデレヤ	カーナヴァル	栗毛	51 牝3	▲服部	中竹	400	1494	伊藤篤	オリエント牧場
12	緑6	アイスヴィスタ	クロフネ	アイスメアー	芦毛	53 牝5	△松本	高柳大	400	1461	村上憲政	岡田牧場
13	橙7	イシュタルゲート	ベルシャザール	レースウイング	鹿毛	54 牡6	▲角田河	荒木	400	3747	吉田勝己	ノーザンF
14	橙7	エメヴィベール	ダイワメジャー	ホワイトローズⅡ	芦毛	54 牡3	坂井	吉岡	400	760	ライオンRH	社台F
15	桃8	メイショウカゲカツ	ダンカーク	ウォータームージカ	芦毛	54 牡3	石橋脩	西園正	400	1478	松本好雄	三嶋牧場
16	桃8	マテンロウアイ	ヘニーヒューズ	アイズオンリー	黒鹿	49 牝3	★今村	寺島	400	1090	寺田千代乃	ノーザンF

1着⑧ヴァレーデラルナ
（1番人気）
2着③エクセスリターン
（5番人気）
3着①ニホンピロハーバー
（14番人気）

単⑧200円　枠連2－4 780円
複⑧130円　③250円　①1520円
馬連③－⑧780円　馬単⑧→③1260円
ワイド③－⑧410円　①－⑧4990円　①－③11980円
3連複①③⑧24100円
3連単⑧→③→①78190円

３連複①③⑧２万4100円！

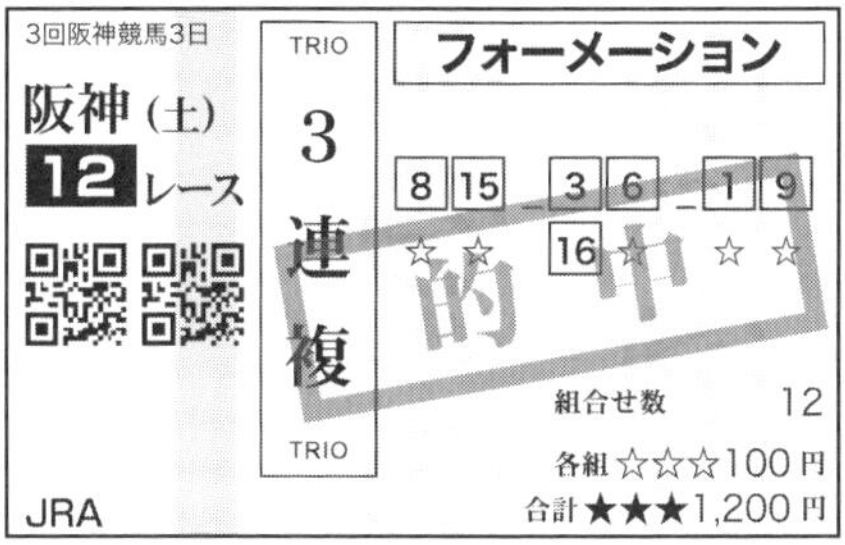

ワイド①－⑧4990円！
①－③１万1980円！

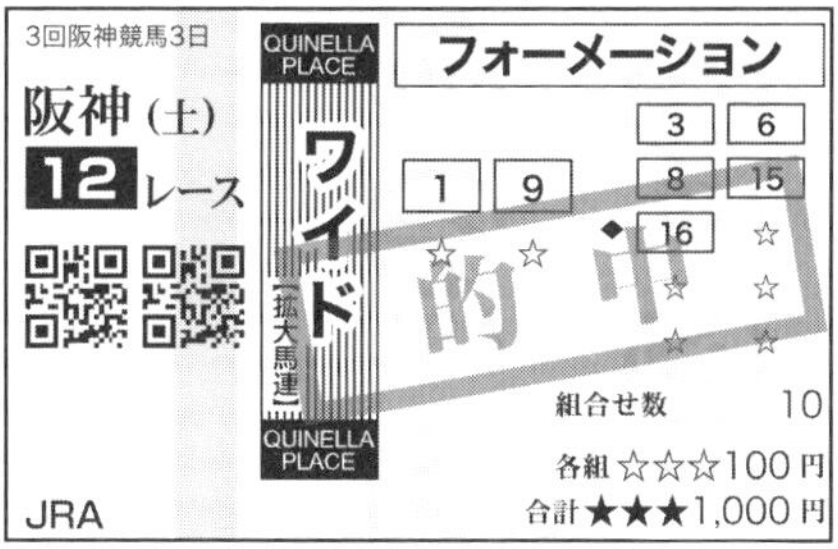

ワイドは①－⑧で4990円、①－③で1万1980円。3連複①－③－⑧は2万4100円の高配当馬券を少点数でGETすることができました。

ちなみに、最終オッズでは①番が134倍、⑨番は170倍となっており、多くの競馬ファンが手を出せるようなオッズではありませんでした。

もうひとつ似たような例を紹介しましょう。

2022年7月24日、福島7Rです。コンピ指数46Pの馬は16頭中の15位ですが、1位の⑩番が82Pだったので「大穴型レース」としては浮上していません。

朝9時半のオッズでも、単勝30倍未満の頭数は11頭と基準値をクリアしていたのですが、馬連1番人気が6・8倍なので、こちらからも穴レースの条件をクリアしませんでした。

しかし【図D】をご覧ください。馬連、単勝、複勝オッズを人気順に並び替えたものです。

馬連1位と2位の間の乖離差を調べてみましょう。馬連2位は⑨番、馬連3位は⑯番ですから、馬連⑨－⑯を調べなければなりません。調べると⑨－⑯は32・5倍となっていました。この数値を馬連3位のオッズ（12・7倍）で割れば、馬連1位と2位との間の乖離差が出ます。32・5÷12・7＝2・

【図D】2022年7月24日・福島7Rの馬連・単勝・複勝ランク

	1位	2位	3位	4位	5位	6位	7位	8位	9位	10位	11位	12位	13位	14位	15位	16位
馬連ランク	10	9	16	15	2	8	5	11	4	7	1	6	3	12	13	14
馬連オッズ		6.8	12.7	14.5	15.1	16.6	19.2	21.6	26.5	30.7	39.5	51.5	69.0	146	207	308

単勝ランク	10	15	9	16	2	8	4	1	5	11	7	6	3	12	13	14
単勝オッズ	2.8	6.9	8.0	9.0	11.6	12.5	14.9	15.5	19.8	20.1	29.4	33.0	45.3	53.1	100	136

複勝ランク	10	9	15	4	5	8	16	2	1	11	7	6	3	12	13	14
複勝オッズ	1.4	2.6	3.6	4.8	4.9	5.3	5.4	5.6	5.6	6.5	6.8	7.6	10.3	13.7	18.6	34.5

太線はオッズの壁・複勝6倍の壁・複勝15倍の壁

●2022年７月24日・福島７R（３歳未勝利、芝2000m）

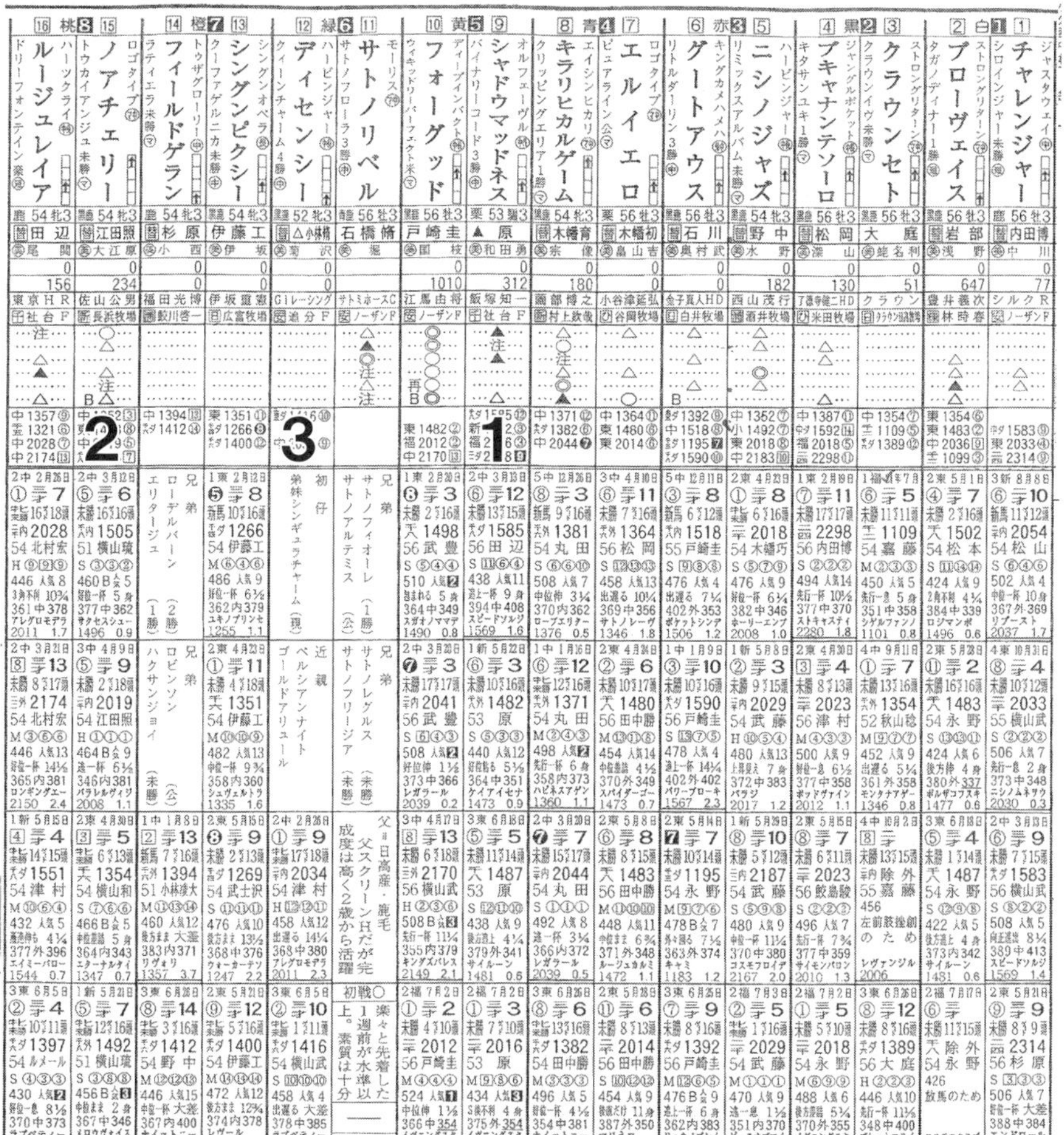

馬番	枠	馬名	父	母	斤量・性齢	騎手	調教師	馬主	生産者
1	白1	チャレンジャー	ジャスタウェイ	シロインジャー 未勝	56 牡3	内田博	中川	シルクR	ノーザンF
2	白1	プローヴェイス	ストロングリターン	タガノディナー 1勝	56 牡3	岩部	浅野	豊井義次	林時春
3	黒2	クラウンセト	ストロングリターン	クラウンイヴ 未勝	56 牡3	大庭	蛯名利	クラウン	クラウン日高牧場
4	黒2	プキャナンテソーロ	ジャングルポケット	キタサンユキ 1勝	56 牡3	松岡	深山	了徳寺健二HD	米田牧場
5	赤3	ニシノジャズ	ハービンジャー	リミックスアルバム 未勝	54 牝3	野中	水野	西山茂行	酒井牧場
6	赤3	グートアウス	キングカメハメハ	リトルダーリン 3勝	56 牡3	石川	奥村武	金子真人HD	白井牧場
7	青4	エルイエロ	ロゴタイプ	ピュアライン 公	56 牡3	木幡初	畠山吉	小谷津延弘	谷岡牧場
8	青4	キラリヒカルゲーム	エイシンヒカリ	クリッピングエリア 1勝	54 牝3	木幡育	宗像	薗部博之	村上欽哉
9	黄5	シャドウマッドネス	オルフェーヴル	バイナリーコード 3勝	53 騸3	▲原	和田勇	飯塚知一	社台F
10	黄5	フォーグッド	ディープインパクト	ウィキッドリーパーフェクト 米	56 牡3	戸崎圭	国枝	江馬由将	ノーザンF
11	緑6	サトノリベル	モーリス	サトノフローラ 3勝	56 牡3	石橋脩	堀	サトミホースC	ノーザンF
12	緑6	ディセンシー	ハービンジャー	クィーンチャーム 4勝	52 牝3	△小林凌	菊沢	G1レーシング	追分F
13	橙7	シングンピクシー	シングンオペラ	クーファゲルニカ 未勝	54 牝3	伊藤工	伊坂	伊坂重憲	広富牧場
14	橙7	フィールドゲラン	トウザグローリー	ラティエラ 未勝	54 牝3	杉原	小西	福田光博	鮫川啓一
15	桃8	ノアチェリー	ロゴタイプ	トウカイアンジュ 未勝	54 牝3	江田照	大江原	佐山公男	長浜牧場
16	桃8	ルージュレイア	ハーツクライ	ドリーフォンテイン 米	54 牝3	田辺	尾関	東京HR	社台F

1着⑨シャドウマッドネス
（２番人気）
2着⑮ノアチェリー
（３番人気）
3着⑫ディセンシー
（14番人気）

単⑨560円　枠連５－８ 420円
複⑨240円　⑮320円　⑫4140円
馬連⑨－⑮2440円　馬単⑨→⑮4970円
ワイド⑨－⑮850円　⑨－⑫10050円　⑫－⑮19830円
３連複⑨⑫⑮99800円
３連単⑨→⑮→⑫453900円

56となり、基準値1・8倍を超えているので、馬連1位と2位には「オッズの壁」があることがわかります。

単勝1位と2位の間も、6・9÷2・8＝2・46となっているので、ここにも「オッズの壁」がありま す。つまり、このレースは馬連1位と2位の間、単勝1位と2位の間に揃って「オッズの壁」が出現し たことになります。

馬連には1位の後、それから13位に「オッズの壁」がありますが、単勝ランクは14位まで「オッズの 壁」がなく、ダラダラと売れていることがわかります。

馬連1位と2位、単勝1位と2位との間に「オッズの壁」が出現し、下位ランクまで「オッズの壁」 がなく、ダラダラと売れているようなレースでは、「複勝15倍の壁」の前の2頭に注意しなければなり ません。「複勝15倍の壁」の前の2頭は、③番と⑫番となっていました。奇しくも単勝14位の「オッズ の壁」の前の2頭と同じです。

レース結果は複勝2位、最終オッズでは単勝2番人気の⑨番シャドウマッドネスが1着。2着には複 勝3位、最終オッズでは3番人気の⑮番ノアチェリーと入り、3着には「複勝15倍の壁」の前の1頭で ある⑫番ディセンシーが入りました。

このレースでも⑫番の最終の単勝オッズは177倍で、複勝オッズは52倍と、なかなか買えるような オッズではありません。ワイド⑨－⑫は1万50円、⑫－⑮は1万9830円とどちらも万馬券。3連複 ⑨－⑫－⑮は9万9800円と、10万円馬券にあと一歩という大型配当となりました。

第4章

＜攻略2＞

少頭数レースと高配当馬券攻略法

少頭数レースは高配当馬券をＧＥＴするチャンスレース

少頭数レースは本命サイドで決まってしまうので、面白くないと敬遠しているという声をよく耳にしますが、本当にそうでしょうか。一定のルールをクリアしたレースは、少頭数レース（13頭立て以下が私の定義）ほど、高配当馬券を少点数でＧＥＴすることができるのです。

２０２１年に小社より刊行した拙著『勝つ！儲ける！極める！オッズ馬券幸福論』で、少頭数レースで高配当馬券をＧＥＴする方法を紹介しました。これをもう一度おさらいしながら、代表的なレースをひもときながら、さらに少頭数レースの面白さを紹介していきましょう。

まずは２０２１年12月12日、中京12Ｒ名古屋日刊スポーツ杯です（Ｐ86参照）。

このレースは12頭立てなので、私のルールでは少頭数レースに分類されます。

さて、このレースの馬連1番人気を見つけ出し、馬連オッズを人気順に並び替え、さらには単勝や複勝オッズを人気順に並び替えていきます。

このレースの馬連1番人気は⑥-⑨で⑨番は単勝2番人気、⑥番は単勝4番人気でしたので、⑨番が馬連1位となり、⑨番絡みの馬連オッズを抜き出し、人気順に並び替えていきます。

ひとつの表にまとめたのが【図Ａ】となります。

【図Ａ】2021年12月12日・中京12Ｒの馬連・単勝・複勝ランク

	1位	2位	3位	4位	5位	6位	7位	8位	9位	10位	11位	12位
馬連ランク	9	6	10	5	4	3	8	1	11	12	2	7
馬連オッズ		11.5	18.2	18.8	22.4	26.2	26.6	29.3	37.2	87.5	94.2	139

単勝ランク	10	9	4	6	5	12	3	1	11	8	2	7
単勝オッズ	4.9	5.3	6.1	6.4	10.2	10.3	10.8	10.9	16.6	18.5	38.0	38.0

複勝ランク	6	12	9	10	5	1	4	3	8	11	7	2
複勝オッズ	2.4	2.6	2.7	2.7	2.8	3.5	3.7	3.7	4.7	4.9	6.9	9.5

←複勝6倍未満が10頭→

このレースは12頭立てです。少頭数レースの波乱になる可能性のある「競馬予報」のルールは、**複勝6倍未満の頭数が、「出走頭数の半数＋2」以上**になっているかどうかです。

12頭のレースなら半数は「6」です。それに「2」を加えるので、8頭以上の馬が複勝6倍未満の頭数がいれば合格です。

複勝6倍未満の頭数をチェックすると、10頭いることがわかります。つまり、このレースは「少頭数レースでも、高配当馬券が期待できる」と判定されたことになります。

穴馬候補は基本、馬連最低ランクから3頭を浮上させるのがルールです。12頭立てのレースですから、馬連10位、11位、12位は⑫番、②番、⑦番の3頭になっていることがわかります、つまり穴馬候補は⑫番、②番、⑦番となりました。

このレース、私は穴馬候補の3頭から上位5頭への馬連、すなわち、⑫・②・⑦番→⑨・⑥・⑩・⑤・④番と組み立ててみました。

レース結果は、なんと穴馬候補の⑦番オーロラフラッシュが逃げ、そのまま1着でゴールイン。2着には9時半の段階では単勝1番人気の⑩番アナゴサンが入り、3着には⑤番マリノソフィアです。

馬連⑦－⑩の的中となりました。配当は3万2910円のトリプル万馬券です。3連複⑤－⑦－⑩は9万3040円と、あと少しで10万円馬券です。

最終オッズでは、⑦番の相手の⑩番と⑤番は3、4番人気なので、それほど難しい組み合わせではないでしょう。3連単は⑦→⑩→⑤は95万2070円。こちらももう少しで100万円馬券です。

少頭数レースでも、簡単に超万馬券になってしまった代表的なレースのひとつです。

●2021年12月12日・中京12Ｒ名古屋日刊スポーツ杯（３歳上２勝クラス、芝2000ｍ）

桃8 12	桃8 11	橙7 10	橙7 9	緑6 8	緑6 7	黄5 6	黄5 5	青4 4	赤3 3	黒2 2	白1 1
ハーツクライ㊙	キングカメハメハ㊙	ミッキーアイル㋮	スピルバーグ㊥	スクリーンヒーロー㊟	フランケル㋮㊥	フェノーメノ㊙	ジャングルポケット㊙	エピファネイア㊙	ルーラーシップ㊙	ダノンバラード㊥	ドリームジャーニー㊥
ダノングレーター	ピノクル	アナゴサン	ルージュメサージュ	ビートザウイングス	㊋オーロラフラッシュ	タイフォン	マリノソフィア	メイショウボサツ	ルヴェルソー	㊋バラードインミラノ	ダディーズトリップ
パレスルーマー㋮	ピンクカメオ㊥	タケノローマン㊟	レッドメデューサ㋮	ウイングドウィール㊥	スクイーズ㋮	ヴァリアントレディ㊥	レインボーシーカー㋮	ユメノオーラ㋮	リボントリコロール㊥	エピカ㋮	ヴードゥーレディ㊥
黒鹿	黒鹿	栗毛	黒鹿	栗毛	鹿毛	青鹿	黒鹿	青鹿	黒鹿	黒鹿	青毛
57 騸5	57 牡5	56 牡3	54 牝3	57 騸4	55 牝4	56 牡3	55 牝4	57 牡4	55 牝4	56 牡3	57 牡5
替坂井	替富田	替古川吉	鮫島駿	秋山稔	替柴山雄	西村淳	替黛	替小沢	替吉田隼	替斎藤	菱田
栗茶木	栗音無	栗牧田	栗斉藤崇	北手塚	北藤沢和	栗森田	北奥平雅	栗松永昌	南田中博	南畠山吉	栗杉山晴
900	900	900	900	900	900	900	900	900	900	0	900
2080	4917	3136	1496	2616	3230	2076	3660	4595	4120	740	6627
ダノックス	金子真人HD	内田玄祥	東京HR	社台RH	嶋田賢	吉田安惠	矢野恭裕	松本好雄	グリーンファーム	ビッグレッドF	田島大史
安ノーザンF	千社台F	新松浦牧場	安ノーザンF	千社台F	アイルランド	白白老F	日クラウン日高牧場	浦田中スタッド	千社台F	イタリア	新オリエント牧場
……… ……… ……… …△… …△… …▲…	…注… …注… …△… ……… …▲… …△…	…▲… …◎… …▲… …注… …注… …△…	…◎… …△… …○… …○… …○… …注…	……… …△… ……… ……… ……… B…東	……… ……… ……… ……… 初…… B…東	…○… …○… …注… …△… …△… …◎…	…△… …▲… ……… …◎… …◎… …△東	…△… ……… …△… …△… …△… …△…	…△… ……… …◎… …△… ……… …△東	……… ……… …△… ……… ……… ……東	…△… …△… …△… …▲… …△… B○…
千七ダ1483⑧ 札1482⑧ 中京2007⑩ 京2156⑦	京1341⑤ 阪1473② 小1593① 阪2158⑦	阪1352⑬ 福[illegible]7① 中京[illegible]2② 千二1241⑩	中京1381❺ 中京ダ1542[8] 小2010❶ 千二ダ1305[5]	二四2285⑧ 新1502[11] 新1595⑨ 中2177③	中1338⑦ 東[illegible]62④ 東2[illegible]05⑧ 二四2286⑪	阪1359⑭ 千二1235⑰ 小1596⑤ 中京2132❹	千二1233⑦ 新[illegible]① 函[illegible]⑤	中京1359❷ 京1491④ 阪1599⑦ 中京2142⑮	東1478⑨ 新2006① 中2154③	中1361⑨ 東1471[2] 千二1215③	二五2433❺ 福1481④ 新1591⑥ 阪2120⑨
1函 7月4日 ②檜山 8 2勝10ゲ11頭 千七ダ1483 55団野 M⑪⑩⑩ 472B 人気6 後方差詰 13¾ 382中396 ロッシュローブ 1460 2.3	5中京 9月12日 ②長久 4 2勝 2ゲ8頭 二千2010 54浜中 S④④④ 498 人気3 好位一息 3½ 384中347 ロバートソンキ 2004 0.6	4阪 10月17日 ④3歳上 2 1勝 3ゲ8頭 二千内2029 55古川吉 S①①① 458 人気7 逃粘る クビ 381内362 ダノンドリーマ 2029 0.0	4小 8月15日 ❷二千 1 牝1勝 6ゲ14頭 二千2010 54鮫島駿 S⑨⑨⑥ 468 人気3 漸抜出 2½ 364外344 ジェムフェザー 2014 0.4	4新 8月29日 ⑥3歳上 3 1勝 6ゲ9頭 二千外2001 54永野 S⑥④④ 476B 人気5 中位伸 ¾身 368中341 ガンダルフ 2000 0.1	5東 11月7日 ②3歳上 8 牝2勝 3ゲ9頭 二千2005 55団野 S③③③ 454 人気8 先行一杯 8¼ 370内356 モリノカンナチ 1592 1.3	4東 10月17日 [4]3歳上 2 1勝 10ゲ10頭 二四2293 54田辺 S①①① 458 人気3 離逃げ 1¼ 369内362 サトノフォーチ 2291 0.2	5新 10月9日 ①村上 3 2勝 8ゲ8頭 千八外1479 55吉田隼 S④③③ 466 人気1 中位伸 2½ 379中334 アイコンテーラ 1475 0.4	4中京 6月13日 [4]常滑 7 2勝 5ゲ11頭 二千2024 56柴山雄 S⑩⑦⑨ 480 人気3 外々回る 5身 387外349 メイショウロセ 2015 0.9	1函 8月8日 ⑫松前 4 2勝 3ゲ12頭 千八1494 55藤岡佑 S⑥⑥⑤ 456 人気4 中位差詰 5¼ 375中362 テーオーラフィ 1485 0.9	1函 7月31日 ⑨3歳 12 未勝 8ゲ14頭 千八1505 56Mデムーロ H②②② 436 人気3 先行一杯 12¾ 354中387 ロックユー 1485 2.0	5中京 9月19日 ④[illegible] 3 2勝 9ゲ9頭 二二2130 57菱田 S⑥⑥⑥ 448B 人気6 中位伸 3½ 371外347 ディヴァインラ 2124 0.6
5ヵ月余 去勢放牧 乗込み3週間 仕上り◎ 連対体重 476～480 3ヵ月以上休 ①②③外 0 0 0 4	5阪 11月14日 ④3歳上 7 2勝 1ゲ8頭 二千内2158 57浜中 S③④⑤ 504 人気5 中位一杯 6¾ 369内364 レヴェッツァ 2147 1.1	2福 11月7日 ②高湯 1 1勝 6ゲ16頭 千八1477 55斎藤 M②②② 462 人気6 先行抜出 クビ 360中356 アラモードバイ 1478 0.1	5中京 9月26日 ❼3歳上 1 1勝 3ゲ10頭 二千2048 52鮫島駿 S⑦⑦⑦ 468 人気5 漸抜出 1¾ 392外356 ヴェルトハイム 2051 0.3	5新 10月16日 ③3歳上 1 1勝 2ゲ12頭 二千外1598 55秋山稔 S⑨⑥⑤ 482B 人気2 中位抜出 ½身 369中341 スタッドリー 1599 0.1	5東 11月21日 ⑥南武 11 2勝 9ゲ12頭 二四2286 55松岡 S⑦⑩⑪ 464 人気11 中位一杯 16¼ 387中362 レイオブウォー 2260 2.6	2福 11月14日 ④3歳上 1 1勝 8ゲ16頭 二千2006 55西村淳 M⑬③② 462 人気3 マクる 3½ 368中356 バガン 2011 0.5	2福 11月21日 ⑥[illegible] 4 牝2勝 7ゲ15頭 千八1489 55斎藤 M⑫⑭⑩ 464 人気3 盛返す 2¾ 376中349 タガノディアー 1485 0.4	5東 11月28日 ⑧オリエン 8 2勝 13ゲ14頭 二千1599 57藤岡康 M⑪⑬⑫ 488 人気11 後直だけ 9¼ 374中353 グランオフィシ 1584 1.5	4中 9月20日 ⑤ジャングルポ 7 2勝 1ゲ7頭 二千内2023 55柴田善 S③③③ 454 人気3 好位一息 5¼ 381内354 パラダイスリー 2014 0.9	4ヵ月余 放牧 乗込み5週間 仕上り○ 連対体重 420～430 3ヵ月以上休 ①②③外 0 1 1 0	5中京 10月3日 ⑨[illegible] 5 2勝 3ゲ8頭 二千2026 57菱田 S⑤⑤⑤ 448B 人気4 中位まま 6¼ 392中338 ジャックドール 2015 1.1

1着⑦オーロラフラッシュ
（12番人気）
2着⑩アナゴサン
（3番人気）
3着⑤マリノソフィア
（4番人気）

単⑦11620円　枠連6－7 1260円
複⑦1850円　⑩270円　⑤250円
馬連⑦－⑩32910円　馬単⑦→⑩61080円
ワイド⑦－⑩9520円
⑤－⑦10660円
⑤－⑩1290円
3連複⑤⑦⑩93040円
3連単⑦→⑩→⑤952070円

馬連⑦－⑩３万2910円！

レース結果が証明する少頭数レースと高配当馬券

もうひとつ代表的なレースを紹介してみましょう。

2022年6月5日、東京12R小金井特別です（P88参照）。

このレースは10頭立ての少頭数です。馬連1番人気は⑦－⑨でしたが、単勝オッズを調べてみると、⑦番も⑨番も5・1倍となっており、どちらが馬連1位になっているか判定することができません。

このようなケースでは複勝オッズをチェックし、馬連1位を決めていきます。複勝オッズでは、⑦番が2・2倍、⑨番が2・1倍となっていたので、複勝ランクは⑨番のほうが売れています。馬連1位は⑨番となりました。

馬連、単勝、複勝オッズを人気順に並び替え、ひとつの表にまとめたのが【図B】です。複勝6倍未満の頭数をチェックすると、8頭になっていました。このレースは10頭立てです。半数は5頭ですから、5＋2＝7頭となり、基準値をクリアしていることがわかります。

つまり「競馬予報」から、このレースは波乱になる可能性があると判定されたのです。

穴馬候補は馬連ランクの最低ランクから3頭です。すなわち馬連8位の⑤番、馬連9位の③番、馬連最低ランク10位の④番です。

【図B】2022年６月５日・東京12Ｒの馬連・単勝・複勝ランク

	1位	2位	3位	4位	5位	6位	7位	8位	9位	10位
馬連ランク	9	7	10	6	2	1	8	5	3	4
馬連オッズ		6.9	9.4	11.9	12.7	20.7	39.6	52.1	68.4	213
単勝ランク	10	9	7	2	6	8	5	1	3	4
単勝オッズ	2.7	5.1	5.1	7.9	9.4	12.2	13.1	19.0	28.6	46.3
複勝ランク	10	9	7	2	6	5	1	8	3	4
複勝オッズ	1.9	2.1	2.2	2.3	2.8	3.7	4.0	4.5	6.6	11.9

◀─複勝6倍未満が8頭─▶

●2022年6月5日・東京12R小金井特別（3歳上2勝クラス、ダ1600m）

10 桃8	9 桃8	8 橙7	7 橙7	緑6	黄5	青4	赤3	黒2	白1
キングカメハメハ(欧)	マクフィ(マ)	アメリカンファラオ(中)	ディープインパクト(帳)	ヘニーヒューズ(短)	ルーラーシップ(帳)	リアルインパクト(マ)	ストロングリターン(マ中)	カジノドライヴ(中)	クロフネ(マ中)
ミアマンテ	アイリッシュムーン	トップザビル	フェアレストアイル	ダンツチョイス	オウケンロジータ	フォギーデイ	フィナールショコラ	ラブリーエンジェル	ティケイプルメリア
ミスエーニョ(短)	ナスノシベリウス(中)	トップデサイル(短)	スターアイル(短)	アンティークカラー(マ)	メロウメロディ(中)	ミキノセレナーデ(短)	アグネスショコラ(マ)	ラブリースター(マ)	ミスハレクラニ(マ)
鹿毛	栗毛	栗毛	鹿毛	栗毛	黒鹿	青鹿	黒鹿	栗毛	鹿毛
55 牝5	55 牝4	55 牝4	55 牝5	55 牝7	55 牝5	55 牝5	55 牝5	55 牝5	55 牝5
替福永	替レーン	替武士沢	ルメール	替丸山	田中勝	替武藤	替菊沢	木幡巧	替津村
美木村	美武井	美小手川	栗中内田	栗本田	美松永康	美水野	美竹内	美鈴木慎	美林
900	900	900	900	900	900	900	900	900	900
3290	3497	2171	3529	6290	1752	2311	3055	3940	2719
吉田勝己	那須野牧場	吉田千津	サンデーR	山元哲二	福井明	岡田隆寛	吉田千津	長谷川光司	田畑勝彦
安ノーザンF	新ハシモトF	千社台F	安ノーザンF	日天羽牧場	浦辻牧場	新岡田牧場	千社台F	浦ヒダカF	浦秋場牧場
▲	△		◎	△	○		△	注	△
△	◎		▲	○	△			注	△
△	▲		注	○				△	◎
注	▲		○	△			△	△	◎
◎	▲	△	注	○	△			△	△
△	▲		◎ 西	注 西			△	○	B△
	天芝1484①	阪ダ1138②	中京芝1210④	京ダ1130⑨	千ダ1449❺	天芝1405⑩	千ダ1488⑤	中ダ1145⑨	千ダ1464⑥
三芝2011②	三芝1[illegible]0⑩	阪ダ1274⑤	中京ダ1232❷	阪ダ1259⑤	三ダ2131⑫	千ダ1462④	中京ダ[illegible]❺	東ダ1258③	東ダ[illegible]❼
新芝1346⑯	中芝1[illegible]0③	東ダ1385⑪	東ダ1362③	千ダ1454❾	東ダ1373⑦	東ダ1393⑫	東ダ[illegible]②	東ダ1361❶	東ダ[illegible]③
東芝1475④	新ダ1528③	中京ダ1517❸	天芝1355❹	阪ダ1515⑥	京ダ1522⑤	新ダ1543③	阪ダ1552⑩	新ダ1507❻	中ダ1542⑤
1東 2月6日	3中 4月3日	2阪 4月3日	2中京 3月21日	2中京 3月19日	2東 5月8日	1福 5月1日	2中 2月26日	2東 4月24日	2中 3月5日
④四才上 2	④霞ヶ浦 3	④四才上 10	④豊橋 9	❸岡崎 9	⑥立川 7	❻喜多方	①潮来 12	②四才上 3	③四才上 8
牝2勝 5ト11頭	2勝 5ト10頭	牝2勝 4ト16頭	牝2勝 8ト12頭	2勝 8ト16頭	2勝 6ト16頭	2勝 13ト14頭	2勝 8ト12頭	2勝 5ト16頭	2勝 3ト14頭
三千 2011	千六外 1360	千八ダ 1539	千二 1218	千八ダ 1529	千六ダ 1373	千七ダ 落馬	千八内 1513	千六ダ 1363	千八ダ 1561
55 ルメール	55 菅原明	55 柴山雄	55 西村淳	53 横山典	52 田中勝	55 勝浦	55 松岡	55 木幡巧	55 伊藤工
S ⑦⑦⑥	S ②②②	S ⑭⑯⑯	S ⑨⑨⑨	S ⑧⑧⑧	M ⑪⑩⑫	M	S ⑦⑧⑩	H ⑭⑮⑭	M ⑨⑫⑫
448 人気❷	476 人気4	438 人気13	458 人気4	462 人気6	520 人気13	484 人気12	452 人気11	456 人気12	468 人気❸
後方伸 クビ	先行粘る 2½	後直だけ 11身	後直だけ 6¼	中位まま 5¾	中位まま 4½	スタート直後 躓く	中位バテ 大差	後方伸 2¼	中位一杯 11身
375中339	370中352	393外374	357中347	384中376	368中360		377中375	364外359	379中391
スパングルドス	ヴィルヘルム	ステイブルアス	タイニーロマン	フラーレン	クリーンスレイ	リリーミニスタ	レインカルナテ	グランツアーテ	トラモント
2011 0.0	1356 0.4	1520 1.9	1208 1.0	1518 1.1	1365 0.8	1449	1479 3.4	1359 0.4	1541 2.0
3中 4月17日	1新 5月8日	3中京 5月15日	2東 5月21日	1新 5月8日	2東 5月22日	1新 5月28日	2東 5月21日	2東 5月21日	2東 5月21日
⑧野島 8	②咲花 3	④四才上 3	⑨四才上 3	②咲花 2	⑩最上 12	⑦五泉 11	⑨四才上 15	⑨四才上 4	⑨四才上 16
牝2勝 1ト12頭	牝2勝 13ト14頭	牝2勝 5ト6頭	牝2勝 9ト16頭	牝2勝 8ト14頭	2勝 13ト13頭	2勝 2ト12頭	牝2勝 8ト16頭	牝2勝 14ト16頭	牝2勝 1ト16頭
三内 2015	千八ダ 1528	千八ダ 1533	千六ダ 1362	千八ダ 1525	三ダ 2131	千八ダ 1559	千六ダ 1381	千六ダ 1363	千六ダ 1382
55 ルメール	55 富田	55 柴山雄	55 ルメール	55 荻野極	55 田中勝	55 秋山稔	55 内田博	55 木幡巧	55 レーン
S ⑪⑪⑩	M ⑥①①	S ⑥④④	M ④④③	M ⑩⑩⑤	S ⑪⑩⑨	S ②②②	M ④④③	M ⑪⑬⑬	M ②①①
444 人気❷	476 人気❷	432 人気❸	456 人気5	468 人気❸	520 人気10	488 人気12	438 人気11	452 人気❷	470 B 人気6
後方差詰 3身	3角先頭 2身	後方伸 2¼	一旦先頭 アタマ	後方伸 クビ	後方まま 8¾	先行バテ 大差	好位一杯 11½	後方追上 ¾身	逃一杯 12身
383中347	369内386	403外363	350中370	375外374	399中368	372中417	349中389	366外358	344内393
パープルレディ	カナリキケン	メガキャット	ジェロボーム	カナリキケン	ショウナンアー	マイネルクロン	ジェロボーム	ジェロボーム	ジェロボーム
2010 0.5	1524 0.4	1529 0.4	1362 0.0	1524 0.1	2117 1.4	1522 3.7	1362 1.9	1362 0.1	1362 2.0

1着⑨アイリッシュムーン
（1番人気）
2着①ティケイプルメリア
（6番人気）
3着③フィナールショコラ
（9番人気）

単⑨300円　枠連1－8 1960円
複⑨150円　①420円　③910円
馬連①－⑨3240円　馬単⑨→①4640円
ワイド①－⑨990円
③－⑨2400円
①－③4800円
3連複①③⑨22450円
3連単⑨→①→③93060円

3連複①③⑨2万2450円！

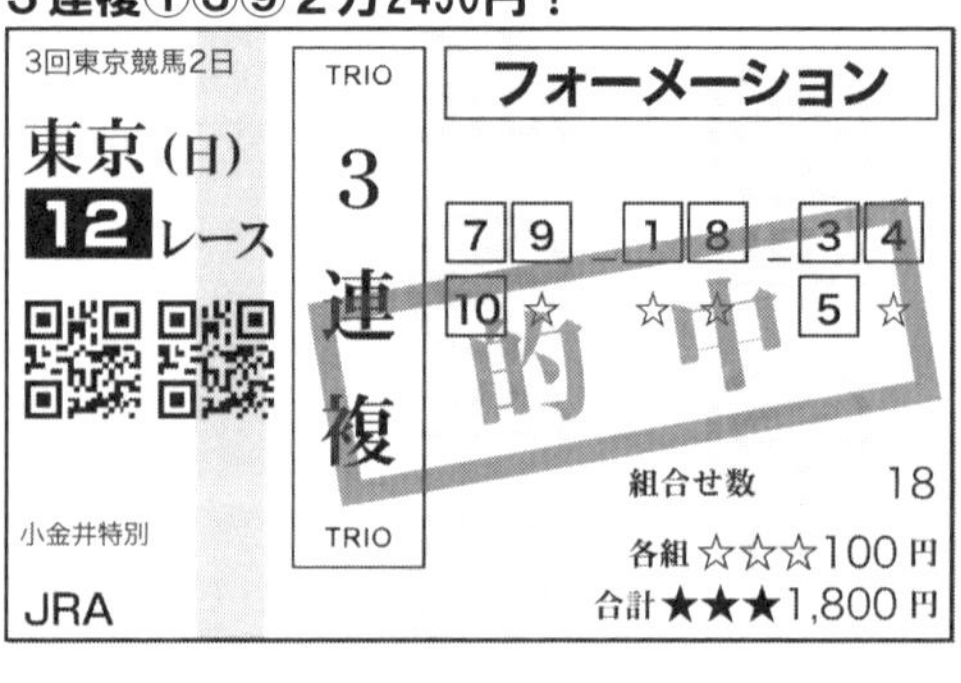

3回東京競馬2日
東京(日)
12 レース
小金井特別
JRA
TRIO
3連複
TRIO
フォーメーション
7 9 _ 1 8 _ 3 4
10 ☆ ☆ 5 ☆
的中
組合せ数 18
各組 ☆☆☆100円
合計★★★1,800円

このレースで、私は3連複フォーメーション馬券を組み立ててみました。

穴馬候補は⑤、③、④番をまずはセットします。中穴候補としては「複勝6倍の壁」の前の2頭である①番と⑧番、そして上位ランクは⑨番、⑦番、⑩番。すなわち、⑦・⑨・⑩番→①・⑧番→③・④・⑤番の3連複フォーメーションです。

レース結果は先行した、最終オッズで1番人気の⑨番アイリッシュムーンが1着。2着には中穴、「複勝6倍の壁」から浮上した①番ティケイプルメリア。そして3着には穴馬候補の1頭、③番フィナールショコラが入りました。

馬連①－⑨は3240円だったものの、3連複は穴馬候補が入ったために、①－③－⑨2万2450円となりました。

3連複フォーメーション18点の買いで、ダブル万馬券のGETです。

穴馬候補が2頭絡んでしまい超万馬券が発生！

驚くような高配当が飛び出した例を紹介しましょう。

2022年7月31日、札幌12Rポプラ特別です（P91参照）。このレースは12頭立てにも関わらず、馬連1番人気は11・4倍と割れ、複勝は8位まで複勝3倍台となっています。

馬連ランクを人気順に並び替え、単勝や複勝オッズも人気順に並び替えた表が【図C】です。

複勝オッズは最低ランクでも9・2倍、馬連や単勝には1箇所も「オッズの壁」がありません。【図D】

をご覧ください。馬連、単勝、複勝のランクを比較しても、ランク間の移動が非常に激しく、どの馬にもチャンスがありそうです。

複勝6倍未満の頭数をチェックしてみましょう。複勝8位の箇所に「複勝6倍の壁」があり、複勝6倍未満の頭数は8頭です。少頭数レースで波乱になる「競馬予報」は「出走頭数÷2＋2」以上になっているかどうかです。

12頭立てですので、12÷2＋2＝8で8頭が基準値となります。このレースは複勝6倍未満の頭数が8頭ですから基準値をクリアしています。

穴馬は馬連最低ランクから3頭ですから、⑪番、⑦番、⑥番となります。

レース結果は馬連最低ランク、単勝ランク9位、複勝ランク9位の⑥番クインズバジルが入り、2着には最終オッズでは3番人気の⑨番フローラルビアンカ。そして3着には複勝最低ランクの⑦番タガノペカが入線。

3連複は⑥－⑦－⑨で少頭数にも関わらず、20万4590円！　3連単⑥→⑨→⑦は106万4750円と、10

【図C】2022年7月31日・札幌12Rの馬連・単勝・複勝ランク

	1位	2位	3位	4位	5位	6位	7位	8位	9位	10位	11位	12位
馬連ランク	5	3	2	9	12	8	1	4	10	11	7	6
馬連オッズ		11.4	11.5	12.0	19.1	25.1	28.1	35.4	61.5	69.9	96.1	109

単勝ランク	5	3	8	12	1	9	2	4	6	10	11	7
単勝オッズ	4.3	4.9	5.2	7.2	9.6	9.7	12.9	15.2	19.3	30.6	30.6	37.9

複勝ランク	5	3	1	12	9	8	2	4	6	10	11	7
複勝オッズ	2.1	2.4	2.7	2.9	2.9	3.3	3.4	3.8	6.5	6.5	6.8	9.2

【図D】2022年7月31日・札幌12Rの馬連・単勝・複勝ランク

	1位	2位	3位	4位	5位	6位	7位	8位	9位	10位	11位	12位
馬連ランク	5	3	2	9	12	8	1	4	10	11	7	6
単勝ランク	5	3	8	12	1	9	2	4	6	10	11	7
複勝ランク	5	3	1	12	9	8	2	4	6	10	11	7

●2022年7月31日・札幌12Rポプラ特別（3歳上2勝クラス、ダ1700m）

⑫ 桃8	⑪ 桃8	⑩ 橙7	⑨ 橙7	⑧ 緑6	⑦ 緑6	⑥ 黄5	⑤ 黄5	④ 青4	③ 赤3	② 黒2	① 白1
ルーラーシップ(輓)	ジャスタウェイ(中)	エイシンフラッシュ(中)	ドレフォン(短)	ゴールドアリュール(中)	オルフェーヴル(輓)	クリエイターII(輓)	ディスクリートキャット(マ)	サウスヴィグラス(短)	キングカメハメハ(輓)	パイロ(种)	オルフェーヴル(輓)
ペイルライダー	グレースルビー	イルヴェントデーア	フローラルビアンカ	ラフリッグフェル	タガノペカ	クインズバジル	メイショウホマレ	タイトロープウィン	ラレイナ	(地)リファインドマナー	アドマイヤビーナス
ピサノグラフ 4勝(マ)	アナバシュドチャーム 米(中)	デヴェロッペ 2勝(中)	ビアンカシエボン 1勝(中)	アンブルサイド 公(短)	バレドクール 1勝(中)	ケイアイリブラ 1勝(中)	メイショウラグーナ 3勝(中)	プリモウェイ 米(中)	ライラプス 3勝(中)	フレンドリーマナー 公(中)	ウィーミスフランキー 米(マ)
鹿 55 牝4	鹿 55 牝5	鹿 55 牝6	黒鹿 52 牝3	栗 55 牝5	鹿 55 牝4	鹿 55 牝4	黒鹿 52 牝3	栗 55 牝6	鹿 55 牝4	鹿 55 牝4	栗 55 牝6
替武豊	替丸山	替丹内	藤岡佑	替吉田隼	角田和	古川吉	鷲頭	勝浦	替横山武	川又	替浜中
栗角田	栗羽月	美金成	栗田中克	栗寺島	栗西園正	栗梅田智	栗松永昌	美村田	美木村	栗杉山佳	栗梅田智
900	900	900	900	900	900	900	900	900	900	740	900
2530	2820	2781	1357	3928	2150	1496	1870	3351	1391	1691	5230
市川義美HD	本多敏行	Gリビエール R	ライオンRH	社台RH	八木良司	ケイアイS	松本好隆	浅田次郎	シルクR	高橋明裕	近藤旬子
安ノーザンF	日森永牧場	浦ディアレストC	安ノーザンF	千社台F	新冠タガノF	新ハシモトF	浦赤田牧場	ひグランド牧場	安ノーザンF	千社台F	安ノーザンF
△ △ ◎ ▲ 注 ▲ 西	△ △ … △ △ △ 西	… … … … … …	◎ ▲ △ △ △ △ 西	注 ○ 注 … … △ 西	… … △ … △ △ 西	… … … … … … 西	○ 注 ○ ◎ ▲ ◎ 西	… … … △ △ B △	▲ ◎ △ 注 ◎ 注	△ △ ▲ ○ ○ ○ 西	△ … … … … B … 西
中京ダ1249❹ 千八芝1513❸ 函ダ1454❼ 新ダ1534⑨	京芝1224⑪ 京芝1373⑥ 函ダ1450③ 阪ダ1532①	東芝1227⑩ 京芝1344[8] 千五芝1290⑥ 東芝1467⑤	**2** 千五芝[illegible]⑧ 函ダ[illegible][1] 阪ダ1557⑪	阪ダ1243③ 東ダ1370⓫ 函ダ1464② 京ダ1521②	**3** 中京ダ[illegible]② [illegible]⑥ [illegible]① 千二ダ1111③	**1** 千八芝[illegible]2[14] [illegible]45❷ 中京ダ1521❶	阪ダ1261② 中京芝1373⑩ 函ダ1431❶ 阪ダ1569②	東ダ1249❷ 東ダ1381⑬ 札ダ1441❷ 新ダ1524⓬	二千芝2065[6] 東ダ1364[5] 札ダ1479⑦ 中ダ1540❾	東ダ1274⑤ 千五ダ1349❶ 函ダ1446❷ 中京ダ1534⓬	千八芝1497⑨ 二千ダ2072⑧ 札ダ1447① 京ダ1517①
1阪 2月27日 ⑥ 四才上 7 牝2勝 8ゲ14頭 千八ダ1563 54 酒井 S ⑥⑥④ 484 人気12 中位一杯 4¾ 395 中 382 ペプチドヒミコ 1555 0.8	6阪 12月19日 [6] 三才上 4 牝2勝 9ゲ10頭 千八ダ1533 55 岩田望 M ⑥⑦④ 472 人気7 中位差詰 4½ 381 中 379 ワンダーシエン 1526 0.7	5中 12月25日 [7] クリスマスC 9 2勝 3ゲ16頭 千六外1355 55 秋山稔 M ⑥[9]⑫ 464 人気12 3角不利 8¼ 359 中 355 ソウルラッシュ 1341 1.4	5阪 11月7日 ② 三才 4 未勝 6ゲ9頭 千八ダ1559 54 藤岡佑 M [5]⑥④ 472 人気4 中位差詰 14½ 375 内 399 カフジオクタゴ 1535 2.4	1小 1月30日 ⑥ [illegible] 9 牝2勝 7ゲ13頭 千七ダ1476 55 浜中 S ⑤⑥⑦ 442 人気6 中位一杯 6身 379 中 385 ビクシーメイデ 1466 1.0	1中京 1月5日 ① 四才上 7 2勝 11ゲ16頭 千四ダ1251 54 幸 M ①①① 516 人気4 逃一杯 7½ 345 内 385 トーセンアラン 1238 1.3	2阪 4月3日 ④ 四才上 12 牝2勝 2ゲ16頭 千八ダ1545 55 岩田望 S [7]⑦⑦ 466 人気7 中位一杯 14¾ 374 中 391 ステイブルアス 1520 2.5	5阪 11月27日 ⑦ 三才 2 牝未勝 10ゲ10頭 千八ダ1569 51 小沢 M ②①① 454 人気❷ 逃粘る ¾身 384 内 411 フローラルビア 1568 0.1	5中 12月4日 ① 鹿島 11 2勝 4ゲ16頭 千二ダ1119 55 柴田善 M [10]⑩⑪ 448 B 人気11 出遅る 6¾ 352 外 367 ステラータ 1108 1.1	5東 11月21日 ⑥ 三才上 7 1勝 15ゲ16頭 千六ダ1390 54 野中 M ⑩⑩⑪ 446 人気9 後方差詰 3¼ 368 外 373 ペプチドオリバ 1384 0.6	1小 1月29日 ⑤ 四才上 1 牝1勝 16ゲ16頭 千七ダ1464 51 松本 M ②②② 448 人気6 先行抜出 1¾ 360 中 383 ノットイエット 1467 0.3	4阪 10月17日 ④ 三才上 2勝 4ゲ9頭 千八ダ 中止 55 松山 S ③④⑨ 496 人気❷ 直線にて 鼻出血 ヴォワドアンジ 1546
1阪 3月20日 ⑫ 四才上 10 2勝 4ゲ16頭 千八ダ1540 55 酒井 M ⑬⑫⑫ 482 人気16 後方まま 11¼ 388 中 392 ラズルダズル 1521 1.9	1中京 1月10日 ④ 四才上 7 牝2勝 4ゲ10頭 千八ダ1561 55 岩田望 S ①②② 466 人気5 逃一杯 17¾ 376 内 414 クレデンザ 1531 3.0	1中 1月8日 [2] 四才上 5 牝2勝 3ゲ11頭 千八内1496 55 Mデムーロ S ②②③ 466 人気7 先行一息 2身 377 内 350 ヴィオリーナ 1493 0.3	5阪 11月27日 ⑦ 三才 1 牝未勝 5ゲ10頭 千八ダ1568 54 藤岡佑 M [3]③③ 468 人気❸ 先行抜出 ¾身 387 中 407 メイショウホマ 1569 0.1	1阪 2月13日 ② 四才上 5 2勝 4ゲ16頭 千四ダ1253 51 古川奈 H ⑩⑩⑨ 436 人気9 中位差詰 3½ 357 中 376 ワンダーイチョ 1247 0.6	2阪 4月9日 ⑤ 四才上 15 2勝 13ゲ16頭 千二ダ1139 55 幸 M ⑧⑧⑧ 508 人気❷ 中位一杯 8身 360 中 379 エイユーストロ 1125 1.4	2阪 4月23日 ⑨ 四才上 5 2勝 8ゲ10頭 千八ダ1537 55 酒井 S ⑤③③ 462 人気8 好位一息 3身 381 中 380 ジャスパードリ 1531 0.6	2小 2月27日 ⑥ 三才 1 牝未勝 8ゲ16頭 千七ダ1478 52 小沢 M ①①① 454 人気❷ 逃切る 1¼ 364 内 392 スパークルアイ 1480 0.2	5中 12月28日 ⑨ ベストウ 6 2勝 11ゲ16頭 千二ダ1117 55 勝浦 H ⑬⑩⑩ 450 B 人気14 中位差詰 3身 353 外 364 ミエノワールド 1112 0.5	1東 2月6日 ④ 四才上 1 牝1勝 6ゲ16頭 千六ダ1386 55 野中 M [9]⑩⑩ 460 人気5 中位差切 ¾身 377 中 362 キングスフィリ 1387 0.1	2中京 3月19日 ❸ [illegible] 12 2勝 13ゲ16頭 千八ダ1534 52 松本 S ⑧⑧⑥ 444 人気9 中位一杯 8¾ 385 中 382 フラーレン 1518 1.6	1阪 2月20日 [4] 川西 4 2勝 3ゲ9頭 千八ダ1573 55 鮫島駿 S ③③④ 502 人気❸ 好位一息 10¼ 397 中 395 スギノマジェス 1556 1.7
1福 5月1日 ❻ [illegible] 11 2勝 10ゲ14頭 千七ダ1464 55 西村淳 M ⑫⑫⑫ 486 人気9 後方まま 8½ 376 中 386 リリーミニスタ 1449 1.5	1中京 1月30日 ⑩ 四才上 7 2勝 9ゲ11頭 千八ダ1554 54 亀田 S ⑦⑨⑦ 466 人気8 内々回る 6¾ 399 内 374 ヴァンヤール 1543 1.1	2中 3月6日 ④ 四才上 7 2勝 5ゲ10頭 千六外1346 55 Mデムーロ S ①①① 466 人気4 逃一息 7¼ 351 内 366 ガンダルフ 1334 1.2	2阪 4月17日 ⑧ 三才 11 牝1勝 4ゲ16頭 千八ダ1557 54 藤岡佑 M ②④⑥ 470 人気16 好位一杯 10¾ 372 内 402 グランブリッジ 1539 1.8	2阪 4月3日 ④ 四才上 10 2勝 9ゲ16頭 千四ダ1263 51 古川奈 S [14]⑬⑫ 442 人気9 外々回る 11身 368 外 371 エイシンギアア 1244 1.9	2東 5月8日 ⑥ 四才上 14 2勝 7ゲ16頭 千四ダ1265 55 坂井 S ③②③ 504 人気7 好位一杯 17¾ 357 中 388 アルメイダミノ 1236 2.9	1新 5月8日 ② 咲花 11 牝2勝 9ゲ14頭 千八ダ1545 55 松山 M ⑨⑩⑫ 464 人気4 中位一杯 12¾ 372 外 394 カナリキケン 1524 2.1	2中京 3月21日 ④ フローラルウ 10 1勝 7ゲ10頭 千六芝1373 54 小沢 S ①①① 444 人気8 逃一杯 13½ 358 内 366 エンペザー 1351 2.2	2中 2月26日 ① 四才上 6 2勝 2ゲ16頭 千二ダ1121 55 江田照 H [9]⑦⑥ 448 B 人気15 中位差詰 2¾ 351 中 370 ジェットエンブ 1117 0.4	3中 4月2日 ❸ 千葉日報 9 2勝 5ゲ14頭 千八ダ1540 55 野中 M ⑥⑧⑤ 458 人気5 脚余す 4¾ 373 内 385 ダノンマデイラ 1532 0.8	1新 5月8日 ② 咲花 8 牝2勝 7ゲ14頭 千八ダ1535 55 松本 M ②③③ 458 人気6 先行一杯 6¼ 363 内 390 カナリキケン 1524 1.1	1阪 3月12日 ⑨ 四才上 8 2勝 6ゲ13頭 二千ダ2072 55 和田竜 M ⑤④[3] 502 B 人気9 好位一杯 7½ 354 中 392 カネコメノボル 2060 1.2
1函 6月25日 ❺ 渡島 7 牝2勝 5ゲ10頭 千七ダ1454 55 岩田康 S ⑩⑩⑨ 482 人気8 後方まま 6½ 385 中 368 ビジン 1443 1.1	6ヵ月休 爪不安放牧 乗込み4週間 仕上り○ 連対体重 456～464 3ヵ月以上休 ①②③外 0 0 0 4	1函 6月11日 ① 北海HC 15 2勝 14ゲ16頭 千八芝1485 51 丸山 S ⑥④④ 478 人気14 好位一杯 8¾ 366 中 362 メモリーレゾン 1470 1.5	1函 7月3日 [8] 三才上 1 牝1勝 4ゲ14頭 千七ダ1454 52 藤岡佑 M ④②① 480 人気9 4角先頭 1¼ 357 中 384 レリジールダモ 1456 0.2	1新 5月8日 ② 咲花 5 牝2勝 4ゲ14頭 千八ダ1534 55 岩田康 M ③⑥⑦ 442 人気5 好位一息 5¾ 365 中 387 カナリキケン 1524 1.0	1函 7月10日 ⑩ 三才上 6 2勝 1ゲ12頭 千ダ59.4 53 角田和 H [6]⑦⑥ 506 人気7 出脚鈍い 8¼ 352 内 358 チェイスザドリ 580 1.4	1函 7月16日 [11] かもめ島 14 牝2勝 6ゲ14頭 千八芝1542 55 古川吉 S [8]⑩⑬ 464 人気14 出遅る 17身 391 内 382 オンリーオピニ 1514 2.8	1函 7月17日 ⑫ 三才上 1 牝1勝 5ゲ13頭 千七ダ1431 49 鷲頭 M ①①① 446 人気4 逃切る 2身 356 内 374 プレミアムスマ 1435 0.4	1函 6月25日 ❺ 渡島 5 牝2勝 4ゲ10頭 千七ダ1449 55 勝浦 S ④④⑤ 450 B 人気7 好位一息 3½ 368 中 372 ビジン 1443 0.6	2東 5月21日 [9] 四才上 5 牝2勝 10ゲ16頭 千六ダ1364 55 野中 M ⑦⑥⑥ 452 人気4 中位差詰 1¼ 354 中 368 ジェロボーム 1362 0.2	1函 6月25日 ❺ 渡島 2 牝2勝 10ゲ10頭 千七ダ1446 55 川又 S ②②② 450 人気4 先行粘る 1¾ 364 中 371 ビジン 1443 0.3	4ヵ月半 放牧 乗込み2週間 仕上り○ 連対体重 466～484 3ヵ月以上休 ①②③外 1 0 2 4

1着⑥クインズバジル
（9番人気）
2着⑨フローラルビアンカ
（3番人気）
3着⑦タガノペカ
（12番人気）

単⑥4120円　枠連5－7 720円
複⑥930円　⑨240円　⑦1970円
馬連⑥－⑨12430円　馬単⑥→⑨28810円
ワイド⑥－⑨3670円　⑥－⑦22690円　⑦－⑨7070円
3連複⑥⑦⑨204590円
3連単⑥→⑨→⑦1064750円

0万馬券の大波乱となってしまいました。

この大きな配当が飛び出したこのレースを、私は残念ながら仕留めることができませんでした。理由は穴馬候補が3頭中2頭（⑥番、⑦番）も馬券に絡んでしまったからです。

このレースには大きな特徴がありました。それは馬連1番人気が11・4倍と、穴レースの判定基準の9倍を超えていたこと、そして複勝オッズが最低ランクでも10倍を切り、馬連、単勝ランクにひとつも「オッズの壁」がなかった点が挙げられます。

今後、このような形になったケースでは、穴馬候補のボックスから3連複馬券を組み立てたり、穴馬候補3頭のワイド馬券ボックス3点なども視野に入れなければならないと、ひとつの教訓になったので、皆さんに紹介しました。

例えば、穴馬候補のワイドボックス馬券なら3点で済みます。それで高配当が期待できるのです。事実、このレースの穴馬候補同士のワイド馬券、⑥－⑦は2万2690円といったダブル万馬券となっています。

少頭数レースでも大穴レースのルールが大活躍

少頭数レースでも、「オッズの壁」や「複勝6倍の壁」「複勝15倍の壁」などのルールを使って、効率的な点数で万馬券をGETできたレースを紹介しておきましょう。

2022年7月24日、小倉9R雲仙特別です（P94参照）。

馬連、単勝、複勝ランクを人気順に並び替え、ひとつの表にまとめたのが【図E】です。すると、馬連と単勝3位に大きな「オッズの壁」が出現していることがわかります。

このような形になると、上位3頭のうち2頭が3着までに入る可能性が高いのですが、このレースは少々違っていました。複勝オッズが揃っていないのです。馬連と単勝で②③⑦番の3頭中心で売れ、それぞれ馬連や単勝で「オッズの壁」があるので、複勝オッズも3位と4位の間にはオッズの差があるのが普通です。しかし⑦番は複勝4位になり、代わりに⑩番が3位になっています。

つまり、上位3頭以外の馬が馬券に絡む可能性が高いことを表しているのです。

さらにレースの傾向を調べていきましょう。複勝6倍未満の頭数のチェック、これは8頭でした。少頭数レースで波乱になるかどうかの基準値は「出走頭数÷2＋2」の数値が複勝6倍未満の頭数が超えているかどうかです。10頭立てなので10÷2＋2＝7が基準値となります。このレースは8頭ですから、「下位ランクの馬が馬券に絡む可能性のある少頭数レース」であることがわかります。

馬連最低ランクから3頭がまずは穴馬候補となるので、④番、⑨番、⑤番

【図E】2022年7月24日・小倉9Rの馬連・単勝・複勝ランク

	1位	2位	3位	4位	5位	6位	7位	8位	9位	10位	11位
馬連ランク	2	3	7	1	10	6	8	11	4	9	5
馬連オッズ		5.0	5.7	13.9	17.3	23.8	29.8	30.4	33.8	87.1	239
単勝ランク	2	3	7	1	4	10	11	6	8	9	5
単勝オッズ	2.8	3.3	4.1	13.2	16.2	16.5	18.8	22.6	27.9	35.8	134
複勝ランク	2	3	10	7	8	6	1	4	11	9	5
複勝オッズ	1.5	1.8	2.8	2.9	3.5	4.6	4.7	5.7	6.9	7.5	27.1

←複勝6倍未満が8頭→

●2022年７月24日・小倉９Ｒ雲仙特別（３歳上２勝クラス、芝1200m）

11 桃8	10 桃8	9 橙7	8 橙7	7 緑6	6 緑6	黄5	青4	赤3	黒2	白1
モーリス	ロードカナロア	トーセンジョーダン	ロードカナロア	キンシャサノキセキ	メイショウサムソン	ヨハネスブルグ	ラブリーデイ	ショウナンカンプ	アメリカンペイトリオット	エイシンヒカリ
ゼットレヨン	アルトシュタット	(地)ロングファイナリー	ジューンベロシティ	カイカノキセキ	メイショウハボタン	(地)フローラルドレス	テーオーディエス	ショウナンマッハ	ブレスレスリー	セリシア
ルタンデスリーズ 1勝	マルティンスターク 4勝	コスモハート 1勝	アドマイヤサブリナ 3勝	カイカヨソウ 公	ブルーボックスボウ 1勝	イットーエンプレス 未出	ティノ 未勝	オーバーレイ 未勝	ハッシュ 4勝	サワノパルファン 未勝
鹿 54 牡3	鹿 54 牡3	鹿 57 騸6	青鹿 57 牡4	青鹿 52 牝3	鹿 55 牝4	鹿 55 牝5	鹿 55 牝4	鹿 54 牡3	芦 52 牝3	芦 55 牝4
替福永	替岩田望	替太宰	替松若	替坂井	替和田竜	替西村淳	幸	替松山	Mデムーロ	替川田
栗吉田	栗安田翔	栗高橋亮	栗武英	栗池添学	栗南井	栗森田	栗宮	栗茶木	栗藤岡健	栗中竹
900	900	610	900	1000	900	880	900	900	900	900
1830	1930	1895	3076	2960	3263	1704	2084	2770	3040	3057
フォーレスト	キャロットF	中井敏雄	吉川潤	キャロットF	松本好雄	高橋正雄	小笹公也	国本哲秀	ゴドルフィン	西田彰宏
ひ嶋田牧場	安ノーザンF	日石原牧場	浦ヒダカF	白白老F	浦林孝輝	浦JRA日高育成	浦チェスナットF	千社台F	日ダーレージャパンF	日スマイルF
◎	△	…	△	▲	△	…	…	○	注	△
注	△	△	…	○	△	…	…	▲	◎	△
△	注	…	…	○	△	…	…	▲	◎	△
△	△	…	△	注	…	…	…	◎	○	▲
△	△	…	…	○	…	…	注	△	▲	◎
△	注	…	B	◎	△	…	…	▲	○	△
阪1087⑤ / 中京1206⑧	小1083① / 阪1217⑫ / 新1370④	千八1537⑧ / 小[illegible]⑥ / 阪[illegible]⑦ / 中京[illegible]⑪ 3	二千2067⑦ / 小1079② / 中京1216⑩ / 中京1367⑤	札56.9① / 阪1083③ / 千二ダ1128⑩ / 川ダ1413⑥	千五1288⑥ / 小1076③ / 阪1216⑤ / 中京1354⑦	千四ダ1257⑧ / 札1093④ / 阪1217⑬ / 千七ダ1433❻	千二ダ1151⑧ / 小1082④ / 阪1212⑥ / 中京1360⑬	小1078① / 阪1244⑥	中京[illegible]③ / 阪[illegible]② 2	札ダ1005④ / 阪[illegible]5⑤ / 中京[illegible]0② / 中京[illegible]7③ 1
1小 2月5日 ⑦かささぎ 1 / 1勝13ト18頭 / 千二1091 / 56酒井 / M①①① / 474 人気6 / 逃競り勝 ハナ / 337中354 / エクロール / 1091 0.0	6阪 12月5日 ②さざんか 1 / 1勝7ト8頭 / 千二内1098 / 55岩田康 / S④③③ / 468 人気5 / G前差す クビ / 356外342 / テーオースパロ / 1099 0.1	1中京 1月8日 ②鳥羽 5 / 2勝11ト14頭 / 千二1088 / 57長岡 / S⑨⑨⑩ / 480 人気14 / 後方追上 3½ / 352外336 / テーオーマルク / 1082 0.6	2小 2月12日 ①帆柱 12 / 2勝14ト18頭 / 千二1080 / 55横山和 / M⑩⑩⑪ / 462 人気4 / 中位一杯 4¼ / 336外344 / サトノジヴェル / 1073 0.7	川崎 12月15日 3 全日本2歳優駿 6 / 交流GI 8ト14頭 / 千六ダ1413 / 54 Cデムーロ / S①①② / 463 人気7 / 逃一杯 10身 / 366内394 / ドライスタウト / 1392 2.1	2阪 4月2日 ③仲春 3 / 2勝8ト14頭 / 千二内1086 / 55泉谷 / S⑩⑨⑧ / 472 人気4 / 後方伸 1¼ / 350外336 / エーティーメジ / 1084 0.2	1小 1月15日 ①響灘 7 / 牝2勝5ト10頭 / 千七ダ1475 / 55富田 / M②②② / 426 人気5 / 先行一杯 6½ / 371中398 / ゴールドティア / 1464 1.1	5新 10月31日 ⑧吉 1 / 1勝16ト18頭 / 千四内1225 / 53鮫島良 / S⑮⑬⑫ / 438 人気8 / 後方一気 アタマ / 361外348 / タマモダイジョ / 1225 0.0	2福 11月14日 ④福島2才 4 / オープン2ト16頭 / 千二1098 / 55岩田康 / H①①① / 496 人気3 / 逃一息 2身 / 337内361 / ウインマーベル / 1095 0.3	5阪 11月21日 ⑥秋明 2 / 1勝4ト11頭 / 千四内1220 / 54藤岡康 / S②②② / 452 人気7 / 二位粘 2身 / 349中352 / オタルエバー / 1217 0.3	1小 1月22日 ③四才上 9 / 1勝4ト18頭 / 千二1090 / 54吉田隼 / M⑩⑩⑬ / 458 人気7 / 中位まま 5身 / 342内348 / ララマカロン / 1082 0.8
1阪 2月27日 ⑥マーガレ 5 / L 4ト13頭 / 千二内1087 / 56酒井 / M⑥⑥⑥ / 476 人気7 / 中位差詰 4½ / 338外349 / ジャングロ / 1080 0.7	1東 1月29日 ①クロッカ 4 / L 1ト9頭 / 千四1222 / 56岩田康 / S①①① / 476 人気4 / 逃一息 2¾ / 362内337 / トウシンマカオ / 1218 0.4	2阪 4月2日 ③仲春 11 / 2勝9ト14頭 / 千二内1098 / 57長岡 / S⑥⑨⑩ / 476 人気10 / 中位一杯 7¾ / 353外345 / エーティーメジ / 1084 1.4	1福 4月24日 ④福島中央 3 / 2勝15ト16頭 / 千二1094 / 57太宰 / M⑪⑨⑧ / 474B 人気10 / 中位伸 4¼ / 346外348 / ルクルト / 1087 0.7	1阪 2月27日 ⑥マーガレ 3 / L 10ト13頭 / 千二内1083 / 54鮫島駿 / M⑨⑨⑨ / 468 人気11 / 中位伸 1¾ / 340中343 / ジャングロ / 1080 0.3	2阪 5月1日 12 山陽 6 / 2勝10ト9頭 / 千四内1216 / 53武豊 / S③③③ / 470 人気4 / 好位一杯 2½ / 356外347 / メイショウホシ / 1212 0.4	1中京 1月29日 ⑨四才上 9 / 2勝1ト13頭 / 千四ダ1262 / 55藤懸 / H⑦⑩⑩ / 426 人気10 / 中位一杯 6身 / 353中386 / ルチェカリーナ / 1251 1.1	6阪 12月5日 ②三才上 6 / 2勝5ト14頭 / 千四内1213 / 54鮫島良 / S⑦⑤⑤ / 430 人気8 / 中位差詰 4¼ / 351外348 / ショウリュウレ / 1206 0.7	1小 1月22日 ③萌黄 1 / 1勝1ト13頭 / 千二1078 / 56岩田康 / H①①① / 498 人気2 / 逃切る 2½ / 328内350 / タムロキュラム / 1082 0.4	2阪 3月26日 1 三才 3 / 1勝4ト9頭 / 千四内1226 / 54藤岡康 / S①①① / 454 人気4 / 逃粘る 1¾ / 359内347 / ケイアイオメガ / 1224 0.2	3中京 5月14日 ❸四才上 1 / 1勝8ト14頭 / 千二1091 / 52服部 / H④④④ / 460 人気6 / 好位差切 クビ / 346中345 / ペンガン / 1092 0.1
3中京 5月8日 ②橘 8 / L 3ト10頭 / 千四1206 / 56酒井 / S 7 ⑧⑧ / 472 人気7 / 後方まま 8身 / 347外345 / ウインマーベル / 1193 1.3	1阪 2月27日 ⑥マーガレ 10 / L 1ト13頭 / 千二内1090 / 56横山典 / M⑪⑪⑫ / 464 人気3 / 後方まま 6¼ / 342内348 / ジャングロ / 1080 1.0	2阪 4月16日 ⑦千種 7 / 2勝5ト11頭 / 千四内1206 / 57太宰 / S④⑤⑤ / 472 人気11 / 脚余す 2身 / 350中344 / タイキスウォー / 1203 0.3	1新 5月7日 ①杏 7 / 2勝13ト13頭 / 千二内1093 / 57津村 / S⑧⑦⑦ / 464B 人気9 / 中位まま 2¾ / 350外343 / ワンスカイ / 1089 0.4	3中京 5月28日 ⑦葵 5 / GIII 9ト17頭 / 千二1087 / 54鮫島駿 / M⑫⑪⑪ / 478 人気3 / 後方追上 3身 / 340中347 / ウインマーベル / 1082 0.5	1函 6月11日 ①函館日刊 5 / 2勝4ト14頭 / 千二1086 / 55泉谷 / M⑩⑩⑩ / 464 人気5 / 中位差詰 3¾ / 341外345 / オタルエバー / 1080 0.6	2阪 4月17日 ⑧四才上 8 / 2勝15ト15頭 / 千四ダ1257 / 51今村 / M 12 ⑪⑩ / 426 人気9 / 出遅る 9身 / 362内375 / ローウェル / 1242 1.5	1中京 1月16日 ⑥四才上 6 / 牝2勝7ト14頭 / 千四1214 / 54鮫島良 / M⑥⑤⑤ / 434 人気11 / 好位一息 4¼ / 349内352 / ビューティフル / 1207 0.7	1阪 2月27日 ⑥マーガレ 2 / L 11ト13頭 / 千二内1082 / 56岩田康 / M①①① / 502 人気4 / 逃粘る 1½ / 331内351 / ジャングロ / 1080 0.2	3中 4月16日 ❼三才 1 / 1勝7ト16頭 / 千二外1087 / 54 Mデムーロ / H③③③ / 450 人気2 / 好位抜出 2身 / 333中354 / ブランアーロッ / 1090 0.3	1新 5月29日 ⑧[illegible] 5 / 2勝4ト16頭 / 千二内1091 / 52角田和 / M⑤⑦⑦ / 460 人気6 / 中位伸も ¾身 / 344外347 / スイーツマジッ / 1089 0.2
3中京 5月28日 ⑦葵 17 / GIII 17ト17頭 / 千二1106 / 56酒井 / M⑨⑤⑤ / 468 人気17 / 追上一杯 14½ / 337中369 / ウインマーベル / 1082 2.4	3阪 6月26日 ④舞子 12 / 2勝4ト17頭 / 千四内1217 / 53福永 / M④④⑤ / 468 人気3 / 好位一杯 7¼ / 340中362 / インフィナイト / 1205 1.2	3小 7月17日 ⑥戸畑 6 / 2勝4ト8頭 / 千二1075 / 57長岡 / M⑤④④ / 468 人気7 / 中位まま 2½ / 334内341 / クリノマジン / 1071 0.4	3小 7月10日 ④シンガポ 4 / 2勝6ト7頭 / 千二1082 / 57富田 / M 7 ⑦⑥ / 470B 人気3 / 後方差詰 5¾ / 343内339 / テイエムトッキ / 1072 1.0	4中京 6月12日 ④恵那 10 / 2勝3ト16頭 / 千二ダ1128 / 52北村友 / M①①① / 480 人気1 / 逃一杯 12½ / 339内389 / ペプチドヤマト / 1108 2.0	1函 6月18日 ③STV杯 5 / 2勝11ト12頭 / 千二1085 / 55泉谷 / M⑧⑨⑧ / 464 人気4 / 中位伸も 3½ / 347外338 / ダークペイジ / 1079 0.6	3阪 6月26日 ④舞子 13 / 2勝15ト17頭 / 千四内1217 / 51今村 / M 11 ⑩⑪ / 422 人気17 / 出遅る 7¼ / 347中357 / インフィナイト / 1205 1.2	3阪 6月26日 ④舞子 6 / 2勝3ト17頭 / 千四内1212 / 52幸 / M 15 ⑮⑮ / 446 人気13 / 後方差詰 4身 / 357内346 / インフィナイト / 1205 0.7	2福 7月3日 ②さくらん 7 / 2勝14ト14頭 / 千二1092 / 54岩田望 / H①②② / 498 人気1 / 先行一息 2¼ / 330中362 / ファイアダンサ / 1087 0.5	3中京 5月28日 ⑦葵 3 / GIII 13ト17頭 / 千二1086 / 54 Mデムーロ / M⑧⑨⑨ / 458 人気4 / 中位伸 2½ / 339外347 / ウインマーベル / 1082 0.4	3阪 6月18日 ①[illegible] 5 / 2勝9ト11頭 / 千二内1085 / 55三浦 / M⑨⑦⑦ / 458 人気7 / 後方追上 3½ / 343中342 / テイエムスパー / 1079 0.6

1着①セリシア
（5番人気）
2着②ブレスレスリー
（1番人気）
3着⑨ロングファイナリー
（10番人気）

単①1470円　枠連1－2 1710円
複①280円　②140円　⑨770円
馬連①－②1500円　馬単①→②3990円
ワイド①－②630円　①－⑨6090円　②－⑨1870円
3連複①②⑨19260円
3連単①→②→⑨104700円

が浮上します。このレースは馬連3位、9位、10位に「オッズの壁」があり、⑤番はその後の馬です。しかも9時半のオッズで単勝134倍、複勝27倍はあまりにも売れなさ過ぎです。先述したように、私は単勝80倍、複勝15倍の箇所に印をつけています。それは、それ以下の馬は馬券に絡むことがほとんどないからです。⑤番は無視してもいいでしょう。

残りは④番と⑨番です。この2頭では⑨番が「オッズの壁」に囲まれていて怪しい。穴馬候補は⑨番1頭に絞れそうです。

さて相手ですが、馬連9位の「オッズの壁」の前の2頭、⑪番と④番、「複勝6倍の壁」の前の2頭①番と④番を中穴馬として注目です。上位ランクの馬は馬連&単勝3位の「オッズの壁」から②番、③番、⑦番で決定します。

つまり、3連複フォーメーションは、軸馬＝②③⑦番→中穴＝⑪④①番→穴馬⑨番の9点となります。

レース結果は中穴の①番セリシア、2着に馬連、単勝、複勝1位、軸馬の②番ブレスレスリー、そして3着には穴馬の⑨番ロングファイナリーと入りました。

3連複①－②－⑨は1万9260円という満足のいく配当です。

このように、少しでも上位人気に不安材料があると下位ランクの馬が馬券に絡み、高配当馬券を演出してくれます。

穴馬券なので「オッズの壁」や「複勝6倍の壁」「複勝15倍の壁」のルールが活躍するのは不思議ではありません。少頭数レースでも、判定をひとつひとつひも解いていけば、たった9点で2万円馬券をGETすることが可能となることを教えてくれたレースのひとつなのです。

7頭のレースでも1番人気が消えて10万馬券が飛び出す！

究極の少頭数レースで高配当馬券になったレースを紹介しましょう。

２０２２年11月６日、阪神９Ｒもちのき賞です（Ｐ98参照）。なんと、このレースは７頭と少なく、複勝も２着戻しのレースとなっていました。

このレースも他のレースと同様に、馬連、単勝、複勝オッズを人気順に並び替えていきます。ひとつの表にまとめたのが【図Ｆ】です。

大穴型レースでもこのような少頭数レースでも、馬連、単勝、複勝オッズを人気順に並び替え、それをひとつの表にまとめることから穴馬を見つけ出す検討が始まります。

複勝オッズは最低ランクでも５・７倍なので、「出走頭数÷２＋２」の数値を調べる必要もなく、下位ランクの馬でもチャンスがある、いわゆる波乱になる可能性があるレースと判定されました。

通常の少頭数レースだと馬連下位ランクから３頭ですが、このレースは７頭立てです。しかも馬連５位と単勝５位には「オッズの壁」があります。そこで穴馬候補は馬連６位の⑤番、馬連７位の②番としました。

さて、このレースで一番のポイントとなるのが馬連ランク１位の④番です。このレースは馬連１位、単勝１位に「オッズの壁」ができ、人気の中

【図Ｆ】2022年11月６日・阪神９Ｒの馬連・単勝・複勝ランク

	1位	2位	3位	4位	5位	6位	7位
馬連ランク	4	6	7	3	1	5	2
馬連オッズ		5.0	5.3	6.6	7.2	13.1	22.5

単勝ランク	4	7	3	6	1	5	2
単勝オッズ	2.0	4.9	6.1	8.1	8.9	18.9	20.9

複勝ランク	4	3	7	6	1	5	2
複勝オッズ	1.6	2.8	3.0	3.2	3.6	4.7	5.7

太線がオッズの壁

心になっているように見えます。しかし、コンピ指数では84Pしかありませんでした。すなわち押し出された1番人気の可能性があります。まして、少頭数でのレース判定は波乱になる可能性ありと出ています。

つまり、危険な1番人気の可能性も十分ありと判断できます。

中穴は馬連5位の「オッズの壁」の前の2頭、③番と①番。残りの2頭、馬連2位と3位の⑥番と⑦番が軸馬です。軸馬→中穴→穴馬の3連複フォーメーションは、軸馬＝⑥⑦番→中穴＝③①番→穴馬＝⑤②番となります。

レース結果は軸馬の⑥番デルマソトカゲが1着、2着には中穴の③番コンティノアール、そして3着に穴馬の②番サトノミスチーフと入りました。1番人気の④番エルデストサンは終始後方からの展開となり、直線になってもまったく伸びず、7頭立ての7着です。

3連複②－③－⑥は驚いたことに2万５００円の配当です。3連単⑥→③→②に至っては10万７７０円と、10万馬券となってしまいました。いかに1番人気の④番エルデストサンから売れていたかがわかります。

コンピ指数90Pや88Pの馬がダントツの1番人気になるのであればわかりますが、このレースの1位④番は84Pです。馬券発売前の段階ではそれほど人気になっていません。それがレース当日になり、ダントツの1番人気になるのは明らかにバランスを欠いています。

このように7頭立てのレースだからといって、思い込みで「荒れないレース」と決めつけてはいけません。買い方によっては少点数で高配当馬券をGETすることができるのです。

●2022年11月6日・阪神９Ｒもちの木賞（２歳１勝クラス、ダ1800m）

橙7	緑6	黄5	青4	赤3	黒2	白1
トーセンジョーダン(輸)	マインドユアビスケッツ(短)	ホッコータルマエ(中)	ジャスタウェイ(中)	ドレフォン(短)	イントゥミスチーフ(マ)	パイロ(マ中)
バリアントバイオ	デルマソトガケ	ツウカイリアル	エルデストサン	コンティノアール	サトノミスチーフ	テーオーリカード
エスカレートバイオ 公(マ)	アムールポエジー 3勝(中)	テアトロレアル 未勝(マ)	イイナヅケ 公(中)	パンデリング 未出(中)	プレイプリティー 米(マ)	ナナイロボタン 2勝(中)
栗 55 牡2	栗 55 牡2	鹿 55 牡2	鹿 55 牡2	栗 55 牡2	鹿 55 牡2	栗 55 牡2
和田竜	松若	幸	川田	替福永	藤岡佑	松山
栗今野	栗音無	栗庄野	栗須貝尚	栗矢作	栗平田	栗高柳大
400	400	400	400	400	400	400
バイオ	浅沼廣幸	木村直樹	大和屋暁	ライオンRH	里見治	小笹公也
日中舘牧場	千社台F	ひ増本牧場	安ノーザンF	洞レイクヴィラF	千社台F	浦三嶋牧場
…	▲	△	○	注	…	◎
▲	注	◎	○	△	…	…
▲	○	…	◎	…	注	△
▲	注	…	◎	◎	…	△
△	…	注	○	◎	…	▲
△	◎	▲	○	…	…	注
阪ダ1558①	小ダ1470③ 中京ダ[illegible]8①	中京ダ1551①	天芝1511② 阪ダ15[illegible]4❶	阪ダ[illegible]1❶	札ダ1492① 天ダ[illegible]④	中京ダ1535①
天ダ37.8①	**1** 天ダ3[illegible]1①	天ダ38.7②	**7** 天ダ3[illegible].0❶	**2** 天ダ[illegible]6❶	**3** 天ダ[illegible]④	天ダ38.0①
1000	1012	1100	1000	初騎乗	0002	1000
アルデバランⅡ 20・5・5生 アマゾネスバイオ	3阪 6月26日 ④ 芝 6 新馬 8ト12頭 天外1510 54松若 S ⑧⑨⑩ 494 人気10 後方差詰 5¼ 374中345 カルロヴェロー 1502 0.8	シンボリクリスエス 20・2・28生 ナイトアットオペラ	ワークフォース 20・3・7生 カイゼリン	キングカメハメハ 20・3・7生 フサイチパンドラ	インディアンチャーリー 20・4・20生 オーツイー	ネオユニヴァース 20・2・22生 アイヴォリーカラー
兄弟 アラモードバイオ（現） ゼウスバイオ（現）	4小 8月14日 ② 芝 4 未勝 5ト7頭 天1496 54松若 S ④⑤⑤ 490 人気❸ 伸一息 6¼ 385中349 ロードラディウ 1486 1.0	兄弟 モズリッキー（現）	2札 8月28日 ⑥ 芝 2 新馬 2ト7頭 天1511 54ルメール S ①①① 488 人気❶ 逃粘る クビ 378中353 フォトンブルー 1511 0.0	兄弟 ナンヨーアゼリア（現） ロジネイア（未勝）	4中京 6月4日 ① 芝 7 新馬 9ト9頭 天1362 54藤岡佑 S ⑦⑧⑧ 480 人気7 後方まま 5身 370中347 ダイヤモンドハ 1354 0.8	兄弟 ミニストロペスカ（未勝）
レース診断 上昇度◎ 力強く抜け出し後続に8馬身差。力が違った	4小 9月3日 ⑦ 芝 3 未勝 8ト16頭 千七ダ1470 54松若 M ⑪⑥⑤ 490 人気❷ 漸進伸 7身 373中392 ゴッドブルービ 1458 1.2	2新 8月7日 ④ 芝 2 新馬 11ト15頭 千八ダ1553 54幸 M ⑥③③ 476 人気5 好位伸 2½ 380中387 ミトノオー 1549 0.4	2札 9月4日 ⑧ 芝 2 未勝 5ト8頭 芝2032 54ルメール M ⑤⑤② 490 人気❶ 漸進伸 4身 373中362 トップナイフ 2025 0.7	レース診断 上昇度○ 1頭だけ手応えが違った。時計平凡も完勝。	1札 8月7日 ⑥ 芝 1 未勝 11ト11頭 千七ダ1492 54富田 M ③③② 480 人気❶ 好位抜出 6身 377中387 キスオンザビー 1502 1.0	レース診断 上昇度○ 相手に恵まれ馬場も味方したが正攻法で完勝
4阪 10月22日 ⑥ 芝 1 新馬 1ト10頭 千八ダ1558 55和田竜 S ⑥⑥⑥ 512 人気7 中位一気 8身 399中378 マテンロウイー 1571 1.3	5中京 10月2日 ⑨ 芝 1 未勝 11ト11頭 千八ダ1538 55松若 S ②②① 492 人気❶ 先行抜出 4身 375中381 イサイアス 1545 0.7	5中京 9月18日 ④ 芝 1 未勝 5ト7頭 千八ダ1551 54幸 H ③①① 480 人気❶ 3角先頭 6身 372内405 モーメントキャ 1561 1.0	4阪 10月10日 ❸ 芝 1 未勝 11ト11頭 千八ダ1514 55川田 M ①①① 492B 人気❶ 逃楽勝 8身 357内380 ゼットスティー 1528 1.4	4阪 10月8日 ❶ 芝 1 新馬 11ト11頭 千八ダ1561 55坂井 S ②②② 530 人気❶ 先行抜出 1身 401中376 クレメダンジュ 1563 0.2	4東 10月15日 ④ プラタナ 4 1勝 2ト8頭 千六ダ1386 55藤岡佑 M ⑧⑧⑦ 472 人気4 S後不利 11身 361外380 トレド 1369 1.7	5中京 9月11日 ② 芝 1 新馬 8ト14頭 千八ダ1535 54松山 S ②②② 480 人気6 先行抜出 2身 376中380 シゲルショウグ 1538 0.3

1着⑥デルマソトガケ
（3番人気）
2着③コンティノアール
（5番人気）
3着②サトノミスチーフ
（7番人気）

単⑥580円　7頭立てのため枠連発売なし
複⑥320円　③680円（複勝は2着まで）
馬連③－⑥3070円
馬単⑥→③6990円
ワイド③－⑥850円
②－⑥2080円
②－③3450円
3連複②③⑥20500円
3連単⑥→③→②100770円

メインレースは少頭数レースになったらチャンス！

メインレースが少頭数になると「明日のメインは面白くないなあ～」など思う人が、私の回りには多くいます。理由は簡単です。そのほとんどが波乱にならないと考えているからです。

確かに本命サイドで決まるレースがないとはいいません。しかし多くのレースが「少頭数レース判定」から「波乱レース」と判定され、そこから浮上した穴馬候補が馬券に絡み、高配当馬券を演出しているのです。

２０２２年12月10日、阪神のメイン、リゲルSが9頭という少頭数レースでした（Ｐ１００参照）。

馬連、単勝、複勝オッズを人気順に並び替え、ひとつの表にまとめていきます。完成したのが【図G】です。まずは「少頭数レース判定」をしていきましょう。このレースは9頭ですから、９÷２＋２＝６・５。7頭以上複勝6倍未満の馬がいれば合格です。

【図G】をチェックすると7頭、これでクリアです。

穴馬は馬連最低ランクから3頭が基本ルールですが、馬連7位には大きな「オッズの壁」があり、さらに馬連8位にも「オッズの壁」があります。

馬連7位の⑦番と馬連8位の⑧番とのオッズの差が大きく、ここは③番と

【図G】2022年12月10日・阪神11Rの馬連・単勝・複勝ランク

	1位	2位	3位	4位	5位	6位	7位	8位	9位
馬連ランク	2	4	9	5	8	1	7	3	6
馬連オッズ		7.3	7.6	11.9	12.2	15.8	19.1	49.0	95.4

単勝ランク	2	4	9	5	8	1	7	3	6
単勝オッズ	3.5	4.7	5.1	5.9	7.0	8.9	11.4	27.9	59.4

複勝ランク	2	5	9	4	1	8	7	3	6
複勝オッズ	1.7	1.9	2.2	2.6	2.8	3.2	3.4	6.2	10.9

太線がオッズの壁、複勝6倍の壁

●2022年12月10日・阪神11ＲリゲルＳ（Ｌ、芝1600ｍ）

桃8 ⑨	桃8 ⑧	橙7	緑6	黄5	青4	赤3	黒2	白1
ロードカナロア(マ) グランデマーレ グランデアモーレ4勝(中)	ルーラーシップ(外) ワールドウインズ エイジアンウインズ6勝(マ)	モンテロッソ(外) ラセット ナンヨーサフラウア未勝(地)	ディープインパクト(外) (地)エルプシャフト ビワハイジ4勝(マ)	オルフェーヴル(外) リアンティサージュ ロープティサージュ3勝(マ)	ヴィクトワールピサ(外) フォルコメン イマーキュレイトキャット米(マ)	ベルシャザール(中) シャイニーロック ノードラメール未勝(地)	ディープインパクト(外) シュヴァリエローズ ヴィアンローズ仏(中)	ディープインパクト(外) ラインベック アパパネ7勝(中)
芦56牡5	鹿56騸5	鹿57牡7	青鹿56牡9	栗56牡5	鹿57騸6	鹿56牡6	鹿56牡4	黒鹿56騸5
替吉田隼	替福永	替荻野極	替鮫島良	替松田	替松山	替松若	替鮫島駿	替藤岡康
栗藤岡健	栗笹田	栗庄野	栗千田	栗須貝尚	美堀	栗佐々木晶	栗清水久	栗友道
2400	2700	3200	1850	2400	3200	2400	2100	2500
6410	8191	11,160	8109	5726	9394	9209	9870	8850
キャロットF	川勝裕之	桂土地	浦野和由	シルクR	社台RH	小林昌志	キャロットF	金子真人HD
白老F	藤原牧場	三好牧場	ノーザンF	ノーザンF	社台F	川向高橋育成	ノーザンF	ノーザンF
注 ○ ○ ▲ △ ◎	△ B ◎ △ △ ○ 注	△ △ … △ ◎ △	… … △ … … …	◎ △ 注 ○ … △	○ 注 ◎ 注 注 ○ 東	… … … △ △ …	▲ ▲ ▲ ◎ ▲ ▲	△ △ △ … △ △
芺1589① 三2169⑰ 阪1324① 京1497①	芺1593⑦ 東1210⑧ 阪1319⑨ 小1466①	ス夕1578⑨ 京1208① 京1319④ 阪1460⑧	芝右1456⑪ 阪1216⑤ 中1332③ 京1463⑧	芺2008④ 東1203① 東1328⑩ 阪1457②	芸1284② 芺[illegible]⑩ 中[illegible]② 函1400② **3**	1083⑩ [illegible]0⑥ 阪13[illegible]8① 阪14[illegible]4⑤ **1**	芺[illegible]④ 東[illegible]⑥ 小14[illegible]② **5**	芺1587⑤ 新[illegible]⑧ 東1[illegible]8⑨ 東1400③ **2**
4新 21年8月 ② 関屋記念 5 GⅢ 1ヶ17頭 天外1330 56 藤岡佑 S ⑪⑪⑪ 508 人気7 中位伸も 2身 364内338 ロータスランド 1327 0.3	2阪 4月30日 ⑪ 天王山 12 オープン 8ヶ16頭 ダ1121 56 鷲頭 M ⑮⑯⑯ 462 B 人気15 後直だけ 9¼ 367中354 デュアリスト 1105 1.6	1阪 3月6日 ⑧ 大阪城S 8 L 9ヶ12頭 天外1460 55 藤岡佑 S ⑫⑫⑪ 496 人気7 後直だけ 7身 369内346 アルサトワ 1448 1.2	盛岡 6月27日 ② [illegible] 1 B1 2ヶ12頭 芝左1456 56 高松亮 S ①①① 470 人気3 逃切る 2½ 383内363 エムワンハルコ 1460 0.4	2阪 21年4月 ③ [illegible] 1 2勝 2ヶ9頭 芝内1210 57 福永 S ③③③ 456 人気1 好位抜出 アタマ 356内341 ワンダーアフィ 1210 0.0	1阪 2月12日 ① 洛陽S 4 L 5ヶ17頭 天外1324 54 団野 S ②②② 504 人気13 先行一息 2½ 353中346 エアファンディ 1319 0.5	2阪 4月23日 ⑨ [illegible] 5 3勝 7ヶ7頭 天外1454 57 幸 S ①①① 512 人気6 逃一息 4¼ 351内347 サターン 1447 0.7	1新 5月8日 ② 新潟大賞典 6 GⅢ 12ヶ15頭 芺外1581 55 松山 M ⑨⑧⑧ 450 人気4 一瞬鋭 2¾ 361外349 レッドガラン 1577 0.4	1福 4月17日 ② 福島民報杯 8 L 11ヶ16頭 芺2018 54 西村淳 H ⑩⑦⑦ 500 人気7 中位一杯 10¾ 354中381 アンティシペイ 1599 1.9
4中 21年9月 ② 京成杯AH 11 GⅢ 4ヶ16頭 天外1329 55 藤岡康 M ③④③ 512 人気5 折合欠 5¼ 352内354 カテドラル 1320 0.9	2東 5月21日 ⑨ メイ 3 オープン 7ヶ13頭 天1466 56 田中勝 S ②⑤⑦ 462 B 人気8 競上巧 2身 368内341 カレンシュトラ 1463 0.3	2阪 3月27日 ② 六甲 9 L 1ヶ18頭 天外1346 57 西村淳 S ⑰⑰⑰ 494 人気12 後方差詰 5¾ 374中340 エアロロノア 1337 0.9	盛岡 7月12日 ③ [illegible] 2 B1 5ヶ10頭 芝左1386 56 高松亮 S ②②② 466 人気1 一旦先頭 1¼ 379内366 エムワンハルコ 1384 0.2	2東 21年5月 ⑩ フリーウ 1 3勝 11ヶ18頭 芝1203 57 福永 S ⑨⑩⑬ 462 人気2 中位一気 クビ 350中335 シャドウブロッ 1203 0.0	3中 4月2日 ③ ダービー卿 2 GⅢ 1ヶ16頭 天外1323 54 Mデムーロ M ⑭⑭⑪ 512 人気12 後方伸 アタマ 361外338 タイムトゥヘヴ 1323 0.0	3阪 6月25日 ③ [illegible] 6 3勝 8ヶ14頭 芝内1211 57 団野 M ⑧⑧⑨ 508 人気6 中位一杯 6¼ 343外355 ストーンリッジ 1200 1.1	2東 5月21日 ⑨ メイ 4 オープン 10ヶ13頭 天1467 55 ルメール S ⑤⑤⑤ 448 人気3 好位一息 2½ 370中344 カレンシュトラ 1463 0.4	1新 5月8日 ② 新潟大賞典 14 GⅢ 10ヶ15頭 芺外2014 54 西村淳 M ②②② 500 人気11 先行バテ 大差 350中387 レッドガラン 1577 3.7
1中 1月8日 ② ニューイ 2 L 13ヶ16頭 天外1334 56 戸崎圭 S ②②② 506 人気4 先行伸 クビ 353中352 カラテ 1334 0.0	3小 7月24日 ⑧ 中京記念 13 GⅢ 9ヶ16頭 天1468 56 田中勝 S ⑩⑬⑮ 466 人気11 中位一杯 4¾ 377中346 ペレヌス 1459 0.9	3阪 6月18日 ① 米子 4 L 15ヶ16頭 天外1332 57 西村淳 S ⑫⑫⑬ 496 人気13 後方追上 1¾ 360中339 ウインカーネリ 1329 0.3	盛岡 7月25日 ② [illegible] 1 B1 6ヶ7頭 芝左1381 56 山本聡 S ⑤⑥⑥ 468 人気1 内突抜出 3身 382内360 ホープホワイト 1386 0.5	3東 21年6月 ⑧ パラダイ 6 L 9ヶ16頭 芝1219 55 三浦 S ⑧⑦⑦ 458 人気3 中位差詰 3½ 371中331 キルロード 1213 0.6	2福 7月10日 ④ 七夕 10 GⅢ 8ヶ16頭 芺1591 55 石橋脩 M ③②② 506 人気7 仕掛早 8¼ 348中362 エヒト 1578 1.3	2札 9月3日 ⑦ [illegible] 1 3勝 4ヶ14頭 芸1287 57 鮫島駿 H ④④② 506 人気7 好位差切 1½ 351外364 オーパーディリ 1289 0.2	4小 8月28日 ⑥ 小倉日経 2 オープン 9ヶ11頭 天1460 56 北村友 H ⑨⑨⑦ 452 人気3 後方伸 3身 377外336 レッドベルオー 1455 0.5	4新 10月16日 ② 信越 8 L 6ヶ18頭 芝内1206 54 団野 M ③③③ 482 人気11 先行一杯 2¼ 340中352 ダディーズビビ 1202 0.4
11ヵ月休 骨折放牧 乗込み4週間 仕上り○ 連対体重 500～510 3ヵ月以上休 ①②③外 2 1 0 2	5中京 10月2日 ⑨ ポートア 4 L 8ヶ12頭 天1333 56 松田 S ⑦⑥⑥ 468 B 人気7 中位差詰 1身 366外335 アルサトワ 1331 0.2	5ヵ月半 放牧 乗込み6週間 仕上り○ 連対体重 470～500 3ヵ月以上休 ①②③外 1 0 1 1	盛岡 9月12日 ⑤ [illegible] 10 準重 6ヶ12頭 芝左1456 57 村上忍 S ④④④ 473 人気5 中位一杯 5¼ 392中367 ソロフレーズ 1447 0.9	5東 11月26日 ⑦ キャピタ 10 L 10ヶ18頭 天1328 56 三浦 S ⑬⑬⑭ 476 人気15 後直だけ 2¾ 360中336 ララクリスティ 1325 0.3	5中京 10月2日 ⑨ ポートア 7 L 2ヶ12頭 天1337 57 北村友 S ⑧⑧⑧ 508 人気2 中位一杯 3¾ 368内337 アルサトワ 1331 0.6	5中京 10月2日 ⑨ ポートア 10 L 10ヶ12頭 天1339 56 川須 S ②②② 504 人気10 先行一杯 4¾ 359中345 アルサトワ 1331 0.8	4東 10月16日 ⑤ オクトー 6 L 7ヶ16頭 芺1584 56 北村友 M ⑦⑤⑥ 456 人気3 中位差詰 1¾ 369中346 ゴールドスミス 1581 0.3	5東 11月26日 ⑦ キャピタ 9 L 8ヶ18頭 天1328 56 石橋脩 S ⑤④④ 476 人気9 前塞る 2¼ 349中343 ララクリスティ 1325 0.3

1着③シャイニーロック
（8番人気）
2着①ラインベック
（5番人気）
2着④フォルコメン
（2番人気）

単③2650円
枠連1－3 7770円
複③540円
①270円
④160円
馬連①－③7230円
馬単③→①17920円
ワイド①－③2020円
③－④1730円
①－④780円
3連複①③④12300円
3連単③→①→④
95010円

⑥番を穴馬候補として浮上させました。
中穴馬は馬連7位と単勝7位に揃って「オッズの壁」があることから①番と⑦番です。「複勝6倍の壁」からは⑧番と⑦番が浮上していますので、⑧番も念のために追加しておきます。

軸馬サイドですが、このレースは波乱になると「少頭数レース判定」から判定が出ています。1番人気の②番が馬券に絡むと高配当馬券にはなりません。つまり「少頭数レース判定」からは矛盾するので、軸馬からはカットします。

3連複フォーメーションは、軸馬＝④⑨⑤番→中穴＝⑧①⑦番→穴馬③⑥番となります。⑧番は軸馬と中穴の判定が難しかったので軸馬＝⑧番→中穴①⑦番→穴馬③⑥番を追加しておけば万全です。⑧番→①⑦番→③⑥番の組み合わせは下位ランク同士のため、この組み合わせが馬券になると超高額配当になります。

レース結果はどうだったでしょうか。

1着には馬連8位、「オッズの壁」に囲まれていた③番シャイニーロックが見事逃げ切りを決めました。2着には馬連7位の「オッズの壁」の前の1頭である①番ラインベック、そして3着は2番人気の④番フォルコメン。2番人気が馬券に絡んだものの、穴馬候補の③番が馬券に絡んだため、3連複①－③－④は1万2300円の万馬券です。

1番人気に推された②番シュヴァリエローズは5着と敗れました。

メインレースが少頭数になったからといって、最初から本命サイドと決めつけてはいけません。少々古い話になりますが、17年の宝塚記念がGⅠレースにも関わらず、11頭と少頭数になりました。このレ

●2017年６月25日・阪神11Ｒ宝塚記念（ＧⅠ、芝2200m）

馬番	枠	馬名	父	母	毛色	斤量・性齢	騎手	厩舎	賞金	総賞金	馬主	生産者	印	持ち時計	前走	前々走
11	8	サトノクラウン	マルジュ	ジョコンダⅡ	黒鹿	58 牡5	M.デムーロ	堀	14,250	41,004	里見治	ノーザンF	◎△▲△▲○ 東	東1479① 中[illegible]⑥ 阪2[illegible]5⑥ 東22[illegible]5③	2京 2月12日 ⑥京都記念1 GⅡ6ト10頭 三外2141 58M.デムーロ H③③③ 490人気3 好位抜出1 1/4 374中349 スマートレイア 2143 0.2	2阪 4月2日 ④大阪杯6 GⅠ7ト14頭 平内1593 57M.デムーロ M⑤⑥⑤ 478人気3 好位一息2 3/4 368中342 キタサンブラッ 1589 0.4
10	8	キタサンブラック	ブラックタイド	シュガーハート	鹿毛	58 牡5	武豊	清水久	48,125	128,820	大野商事	ヤナガワ牧場	○○○○◎◎	中1491① 中[illegible]③ 阪[illegible]③ 東22[illegible]5⑭	2阪 4月2日 ④大阪杯1 GⅠ5ト14頭 平内1589 57武豊 M③③② 540人気1 先行抜出3/4身 365中343 ステファノス 1590 0.1	3京 4月30日 ④天皇賞1 GⅠ3ト17頭 三外3125 58武豊 H②②① 536人気1 先行抜出1 1/4 365中353 シュヴァルグラ 3127 0.2
9	7	ヒットザターゲット	キングカメハメハ	ラティール	栗毛	58 牡9	川田	加藤敬	11,850	39,957	前田晋二	ノースヒルズ	B	小1464① 福1582① 中2130⑯ 京2229①	2中京 3月11日 ①金鯱賞13 GⅡ11ト16頭 芋1597 56古川 S⑮⑯⑯ 522人気16 後方直大3身 386外344 ヤマカツエース 1592 0.5	2東 5月28日 ⑫目黒記念13 GⅡ13ト18頭 芸2323 57.5大野 S⑯⑯⑮ 514人気15 後方まま8身 388中348 フェイムゲーム 2309 1.4
8	7	ミッキークイーン	ディープインパクト	ミュージカルウェイ	鹿毛	56 牝5	浜中	池江寿	10,425	41,380	野田みづき	ノーザンF	△▲△◎○注	阪1454② 京1[illegible]① 京2[illegible]③ 東2250①	2阪 4月8日 ⑤阪神牝馬S1 牝GⅡ6ト16頭 六外1343 55浜中 S⑧⑧⑧ 438人気1 楽抜出1 3/4 366中340 アドマイヤリー 1346 0.3	2東 5月14日 ⑧ヴィクトリアM7 牝GⅠ11ト17頭 兲1344 55浜中 S⑧⑥⑨ 440人気1 伸一息3身 362中338 アドマイヤリー 1339 0.5
7	6	レインボーライン	ステイゴールド	レーゲンボーゲン	鹿毛	58 牡4	岩田康	浅見	2550	16,520	三田昌宏	ノーザンF	△ △ △△	京1478③ 札2021③ 芸2331④ 東2247⑧	3中 3月25日 ①日経賞4 GⅡ9ト16頭 芸内2331 55M.デムーロ S⑧⑧⑨ 448人気2 中位伸ら2身 378内354 シャケトラ 2326 0.3	3京 4月30日 ④天皇賞12 GⅠ16ト17頭 三外3143 58M.デムーロ H⑰⑰⑭ 442人気7 後方まま11 1/4 392中357 キタサンブラッ 3125R1.8
6	6	シャケトラ	マンハッタンカフェ	サマーハ	青鹿	58 牡4	ルメール	角居	3000	11,990	金子真人HD	ノーザンF	注△◎注△△	芸2328① 宗2001③ 阪2137① 京2257②	3中 3月25日 ①日経賞1 GⅡ13ト16頭 芸内2328 55田辺 S⑩⑧⑧ 510人気4 中位差切3/4身 382外350 ミライヘノツバ 2329 0.1	3京 4月30日 ④天皇賞9 GⅠ1ト17頭 三外3137 58田辺 H⑮⑥⑤ 508人気3 折合欠7 1/2 369中360 キタサンブラッ 3125R1.2
5	5	シュヴァルグラン	ハーツクライ	ハルーワスウィート	栗毛	58 牡5	福永	友道	10,650	40,820	佐々木主浩	ノーザンF	▲◎△▲注△	阪1475⑤ 札2001② 京2119⑧ 京2248①	1阪 3月19日 ⑧阪神大賞典2 GⅡ3ト10頭 平内3028 57福永 S⑦⑤② 474人気2 中位伸1 1/2 372中359 サトノダイヤモ 3026 0.2	3京 4月30日 ④天皇賞2 GⅠ6ト17頭 三外3127 58福永 H⑤④③ 468人気4 好位伸1 1/4 369中352 キタサンブラッ 3125R0.2
4	4	クラリティシチー	キングカメハメハ	タイキクラリティ	鹿毛	58 牡6	松山	上原	1800	12,410	友駿HC	パカパカF	東	東1461③ 中1598⑧ 新2125⑪ 兲1328②	3京 5月13日 ⑦都大路S2 オープン1ト11頭 六外1492 56和田 S⑥⑦⑥ 498人気7 中位伸1 1/2 372内346 ダノンメジャー 1490 0.2	3東 6月11日 ④エプソムC4 GⅢ13ト18頭 天1461 56川田 S②⑤⑤ 498人気12 好位伸1 1/4 366中342 ダッシングブレ 1459 0.2
3	3	スピリッツミノル	ディープスカイ	バアゼルクローバー	栗毛	58 牡5	幸	本田	2450	8932	吉岡實	フジワラF		阪1454⑦ 中1593⑨ 京2117⑥ 京2257⑤	3京 4月30日 ④天皇賞14 GⅠ4ト17頭 三外3152 58幸 H⑬⑮⑯ 498人気16 後方まま16 3/4 386外366 キタサンブラッ 3125R2.7	3阪 6月3日 ①鳴尾記念5 GⅢ2ト10頭 平内1598 56幸 S⑤⑤⑤ 496人気10 中位差詰2 1/2 376中341 ステイインシア 1594 0.4
2	2	ゴールドアクター	スクリーンヒーロー	ヘイロンシン	青鹿	58 牡6	横山典	中川	24,200	67,025	居城寿与	北勝F	△△△△△△ 東	芸2327③ 函[illegible]① 中[illegible]① 東[illegible]①	3中 3月25日 ①日経賞5 GⅡ12ト16頭 芸内2332 57吉田隼 S③③③ 498人気1 伸一息2 1/4 372中362 シャケトラ 2328 0.4	3京 4月30日 ④天皇賞7 GⅠ12ト17頭 三外3136 58横山典 H⑬⑪⑪ 494人気5 出遅る7身 381中355 キタサンブラッ 3125R1.1
1	1	ミッキーロケット	キングカメハメハ	マネーキャントバイミーラヴ	鹿毛	58 牡4	和田	音無	2725	14,950	野田みづき	ノーザンF	△注注△△▲	中1484⑤ 阪1594⑦ 京2144④ 阪2257②	2京 2月12日 ⑥京都記念4 GⅡ9ト10頭 三外2144 56和田 H⑧⑧⑧ 480人気2 出遅る2身 385中345 サトノクラウン 2141 0.3	2阪 4月2日 ④大阪杯7 GⅠ1ト14頭 平内1594 57和田 M⑪⑪⑬ 480人気6 後方直大3 1/4 375中339 キタサンブラッ 1589 0.5

1着⑪サトノクラウン
（3番人気）
2着②ゴールドアクター
（5番人気）
3着⑦ミッキークイーン
（4番人気）

単⑪900円　枠連2－8 710円
複⑪480円　②550円　⑧450円
馬連②－⑪5250円　馬単⑪→②10330円
ワイド②－⑪1500円
⑧－⑪1170円
②－⑧1060円
3連複②⑧⑪10670円
3連単⑪→②→⑧70420円

3連単⑪→②→⑧７万420円！

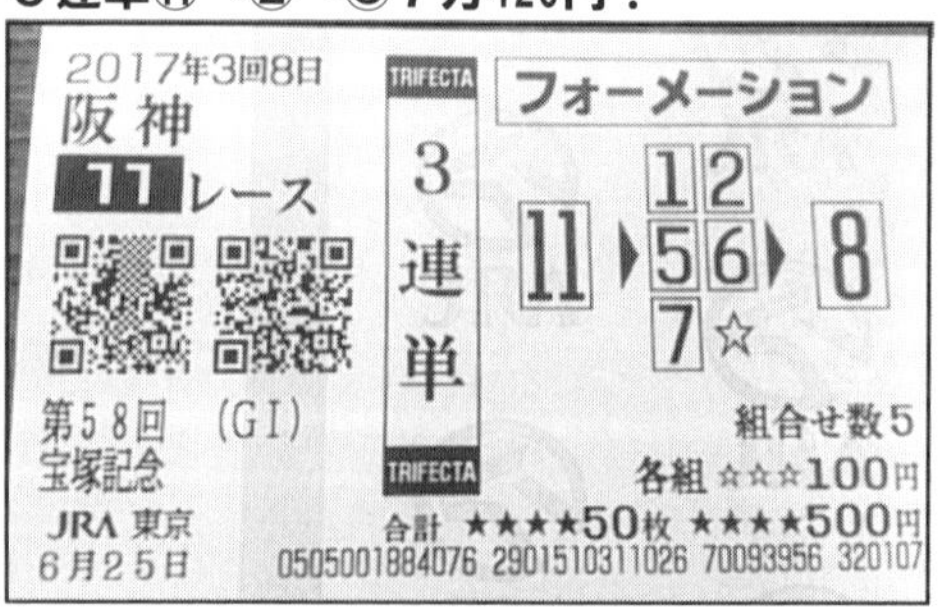

ースでは、ここまで大阪杯、天皇賞・春とGIを連勝しているキタサンブラックが単勝1・4倍の断トツ人気を集めていました。この馬が馬券に絡み、あまり波乱にならないという人がかなり多かったと思います。

私は少頭数レースだからこそ、おかしなオッズの動きがあると判断し（P51参照）、説明はここでは割愛しますが、1番人気のキタサンブラックに危険信号を察知し、しっかり3連単馬券GETに成功しました。

大谷式馬券の組み立て方①

３連複・馬連・ワイド――穴馬からの基本的な買い方！

「競馬予報」から「大穴型レース」と判定されたレースで、浮上した穴馬候補からの馬券の組み立て方ですが、基本パターンは朝10時半のオッズでの馬連ランクで決定します。

馬連ランクの決定方法ですが、これは朝９時半のオッズで馬連の１番人気の組み合わせから人気順に並び替える作業と同じです。

３連複フォーメーションは、10時半の馬連ランクで１～４位→５～８位→穴馬の16点。さらに２位→３位→穴馬、５位→６位→穴馬の２点を加えます。結果的に、穴馬１頭からの18点買いとなります。

それから、穴馬からワイドや馬連馬券も購入するケースですが、穴馬候補の馬連オッズによって変わります。穴馬の馬連オッズが80倍未満のケースでは、穴馬からの馬券は馬連、80倍以上のケースではワイド馬券となります。

また今回は、３章では「複勝15倍の壁」と万馬券との関係を紹介しました。「複勝15倍の壁」から浮上した穴馬候補はレース直前になると、単勝万馬券のような超人気薄の馬になるケースが多いものです。このような穴馬が馬券に絡む場合は、上位ランクの馬を連れてくる場合が多いです。

また、上位ランクとのワイド馬券との組み合わせでも、50倍を超える配当が期待できるため、点数を増やして３連複馬券を狙うより、ワイド馬券で攻略するほうが少点数で済み、効率よく回収率を上げることが可能です。

３連複馬券を組み立てる場合は、馬連ランク１～４位の馬を中心に組み立てることを推奨します。

軸馬を４頭に絞ることにより、穴馬との３連複フォーメーションは、**＜軸馬４頭＞→＜軸馬４頭＞→＜複勝15倍の壁からの穴馬２頭＞**となるので、12点で済みます。たった12点で５万円以上の配当を期待することができます。

第5章

＜攻略3＞

コンピ指数と
高配当馬券攻略法

コンピ指数と単勝&複勝ランクを比較する

日刊コンピ指数は馬券発売前の、仮想オッズのようなものであることはすでに述べました。コンピ指数は「競馬予報」として「大穴型レース」を見つけ出すだけではなく、実際のオッズと比較することにより、穴馬をあぶり出すことができるスグレモノなのです。

2章で2022年8月6日札幌12Rを使い、超1番人気の信頼度の測り方を紹介しました(P46参照)。このレースでは超1番人気は「競馬予報」の通り、1着になることなく3着に敗れたわけですが、人気薄ながら下位ランクの馬が馬券に絡み、馬連は万馬券になりました。

この人気薄の馬はコンピ指数と活用すれば、いとも簡単に浮上させることができたのです。馬連、単勝、複勝オッズを人気順に並び替えていきましょう。コンピ指数と一番上の段に記入し、ひとつの表にまとめた表が【図A】です。

レース結果は1着②番エープラス、2着⑥番ヴェントボニート、3着⑧番モンタナアゲートです。注目したいのは1着になった②番です。この馬が人気薄だったために、馬連②-⑥は1万290円の万馬券になりました。

【図A】の表に戻り、コンピ指数に注目してください。コンピ指数13位の②番がおかしな動きをしています。単勝7位に6ランクの上昇です。馬連オッズが121倍に対して、単勝が15・4倍と大きく売れています。この動きを事前に察知することができれば、②番を浮上させることは、それほど難しいことではありません。

●2022年８月６日・札幌12R（３歳上１勝クラス、芝1500m）

馬番	14	13	12	11	10	9	8	7	6	5	4	3	2	1
枠	桃8	桃8	橙7	橙7	緑6	緑6	黄5	黄5	青4	青4	赤3	赤3	黒2	白1
父	ストロングリターン	ダイワメジャー	ヴィクトワールピサ	ブラックタイド	リオンディーズ	アメリカンペイトリオット	ダイワメジャー	アンクルモー	ディープインパクト	メイショウボーラー	キズナ	ドゥラメンテ	キズナ	パドトロワ
馬名	フラリオナ	ビヨンドザタイム	ガルブグリーン	ナバロン	ジャンドゥーヤ	サザンステート	モンタナアゲート	ヴィクトリオン	ヴェントボニート	㊞キャットリング	エクラノーブル	レディズビーク	㊞エープラス	ユキヤナギ
母	ラカ未勝	ウメノファイバー4勝	ファータグリーン2勝	シシャモチャン3勝	ツルマルオトメ4勝	ディープサウス2勝	カリスペル愛	イースターアイランド米	シャッセロール3勝	キネオソレイユ公	ノーブルステラ独	レディホークフィールド愛	アドマイヤスペース4勝	エーピーモモ未勝
毛色・斤量・性齢	青鹿 55 牝4	栗 54 牡3	黒鹿 50 牝3	鹿 54 牡3	青 54 牝4	黒鹿 54 牡3	黒鹿 54 牡3	鹿 57 騸4	鹿 55 牝5	青鹿 55 牝4	青 52 牝3	黒鹿 50 牝3	青鹿 55 牝4	鹿 52 牝3
騎手	替藤岡佑	替吉田隼	△横山琉	菱田	替☆秋山稔	替浜中	替岩田望	替丸山	池添	替古川吉	鮫島駿	替△角田和	替斎藤	勝浦
厩舎	平田	金成	相沢	杉山佳	小林	松永幹	和田郎	羽月	池添学	藤沢則	中村	池江寿	池上和	的場
賞金	400	400	400	400	400	400	400	400	400	70	400	400	40	400
総賞金	2081	465	700	792	690	1272	1980	760	2646	168	890	918	78	820
馬主	大冨智弘	レッドマジック	斎藤光政	大島牧場	グリーンファーム	窪田芳郎	吉田勝己	菅原広隆	名古屋友豊	榊原浩一	社台RH	青芝商事	馬目卓	山口敦広
生産	社台F	ハクレイF	本間牧場	大島牧場	那須野牧場	坂東牧場	ノーザンF	日高大洋牧場	オリエント牧場	岡田S	社台F	ノーザンF	辻牧場	山岡F

1着②エープラス
（10番人気）
2着⑥ヴェントボニート
（1番人気）
3着⑧モンタナアゲート
（2番人気）

単②6120円　枠連２－４ 13020円
複②1270円　⑥130円　⑧130円
馬連②－⑥10290円　馬単②→⑥28130円
ワイド②－⑥2520円　②－⑧2980円　⑥－⑧240円
3連複②⑥⑧6530円
3連単②→⑥→⑧82720円

【図Ａ】2022年８月６日・札幌12Ｒのコンピ指数と馬連・単勝・複勝ランク

コンピ順位	1位	2位	3位	4位	5位	6位	7位	8位	9位	10位	11位	12位	13位	14位
馬番	8	6	4	3	13	14	11	1	9	10	12	7	2	5

馬連ランク	6	8	4	3	11	9	14	13	1	2	7	10	12	5
馬連オッズ		6.2	14.9	17.2	24.7	34.7	43.0	51.4	73.8	121	150	160	239	304

↑オッズの壁

単勝ランク	6	4	8	9	3	11	2	1	13	14	7	10	12	5
単勝オッズ	4.1	4.4	5.0	7.0	9.5	10.8	15.4	19.0	22.4	37.5	51.7	58.3	78.1	97.4

複勝ランク	8	6	9	4	3	1	14	11	13	2	7	10	12	5
複勝オッズ	1.6	2.0	2.4	3.2	3.6	4.1	6.4	6.5	8.7	8.8	9.6	13.7	15.5	23.0

馬連2位には「オッズの壁」があり、②番の相手を上位2頭に絞り込むことができれば、たった1点で3連複②－⑥－⑧で6530円、3連単は6点買いで3連単②→⑥→⑧8万2720円の高配当馬券だってGETすることが可能となります。

この章では、コンピ指数と馬連、単勝、複勝ランクを比較することにより浮上してくる穴馬の見つけ方を、馬券の組み立て方とともに紹介していきたいと思います。

最低ランクの馬が単勝&複勝で大きく上昇して高配当馬券

最初にコンピ指数、最低ランクの馬が激走した例を紹介しましょう。

取り上げるのは2022年11月6日、福島12Rです（P110参照）。

コンピ指数のチェックをすると、1位の指数は71P。これは80P以下で、まずは「大穴型レース」の条件をクリアしています。46Pの馬は11位で、こちらも基準値の11位以下をクリア。1位と3位とのポイント差も9Pで、14P以下という基準値をクリアし、コンピ指数からは「大穴型レース」と判定されました。

朝9時半の馬連1番人気はどうでしょうか。馬連③－④は15・6倍。少々割れ気味のオッズも基準値の9倍以上をクリアしています。単勝30倍未満の頭数も13頭ですから、こちらも基準値である10頭以上を楽々クリアし、このレースは「競馬予報」から「大穴型レース」と判定されました。

「大穴型レース」と判定されましたら、穴馬を見つけ出る作業へと移ります。馬連、単勝、複勝オッズを人気順に並び替え、それをひとつの表にまとめていきます。上段にはコンピ指数も入れておきます。

完成した表が【図Ｂ】となります。

馬連や単勝オッズには「オッズの壁」がひとつもなく、このルールから穴馬を見つけ出すのは不可能です。

さらに「突入&移動馬」のルールからは、馬連13位の⑪番が複勝6位へ7ランク上昇し、5ランク以上という「突入&移動馬」の基準値をクリアしているのですが、⑪番の騎手は藤田菜々子です。彼女が乗る馬は9時半のオッズで単勝や複勝が人気になり、馬連などと比較して大きく上昇しているケースが多々あります。応援馬券の可能性が高く、大谷式オッズ馬券では重視しないようにしています。

そこで、コンピ指数最低ランクの⑫番の動きに注目してください。

馬連は9位、単勝は8位、複勝は10位と大きく上昇していることがわかります。複勝オッズは「複勝6倍の壁」の前にもランクされています。

これは事前人気、コンピ指数での想定オッズでは最低人気だった⑫番が、実際の馬券の売れ行きでは人気を集めていることを表しています。特に単勝ランクは8ランクも上昇しています。

【図Ｂ】2022年11月６日・福島12Ｒのコンピ指数と馬連・単勝・複勝ランク

コンピ順位	1位	2位	3位	4位	5位	6位	7位	8位	9位	10位	11位	12位	13位	14位	15位	16位
馬番	1	3	10	4	16	2	15	14	6	8	11	7	13	9	5	12
馬連ランク	4	3	10	1	16	15	6	14	12	2	5	7	11	8	9	13
馬連オッズ		15.6	16.5	19.5	21.5	27.7	44.8	47.3	72.5	73.9	85.0	117	126	137	150	236
単勝ランク	4	10	15	14	16	1	3	12	6	11	7	5	2	8	9	13
単勝オッズ	5.2	6.2	6.5	9.6	10.4	10.7	11.9	15.1	18.0	19.3	21.6	24.5	26.5	33.4	45.6	51.6
複勝ランク	4	15	10	16	1	11	3	14	6	12	7	8	2	5	13	9
複勝オッズ	2.3	2.9	3.3	3.4	3.8	3.8	4.4	4.6	5.0	5.3	6.0	7.0	7.7	11.6	12.5	14.0

▲複勝6倍の壁

●2022年11月6日・福島12R（３歳上１勝クラス、芝1200m）

桃8	16	エイシンフラッシュ	フラッシュアーク	ジョリーダンス 7勝	芦 52 牝3	△原	青木	400	1377	小林薫	錦岡牧場	△ … 注 △ △ △	大1508⑧ 福1092① 東1215② 東1347③	2福 7月24日 ⑧ 3才上 2 1勝 3ｼ16頭 芝1102 49 原 M①①① 452 人気1 逃粘る 1¾ 342中360 オードゥメール 1099 0.3	4新 10月15日 ① 吉 13 1勝 11ｼ18頭 芝内1099 53 原 M⑩⑪⑨ 468 人気4 中位一杯 7¼ 347外352 ウィリン 1087 1.2
桃8	15	キングカメハメハ	ポメランチェ	オレンジティアラ 4勝	黒鹿 50 牝3	替★永島	牧田	400	1800	社台RH	社台F	△ ▲ △ ▲ △ ▲ 西	新56.6⑮ 小1071② 阪1214④	4小 8月21日 ④ 3才上 15 1勝 2ｼ15頭 芝1094 49今村 H①①② 396 人気1 逃一杯 9½ 328内366 アルムファーツ 1078 1.6	4新 10月16日 ② 3才上 15 1勝 9ｼ18頭 千直56.6 49今村 H ④⑩ 400 人気1 好位一杯 6½ 224―342 セルレア 555 1.1
橙7	14	カレンブラックヒル	フミバレンタイン	エラクレーア 未勝	青鹿 51 牝3	替▲西塚	鹿戸雄	400	1460	林文彦	ノーザンF	△ △ … … … △	中1095⑤ 東1218③ 中1354②	4中 9月18日 ❹ 3才上 12 1勝 4ｼ16頭 芝外1118 53三浦 M⑫⑬⑫ 460 人気3 出遅る 7¼ 358外360 タッカーシルバ 1106 1.2	4東 10月10日 ③ 3才上 12 1勝 1ｼ18頭 芝1218 53柴田善 S⑱⑰⑰ 462 人気8 出遅る 5½ 363内343 ジャピーレーサ 1209 0.9
橙7	13	イスラボニータ	クイーンドライヴ	デュリュクス 2勝	青鹿 54 牝3	菊沢	清水英	400	598	井村誉志雄	スマイルF	…	大1499❹ 東1344⑪	3新 9月3日 ⑦ 3才上 16 1勝 16ｼ18頭 芝外1371 51永野 S⑧⑩⑨ 410 人気12 中位一杯 11½ 373外351 トライフォーリ 1352 1.9	4東 10月9日 ② 3才上 11 1勝 7ｼ13頭 芝1344 53菊沢 S⑪⑩⑩ 408 人気12 後方まま 7½ 356中349 リアグラシア 1331 1.3
緑6	12	ロードカナロア	シゲルオテンバ	ファビュラスセンス 1勝	鹿 52 牝4	替▲佐々木	松山将	400	1277	森中蕃	社台F	…	大[illegible]⑤ 中[illegible] 東[illegible] 東[illegible]	4中 9月24日 ❻ 3才上 9 1勝 14ｼ15頭 芝外1097 55石橋脩 S⑦⑨⑩ 444 人気11 中位まま 8¼ 358外339 ミッキーハーモ 1083 1.4	4東 10月10日 ③ 3才上 11 1勝 4ｼ18頭 芝1216 53永野 S⑤⑧⑨ 446 人気16 中位一杯 4½ 353内347 ジャピーレーサ 1209 0.7
緑6	11	キタサンブラック	ユキノエリザベス	スキャンパー 英	黒鹿 52 牝3	替◇藤田菜	竹内	400	890	井上基之	服部牧場	…	芝1305③ 札1098⑦ 大1524⑩ 東1349⑫	2札 8月28日 ⑥ 牝上 7 1勝 10ｼ16頭 芝1098 52江田照 M⑧⑧⑨ 466 人気5 中位差詰 4¾ 347中351 ヒルノローザン 1092 0.6	4東 10月15日 ④ 3才上 12 1勝 1ｼ14頭 芝1349 53北村宏 S⑧⑧⑧ 464 人気11 中位一杯 12¾ 362内349 ダノンティンバ 1329 2.0
黄5	10	エピファネイア	アリシアン	ベネディーレ 1勝	鹿 53 牝3	替☆松本	加藤征	400	1123	広尾レース	木村秀則	注 ○ ○ ○ ○ ○	ダ1520⑨ 中1087① 大1520④ 中1349⑥	2福 7月16日 ❺ 3才上 2 牝上1勝 15ｼ16頭 芝1095 52吉田豊 M⑦⑦③ 486 人気3 好位伸 アタマ 343中352 ケリアテソーロ 1095 0.0	3ヵ月半 放牧 乗込み3週間 仕上り○ 連対体重 486～488 3ヵ月以上休 ①②③外 1001
黄5	9	ロードカナロア	ファタリテ	ルミアージュ 未勝	鹿 57 牡6	替川又	大根田	400	1442	奥裕嗣	日の出牧場	… 西	小1080⑤ 京ダ1274⑬ 京1345⑦	4小 8月28日 ⑥ 3才上 6 1勝 5ｼ11頭 芝1083 57国分優 M⑩⑩⑨ 452 人気11 後方詰結 2身 338中345 ワンダーカタリ 1079 0.4	5中京 9月19日 5 3才上 8 1勝 9ｼ15頭 芝1110 57国分優 M⑭⑬⑬ 446 人気14 後方詰結 3身 358中352 シャウビンダー 1105 0.5
青4	8	スマートファルコン	(地)スターライトキス	ヴンダーゾンネ 3勝	栗 55 牝7	替黛	新開	120	1352	岡田牧雄	岡田S	… … △ … … …	新55.2④ 小1075⑤ 新1224⑬ ダ1269①	2福 7月24日 ⑧ 3才上 3 1勝 16ｼ16頭 芝1103 55松岡 M⑮⑯⑮ 516 人気7 後方伸 2½ 356外347 オードゥメール 1099 0.4	3新 8月14日 ② 3才上 13 1勝 2ｼ18頭 芝内1224 55松岡 S⑩⑧⑦ 506 人気9 中位一杯 6¾ 360内352 ヨール 1213 1.1
青4	7	ロードカナロア	(地)アルバリーニョ	グラナダ 未勝	鹿 55 牝4	替西村淳	森田	240	864	中村祐子	ケイアイF	… 西	ダ1304① 函1093② 東1223⑫ ダ1362①	4中京 6月12日 ④ 3才上 16 1勝 15ｼ16頭 芝1101 55荻野極 M⑫⑬⑭ 446 人気16 後方まま 9¼ 354外347 クリノマジン 1085 1.6	4ヵ月半 放牧 乗込み3週間 仕上り○ 連対体重 429～448 3ヵ月以上休 ①②③外 0003
赤3	6	マツリダゴッホ	マイネルチューダ	サワヤカスズカ 2勝	鹿 55 牡5	替△小林脩	奥平雅	400	3451	ラフィアン	新井牧場	△ △ △ 注 △ 注	新57.1⑰ 小1082② 東1221③ 中1347④	1札 7月30日 ③ 3才上 13 1勝 15ｼ16頭 芝1098 55角田和 M④③② 450 人気5 S後離く 4½ 345中353 ミズノコキュウ 1090 0.8	3ヵ月余 放牧 乗込み2週間 仕上り○ 連対体重 436～458 3ヵ月以上休 ①②③外 0002
赤3	5	エピファネイア	ミエノベルル	ベルルミエール 3勝	鹿 54 牝4	替▲鷲頭	高橋亮	400	761	里見美恵子	社台F	… … … △ … … 西	ダ1005⑬ 小1080④ 京1233④ ダ1277❶	4中京 6月12日 ④ 3才上 7 1勝 2ｼ16頭 芝1091 53永島 M③③② 442 人気12 先行一息 3身 339内352 クリノマジン 1085 0.6	4小 8月14日 ② 3才上 13 1勝 9ｼ14頭 千ダ1005 53永島 H⑦⑦⑦ 446 人気8 中位バテ 15¼ 345中375 サエールフェイ 579 2.6
黒2	4	キズナ	アスターディゴン	アースプレイ 2勝	青鹿 55 牡3	替☆角田和	中竹	400	1515	加藤久枝	ガーベラPS	▲ 注 ◎ △ △ △ 西	小[illegible]⑮ 東[illegible]⑭	4小 8月14日 ② 3才上 8 1勝 9ｼ18頭 芝1084 54福永 M②⑤⑤ 476 人気2 前塞る 3身 333中351 トーホウラビア 1078 0.6	4小 9月4日 ⑧ 3才上 6 1勝 15ｼ15頭 芝1081 55和田竜 M⑥⑥⑥ 476 人気5 中位まま 3身 336中345 ニシノデフィレ 1076 0.5
黒2	3	ルーラーシップ	テーオースパロー	アイアムノココロ 2勝	黒鹿 56 牡3	替斎藤	清水久	400	2695	小笹公也	上水牧場	○ ○ ▲ ◎ 注 ◎ 西	小1078② 東1219⑥	4小 8月14日 ② 3才上 2 1勝 11ｼ18頭 芝1078 54ホー M⑨⑩⑩ 486 人気3 中位伸 ハナ 338外340 トーホウラビア 1078 0.0	4小 9月4日 ⑧ 3才上 12 1勝 9ｼ15頭 芝1084 55福永 M⑨⑨⑨ 484 人気1 中位一杯 5身 339中345 ニシノデフィレ 1076 0.8
白1	2	ベーカバド	ブラックハート	アクアブルーハート 未勝	黒鹿 55 牝4	替武藤	松永康	400	847	高昭牧場	高昭牧場	… … … △ ▲ △	芝1284③ 福1097❻ 東1218⑦ 大1509⑤	2福 7月16日 ❺ 3才上 6 牝上1勝 13ｼ16頭 芝1097 53永野 M⑪⑪⑨ 414 人気8 S後鈍る 1¼ 349中348 ケリアテソーロ 1095 0.2	3ヵ月半 放牧 乗込み2週間 仕上り○ 連対体重 402キロ 3ヵ月以上休 ①②③外 0003
白1	1	ジャングルポケット	エナジーグラン	エナジーハート 2勝	黒鹿 55 牡3	替☆亀田	高柳大	400	1380	キャピタルS	宮内牧場	◎ △ △ … ◎ △ 西	ダ[illegible]7④ 函[illegible]① 阪[illegible]4③ 阪[illegible]③	1函 7月2日 ⑦ 3歳 3 1勝 6ｼ14頭 芝1100 54鮫島駿 M⑩⑨⑧ 458 人気3 中位伸 1½ 351外349 ラキエータ 1097 0.3	2札 9月4日 ⑧ 3才上 9 1勝 3ｼ16頭 芝1104 54秋山稔 M⑩⑥⑥ 460 人気3 中位一杯 6身 348中356 モリノドリーム 1094 1.0

1着④アスターディゴン
（２番人気）
2着①エナジードラゴン
（５番人気）
3着⑫シゲルオテンバ
（９番人気）

単④450円　枠連１－２ 890円
複④220円　①280円　⑫850円
馬連①－④1600円　馬単④→①3120円
ワイド①－④650円　④－⑫2100円　①－⑫2720円
3連複①④⑫13550円
3連単④→①→⑫49680円

３連複①④⑫ １万3550円！

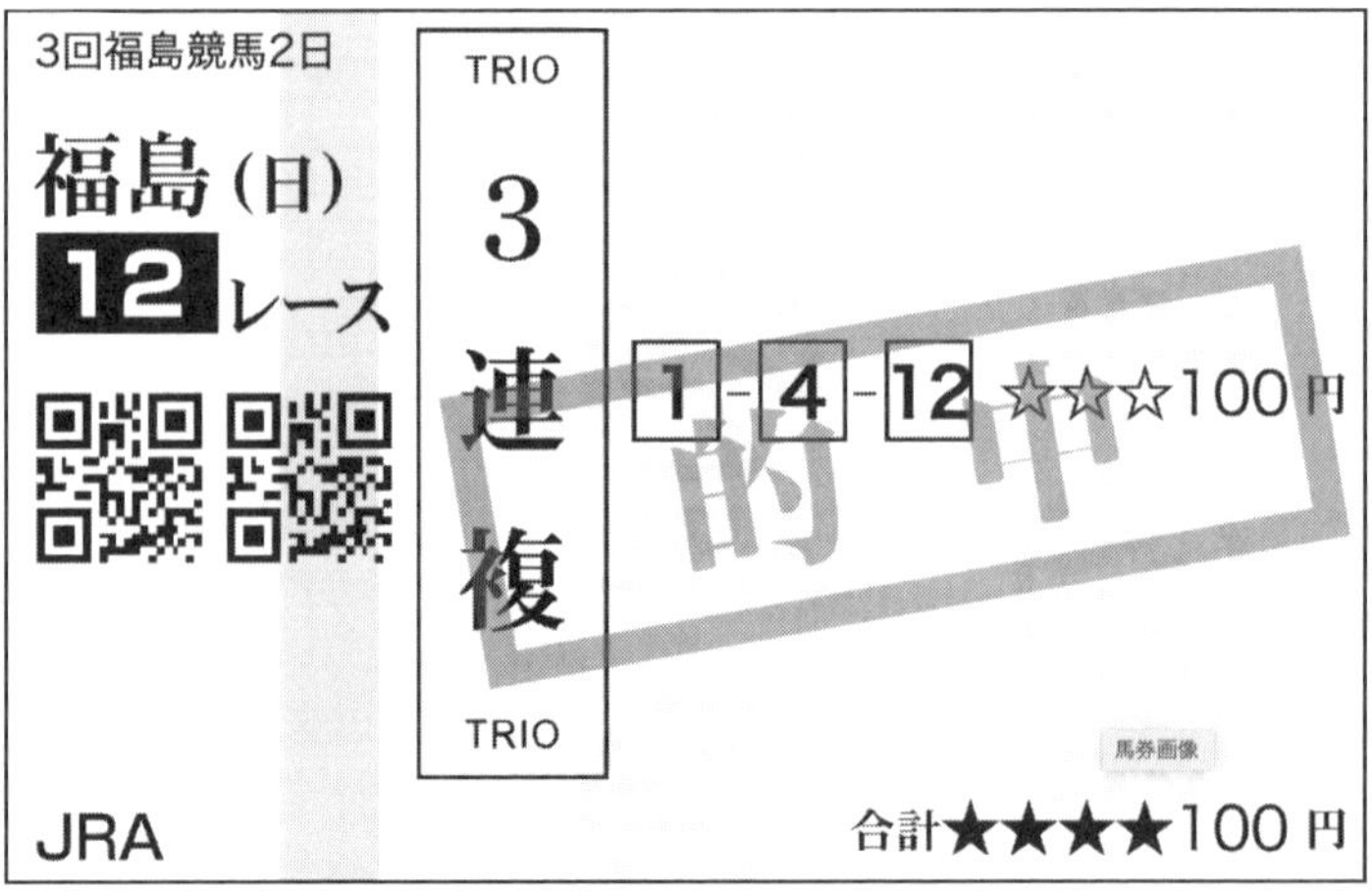

このように、コンピ指数と比較して大きく上昇している馬に関しては注意が必要です。つまり馬券に絡む可能性が高いのです。

レース結果は1着には馬連、単勝、複勝1位の④番アスターディゴン、2着にコンピ指数1位の①番エナジーグラン、そして3着には注目の⑫番シゲルオテンバが入り、しっかりと3連系の馬券に絡みました。

コンピ指数最低ランクということは、競馬新聞では、ほとんど印がついていないことが想像できます。そんな穴馬候補を、コンピ指数のランクと単勝、複勝ランクを比較することにより見つけ出すことができるのです。

3連複①－④－⑫番は、1万3550円と万馬券GETとなりました。馬連、単勝、複勝ランク1位とコンピ指数1位との組み合わせにも関わらず、万馬券になるとは、いかに穴馬候補であった⑫番が注目されていなかった証拠でもあるでしょう。

「外枠有利の新潟芝直線競馬」で大きく上昇した穴馬候補が激走

次に紹介するのは、新潟芝直線1000mのレースです。直線1000mのレースはご存知の通り、外枠に人気が集まり、実力馬であっても内枠に入っただけで人気を落としてしまう傾向があります。その点を頭の中に入れた状態で検証結果を見ていきましょう。

2022年5月7日、新潟12Rです（P114参照）。

コンピ指数は、1位のポイントが69P、46Pの馬は15位となっていました。馬連1位と3位とのポイント差が6Pです。すべて基準値をクリアし、コンピ指数からは「大穴型レース」として浮上しました。

しかし、レース当日朝9時半のオッズでは、馬連1番人気は8・7倍と基準値の9倍をクリアしていません。単勝30倍未満の頭数はというと、11頭と基準値の10頭をクリアしています。

コンピ指数から「大穴型レース」として浮上したのですから、念のため9時半のオッズを検証してみることにしました。

馬連、単勝、複勝オッズを人気順に並び替え、コンピ指数と加えてひとつの表にまとめたものが【図C】となります。

この表を見ると、確かに外枠の馬が人気を集めているような形になっています。その中でおかしな動きをしている馬がいます。コンピ指数11位の⑥番と14位の⑮番です。

11位の⑥番は馬連7位、単勝が4位、そして複勝は5位と、馬連、単勝、複勝ランクで上昇していることがわかります。15位⑮番も、馬連6位、単勝5位、複勝6位と売れています。

つまり、事前の推定オッズであるコンピ指数と実際のオッズと

【図C】2022年5月7日・新潟12Rのコンピ指数と馬連・単勝・複勝ランク

コンピ順位	1位	2位	3位	4位	5位	6位	7位	8位	9位	10位	11位	12位	13位	14位	15位	16位
馬番	12	16	10	14	4	11	2	8	7	9	6	3	13	15	5	1

馬連ランク	16	12	14	10	11	15	6	9	8	13	7	4	5	2	1	3
馬連オッズ		8.7	11.1	19.4	25.8	39.6	53.1	64.2	65.8	80.4	87.0	87.9	132	134	187	206

オッズの壁

単勝ランク	14	16	12	6	15	11	10	9	8	7	2	4	1	13	3	5
単勝オッズ	3.8	5.0	5.4	10.2	11.5	13.3	14.7	18.9	19.6	28.2	29.1	31.6	45.1	53.8	54.0	55.9

複勝ランク	12	16	14	10	6	15	11	8	9	7	1	13	5	4	2	3
複勝オッズ	2.0	2.3	2.6	3.0	4.1	4.2	4.5	7.1	7.6	7.7	9.4	10.0	10.0	10.4	10.8	13.8

複勝6倍の壁

の間では、⑥番と⑮番が大きな乖離を起こしているのです。このレースで、コンピ指数と実際のオッズとを比較して、怪しい動きをしていた馬は⑥番と⑮番ということになります。

ここで、2章で紹介したコンピ指数から浮上した「大穴型レース」と「複勝6倍未満」の頭数との関係を思い出してください。

このレースの複勝6倍未満の頭数は7頭です。コンピ指数から「大穴型レース」として浮上しているレースで、複勝6倍未満の頭数が7頭以下のレースでは、複勝6倍未満の馬に注意しなければならないと紹介しました。

まさに、このレースはコンピ指数では「大穴型レース」として浮上し、朝9時半のオッズでは複勝6倍未満の頭数が7頭未満なのです。

複勝6倍未満の内容を見ると、しっかりとコンピ指数から売れていた⑥番と⑮番が入っています。となれば、馬券の組み立て方は簡単です。

穴馬候補である⑥番と⑮番から相手は⑯⑫⑭⑩⑪番への5点です。

私は馬連と3連複で、次の2通りの馬券を購入しました

・馬連フォーメーション＝⑥⑮番→⑯⑫⑭⑩⑪番

・3連複フォーメーション＝⑥⑮番→⑯⑫⑭⑩⑪番→⑯⑫⑭⑩⑪番

レース結果は、複勝1位、最終オッズでも1番人気の⑫番トミケンルーアが1着に入り、2着には注目した穴馬候補の⑥番リーゼントフラム、そして3着には最終オッズで2番人気の⑭番ナリタローゼとなり、馬連と3連複の的中となりました。

●2022年5月7日・新潟12R（4歳上1勝クラス、芝1000m）

	⑯ 桃8	⑮ 桃8	⑭ 橙7	⑬ 橙7	⑫ 緑6	⑪ 緑6	⑩ 黄5	⑨ 黄5	⑧ 青4	⑦ 青4	⑥ 赤3	⑤ 赤3	④ 黒2	③ 黒2	② 白1	① 白1
父	キズナ	シニスターミニスター	ダイワメジャー	カレンブラックヒル	フレンチデピュティ	ダノンレジェンド	ディスクリートキャット	ハーツクライ	ジョーカプチーノ	スウェプトオーヴァーボード	ロードカナロア	タイキシャトル	ドゥラメンテ	ベーカバド	ルーラーシップ	ダイワメジャー
馬名	㊞リュッカ	㊞スラーリドラーテ	ナリタローゼ	グッドステージ	トミケンルーア	テセウス	ホーキーポーキー	ミエリ	セピアノーツ	シンシアハート	㊞リーゼントフラム	㊞モメチョッタ	ジョーレイラニ	ルドラクシャ	フィルムスコア	㊞マッシリア
母	フミノサチヒメ	テイクザスカイ	オフジオールドブロック	グランソルシエール	オーバーザムーン	テルミドール	ファンファーレ	サミター	モンルージュ	クリアソウル	ブロードストリート	エイシンオーガスタ	ジョーアカリン	ヴァリユー	ロンド	フレンチリヴィエラ
毛色	鹿毛	鹿毛	青鹿	鹿毛	鹿毛	青鹿	栗毛	栗毛	芦毛	芦毛	鹿毛	黒鹿	鹿毛	鹿毛	黒鹿	栗毛
斤量・性齢	55 牝5	53 牝5	55 牝4	56 牝5	57 騸6	57 牡4	55 牝4	53 牝4	52 牝4	54 牝4	57 牝5	55 牝6	53 牝4	55 牝5	53 牝4	57 騸5
騎手	替津村	替◇藤田菜	替長岡	替☆泉谷	木幡初	替黛	勝浦	替△角田和	替▲原	☆秋山稔	替坂井	替嶋田	替△松本	替斎藤	替△小沢	替森裕
調教師	鈴木伸	小島茂	高橋亮	宮	竹内	奥平雅	武市	藤岡健	青木	蛯名利	矢作	石毛	松下	松山将	平田	橋田
賞金	70	90	400	400	400	400	400	400	400	400	90	220	400	400	400	60
総賞金	1445	356	510	909	4277	2304	2087	1110	770	748	211	1555	750	1290	620	94
馬主	皇加浩一	加藤厚子	オースミ	杉立健次郎	冨樫アキ子	ミルF	ミルF	シルクR	谷口悦一	ノルマンディーTR	三浦大輔	清水敏	上田江吏子	ミルF	水上行雄	森田藤治
生産者	谷口牧場	大狩部牧場	社台F	小倉光博	成隣牧場	ミルF	ミルF	ノーザンF	ナカノF	高山牧場	下河辺牧場	栄進牧場	平野牧場	村上雅規	笠松牧場	グランド牧場
印1	○	…	▲	…	△	注	◎	△	…	△	△	…	…	…	…	…
印2	注	…	○	…	▲	△	△	…	…	…	…	…	…	△	◎	…
印3	…	△	…	…	…	▲	○	△	…	△	…	◎	…	注	…	…
印4	注	…	◎	…	○	…	△	△	△	…	…	…	…	…	▲	…
印5	…	…	注	初△	○	◎	▲	…	…	…	△	△	…	…	△	…
印6	注	…	B◎西	B…西	○	△	△	△西	△	…	△西	…	西	…	▲西	西
持ち時計	新55.0④	札ダ1002⑦	小ダ[illegible]⑧	新56.5⑩	新5[illegible]②	新55.2⑥	新55.3⑤	新55.9⑬	新55.5⑦	新55.2⑤	門ダ[illegible]①	新55.5⑧	芝ダ1146⑮	新55.2⑧	芝ダ1207⑬	新56.6⑩
	小1094⑯	小1097⑭	小[illegible]⑥	京ダ1118⑩	福[illegible]⑤	小1088⑫	函1096②	小1093⑫	小1112⑮	小1116⑮	門[illegible]⑤	福1097④	小1087②	中1096②	小1075①	小1120⑩
	京1219⑤	東ダ1285⑲	阪[illegible]③	阪1224⑭	新1[illegible]④	芝ダ1143⑧	京1223⑮		千ダ1004⑬	東ダ1265⑤	大[illegible]⑭	東1232⑭	京1236⑬	東1246②	阪1224④	京1267⑬
	京1372⑬	芝ダ1245②	芝ダ[illegible]⑯	阪1377⑨	東1[illegible]⑦		芝ダ1131⑪		芝ダ1129⑦	芝ダ1126⑫	阪[illegible]⑰	芝ダ1280①		芝ダ1153⑪	京1360⑧	芝ダ1288①
前々走	1小 1月23日	1小 1月29日	1小 1月16日	姫路 1月19日	6中京 12月11日	2小 2月12日	1中 1月23日	1小 1月22日	5新 10月30日	5新 10月17日	2阪 4月9日	1小 1月16日	1小 1月30日	4新 9月5日	1小 1月15日	盛岡 6月28日
	④ 4上 12	⑤ 4上 14	① 4上 9	⑤ 10	③ 3上 8	① 4上 12	⑧ 4上 11	③ 4上 12	⑦ 3上 9	④ 3上 12	⑤ 4上 13	② 4上 6	⑥ 4上 7	⑧ 11	① 4上 13	② 4上 1
	1勝10ト13頭	1勝16ト16頭	1勝6ト18頭	交流A1 9ト12頭	1勝14ト18頭	1勝7ト18頭	1勝16ト16頭	1勝1ト18頭	1勝5ト18頭	1勝4ト14頭	1勝16ト16頭	1勝4ト13頭	1勝11ト12頭	1勝1ト17頭	1勝17ト18頭	C2 8ト9頭
	千ダ1004	芝1097	芝1087	芝ダ1330	芝1094	芝1088	芝ダ1131	芝1093	千直56.4	芝ダ1126	芝ダ1270	千ダ1004	芝1095	千直55.8	芝1088	芝ダ1288
	52 原	52 小林凌大	54 富田	56 笹田知	57 木幡初	57 原田和	54 嶋田	52 藤田菜	50 小林脩	51 秋山稔	57 荻野極	55 城戸	52 藤田菜	55 菅原明	54 藤懸	56 山本政
	H⑥⑥⑨	S②②②	M①①①	S⑫⑪⑪	S⑭⑭⑬	M③④⑤	M③③③	M⑫⑬⑰	H ③②	M⑤⑥⑪	M②②③	H⑧⑪⑩	M②②③	H ⑥⑩	M①③③	H①①①
	420 人気10	466 人気15	476B 人気2	526 人気6	486 人気8	456 人気15	466 人気4	380 人気12	474 人気12	420 人気7	474 人気8	466 人気12	438 人気7	456 人気12	448 人気8	479 人気1
	中位一杯 10¾	先行一杯 5¼	逃一杯 3¼	トモ落す 13¼	後方差詰 3¾	好位一杯 4¾	先行一杯 7¼	後方まま 6½	先行一杯 6身	中位一杯 10身	先行一杯 12¾	後直だけ 4¼	好位一杯 3¾	中位まま 6¾	先行一杯 4¼	逃切る 3身
	357中369	347中350	335内352	422中388	351外343	339中349	347中384	344中349	229ー335	348内378	350中395	357中365	338中357	223ー335	337中351	361内405
	キュウドウクン	ジューンベロシ	キャプテンドレ	サンロアノーク	デルマカンノン	アスクキングコ	ノボベルサイユ	ララマカロン	ショウナンバー	ゴールデンブル	ドンカポノ	ルーリング	マイトレジャー	ニルカンタテソ	キャプテンドレ	デュアルメジャ
	587 1.7	1089 0.8	1081 0.6	1309 2.1	1088 0.6	1081 0.7	1119 1.2	1082 1.1	554 1.0	1110 1.6	1249 2.1	597 0.7	1089 0.6	547 1.1	1081 0.7	1293 0.5
前走	3ヵ月余	3ヵ月余	2小 2月13日	3ヵ月半	5ヵ月休	1福 4月30日	2小 2月13日	3ヵ月半	2小 2月13日	2小 2月20日	1福 4月24日	2小 2月13日	3ヵ月余	8ヵ月休	2小 2月12日	10ヵ月余
	放牧	放牧	② 4上 8	放牧	骨折放牧	⑤ 5	② 4上 9	放牧	② 4上 13	④ 4上 15	④ 4上 5	② 4上 10	放牧	骨折放牧	① 4上 16	外傷放牧
	乗込み2週間	乗込み4週間	1勝7ト14頭	乗込み3週間	乗込み4週間	1勝1ト11頭	1勝4ト14頭	乗込み2週間	1勝11ト14頭	1勝14ト17頭	1勝10ト12頭	1勝12ト14頭	乗込み3週間	乗込み2週間	1勝11ト18頭	乗込み7週間
	仕上り○	仕上り○	千ダ1000	仕上り○	仕上り○	芝1104	千ダ1000	仕上り○	千ダ1004	芝1116	芝ダ1096	千ダ1000	仕上り○	仕上り△	芝1091	仕上り○
	連対体重	連対体重	55 富田	連対体重	連対体重	57 杉原	55 勝浦	連対体重	55 菅原明	54 秋山稔	57 荻野極	55 杉原	連対体重	連対体重	55 松若	連対体重
	400～428	473～476	H④④③	506キロ	454～480	S①①①	H⑫⑫⑭	392キロ	H①③③	M④⑩⑫	M⑥②③	H⑬⑫⑫	436～440	428～450	M③④⑧	472～479
	3ヵ月以上休	3ヵ月以上休	476B 人気4	3ヵ月以上休	3ヵ月以上休	450 人気4	466 人気13	3ヵ月以上休	484 人気11	416 人気9	466 人気3	462 人気14	3ヵ月以上休	3ヵ月以上休	444 人気9	3ヵ月以上休
	①②③外	①②③外	好位一杯 3¾	①②③外	①②③外	逃一息 2¼	後方まま 4身	①②③外	好位一杯 6½	中位一杯 8¾	先行一息 3½	後方まま 4¼	①②③外	①②③外	好位一杯 6¾	①②③外
	0013	0002	345内371	0004	0203	352内352	356中361	1011	345中377	352中364	349中377	355外361	0101	0101	338中353	0003
			プラチナムレイ			アセンダント	プラチナムレイ		プラチナムレイ	シュアーヴアリ	ハクサンハーバ	プラチナムレイ			アスクキングコ	
			593 0.7			1101 0.3	593 0.7		593 1.1	1102 1.4	1090 0.6	593 0.7			1081 1.0	

1着⑫トミケンルーア
（1番人気）
2着⑥リーゼントフラム
（7番人気）
3着⑭ナリタローゼ
（2番人気）

単⑫300円　枠連3－6 2790円
複⑫140円　⑥410円　⑭170円
馬連⑥－⑫4310円　馬単⑫→⑥6530円
ワイド⑥－⑫1440円　⑫－⑭340円　⑥－⑭2130円
3連複⑥⑫⑭6580円
3連単⑫→⑥→⑭39580円

3連複⑥⑫⑭6580円！

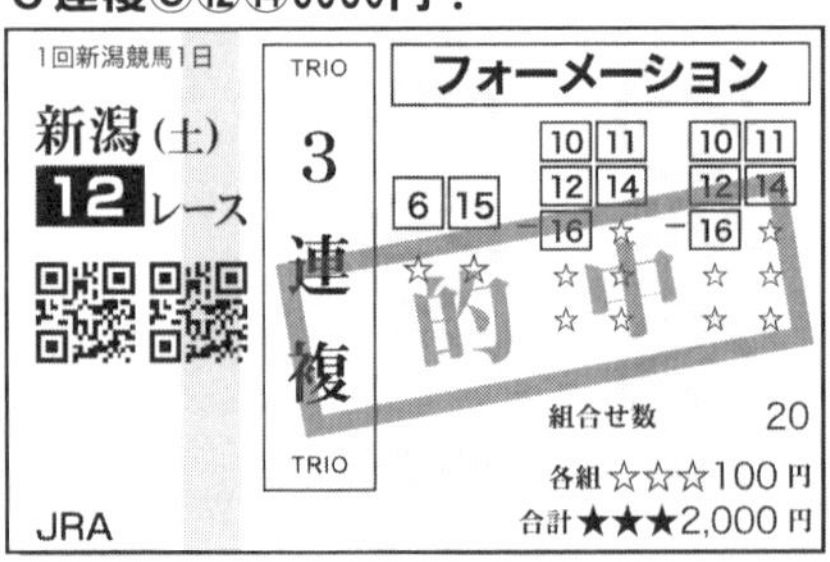

馬連⑥－⑫4310円！

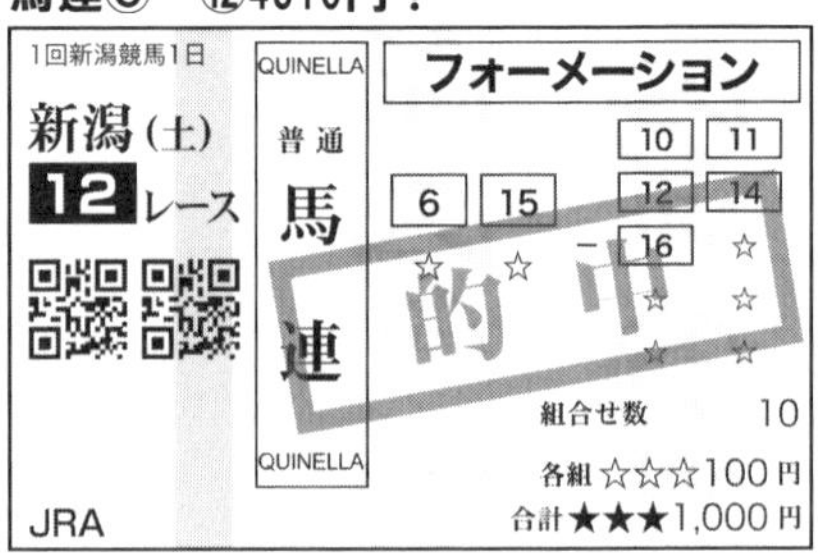

ちょっと待ってください。このレースは新潟直線1000mのレースです。外枠が人気になるのはわかります。となれば、⑮番は外枠ということで売れた可能性もあります。しかも出走表を見ると、⑮番は藤田菜七子騎手です。となれば、このレースの一番怪しい馬は⑥番ということになるのではないでしょうか。

実際の馬券では⑮番からも購入していますが、⑥番だけが穴馬候補であると絞り込みことができます。馬連5点買い、3連複10点買いで、馬連4310円、3連複6580円でしたら、けっして悪い配当ではありません。

コンピ指数を基軸とした「クロス馬」は馬券に絡むシグナルだ！

コンピ指数は馬券発売前の仮想オッズです。つまり競馬新聞の印と比例する傾向が高いです。その数値をうまく活用することにより、高配当馬券を演出する馬を簡単に見つけ出すことができることができるのです。ここで**「X攻撃」**を使って穴馬を浮上させる方法を2つ紹介しましょう。

まず紹介するのが2022年7月9日、福島11R阿武隈Sです（P117参照）。

コンピ指数は、1位のポイントが71P、そして46Pが15位です。1位と3位とのポイント差が11Pなので「大穴型レース」として浮上しました。

レース当日、9時半のオッズでも馬連1番人気が15倍と割れ、単勝30倍未満の頭数も13頭と多く、こちらの判定も穴レースの条件をクリアし、このレースは「大穴型レース」と判定されました。

コンピ指数に加え、馬連、単勝、複勝オッズを人気順に並び替えていきましょう。完成した表が【図D】です。

目立った動きをしているのは、コンピ指数5位の⑯番です。なんと複勝では8ランクも下げ13位になっています。

反対の動きをしている馬もいます。コンピ指数9位の②番です。こちらはなんと単勝1位、複勝1位に上昇です。⑯番と②番だけの関係を注目すると、50代以下の人にあまり馴染みはないと思いますが、テレビドラマ『サインはV!』の「X攻撃」のような形になっています。私はこの形を「合わせ鏡の関係」と呼んでいます。

このような形になった2頭には注意しなければなりません。つまり馬券に絡む可能性が高いということです。特に⑯番は馬券発売前のオッズ、コンピ指数5位にも関わらず、複勝13位とは異常です。

穴馬候補として⑯番は一番手に浮上させることにしました。

馬券は念のために「複勝6倍の壁」の前の1頭である⑥番からの上位ランクへの馬連、そして下位ランクへのワイド馬券でGOです。

レース結果は③番ゴールドスミスが逃げ切りを決め1着。2着には最終オッズで14番人気の⑦番エターナルヴィテス。そして3着には「X攻撃」の1頭、⑯番が入りました。


【図D】2022年7月9日・福島11Rのコンピ指数と馬連・単勝・複勝ランク

コンピ順位	1位	2位	3位	4位	5位	6位	7位	8位	9位	10位	11位	12位	13位	14位	15位	16位
馬番	5	15	9	8	16	13	12	11	2	3	6	14	7	4	1	10

馬連ランク	5	15	2	13	12	9	11	3	16	8	6	14	10	7	4	1
馬連オッズ		15.8	17.9	22.5	30.5	30.9	39.5	50.5	57.1	65.0	67.5	99.7	164	254	425	528

オッズの壁

単勝ランク	2	5	15	13	9	16	12	11	3	10	6	8	14	7	1	4
単勝オッズ	5.5	5.8	7.1	7.4	9.7	11.3	12.6	15.1	16.9	19.2	19.3	20.9	25.0	53.0	88.1	101

複勝ランク	2	5	15	13	9	11	12	3	8	14	6	10	16	7	4	1
複勝オッズ	2.4	2.7	2.8	3.5	3.6	4.5	4.8	5.0	5.4	5.4	5.6	6.5	7.3	11.4	17.5	17.6

複勝15倍の壁

●2022年7月9日・福島11R阿武隈S（3歳上3勝クラス、芝1800m）

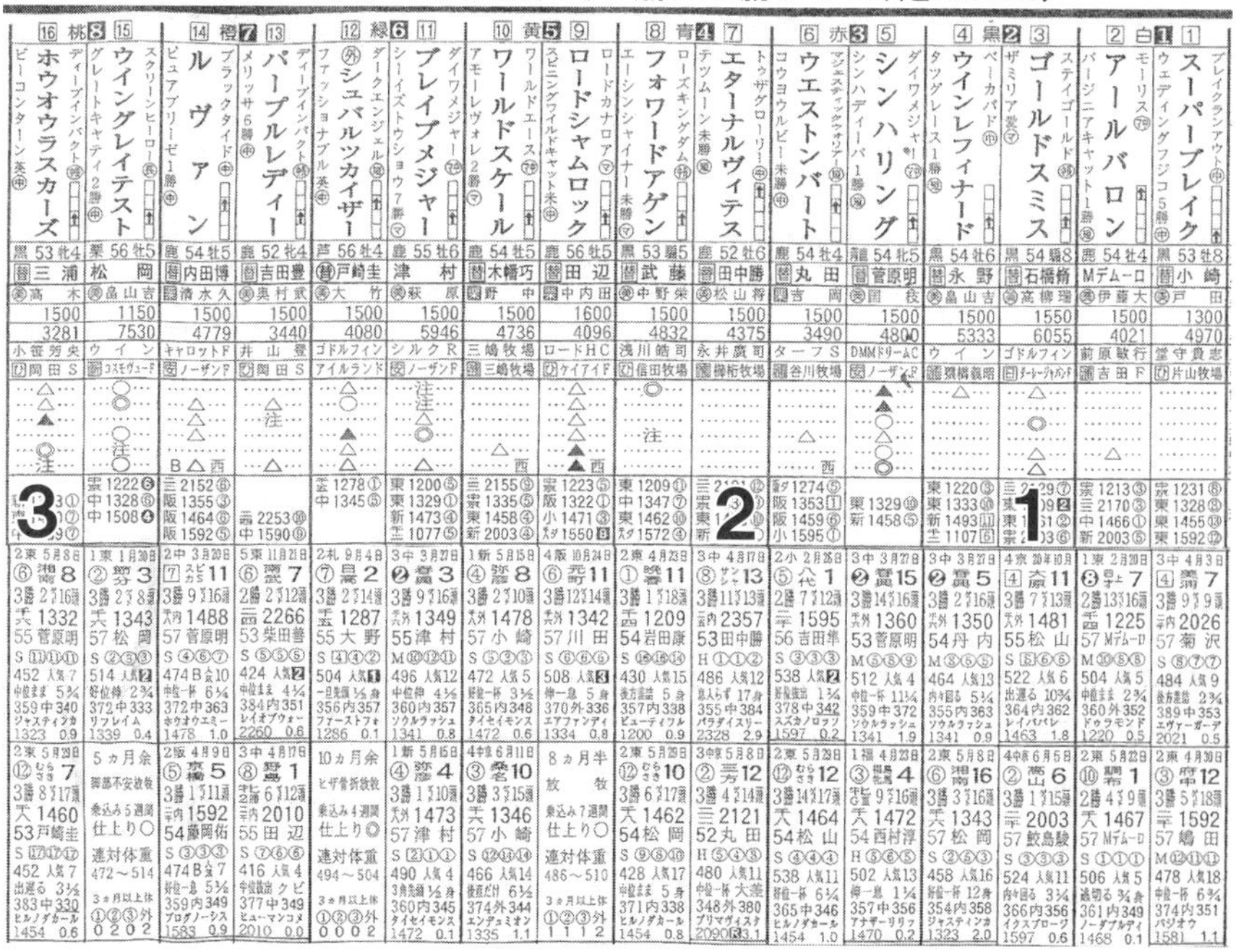

1着③ゴールドスミス
（8番人気）
2着⑦エターナルヴィテス
（14番人気）
3着⑯ホウオウラスカーズ
（6番人気）

単③1760円　枠連2－4 11330円
複③550円　⑦1570円　⑯400円
馬連③－⑦66620円　馬単③→⑦127050円
ワイド③－⑦14360円　③－⑯3560円　⑦－⑯17210円
3連複③⑦⑯338700円
3連単③→⑦→⑯2248940円

ワイド⑦－⑯1万7210円！

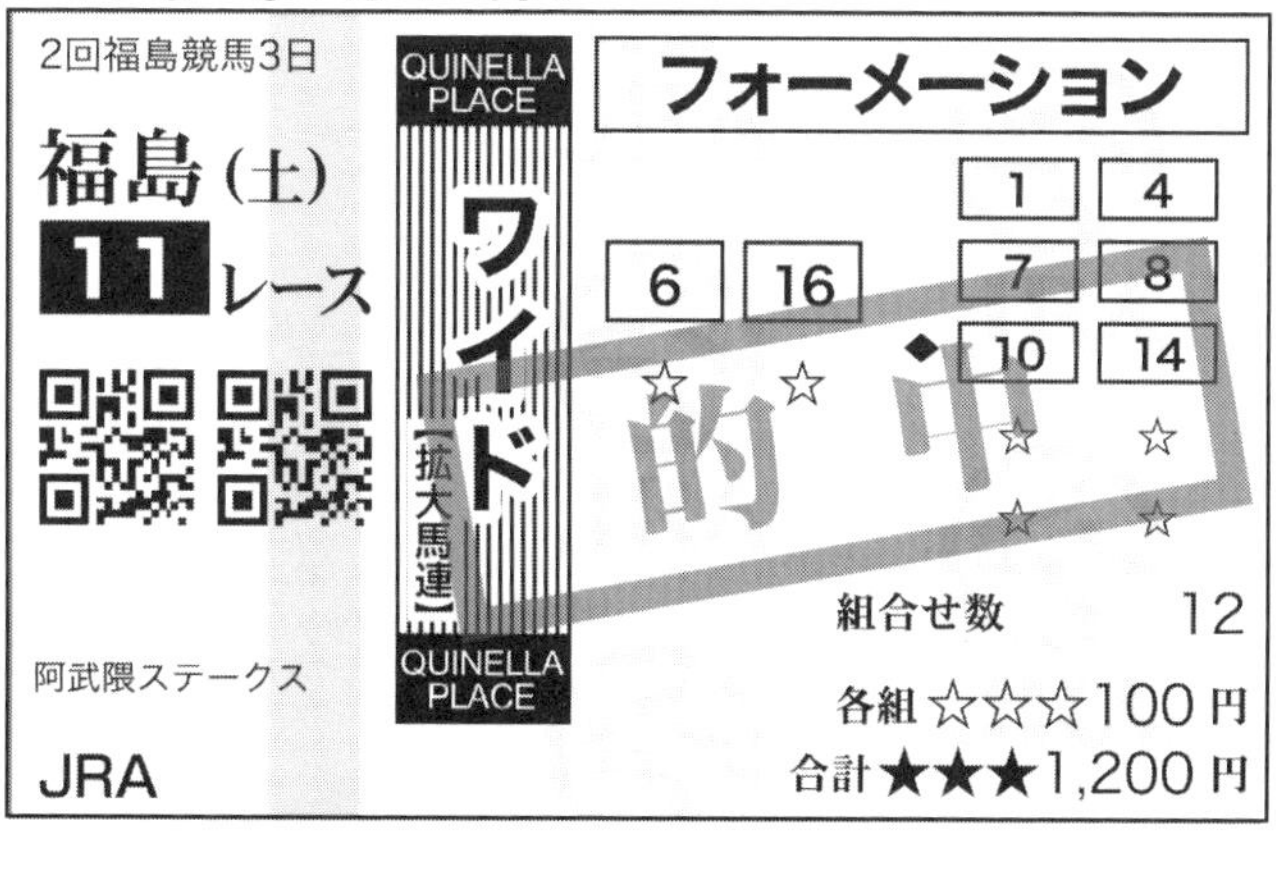

下位ランクへ流したワイド馬券の的中です。ワイド⑦－⑯は1万7210円の配当でした。

このレース、後で検証すると、⑯番と⑦番は「複勝15倍の壁」の前の2頭です。3連複③－⑦－⑯は33万8700円という高額配当です。3連単③→⑦→⑯はなんと2249万400円という200万円馬券となっています。

「X攻撃」（合わせ鏡）は「複勝15倍の壁」をうまく活用することができれば、けっして夢の馬券ではないことが、このレース結果からわかります。

GⅠレースで起きた「X攻撃」で3連単馬券的中！

GⅠレースでも「X攻撃」（合わせ鏡）が起きました。しかも2箇所同時に、です。それを事前にしっかりと察知し、的中馬券につなげることにできた例を紹介しましょう。

2022年4月10月、阪神11R桜花賞です（P120参照）。

このレースはコンピ指数では1位が⑱番で78P、46Pは15位です。1位の⑱番と3位⑧番とのポイント差は16Pなので、コンピ指数からは「準大穴レース」として判定されました。

9時半のオッズでは馬連1番人気が8・9倍、単勝30倍未満の頭数が13頭ですから、穴馬判定のギリギリのラインです。「競馬予報」からは中穴馬が活躍する可能性が大と考え、検討を始めました。

馬連、単勝、複勝ランクを人気順に並び替えていきます。まとめた表が【図E】です。

馬連13位に「オッズの壁」があります。その前の2頭の⑩番と⑰番ですが、馬連オッズと比較して複勝が売れていません。ましてや、このレースは馬連2位や単勝1位に「オッズの壁」があります。「競馬予報」では完全な「大穴型レース」にもなっていないレースです。これだけの判定では、⑩番や⑰番を穴馬候補と決めるわけにはいきません。

「複勝15倍の壁」の前の2頭、⑬番と⑮番も、馬連オッズそれぞれ169倍、303倍ではそう簡単に浮上させられません。

穴馬候補が浮上しない中、コンピ指数と単勝、複勝ランクとの比較をしていくことになりました。

コンピ指数3位の⑧番に注目してください。単勝8位に下がっていることがわかります。反対にコンピ指数8位の⑥番は単勝3位への上昇です。

つまり⑧番と⑥番は真逆の関係、「X攻撃（合わせ鏡の関係）」だったのです。「X攻撃（合わせ鏡の関係）」になっている2頭には注意が必要。単勝3位の⑥番と単勝8位の⑧番です。特に人気のない⑧番には要注意です。

下位ランクにも同じような現象が起きている箇所があります。コンピ指数5位の⑬番と14位の①番です。コンピ指数5位の⑬番は単勝15位、複勝15位と大きくランクを下げています。

【図E】2022年4月10日・阪神11Rのコンピ指数と馬連・単勝・複勝ランク

コンピ順位	1位	2位	3位	4位	5位	6位	7位	8位	9位	10位	11位	12位	13位	14位	15位	16位	17位	18位
馬番	18	16	8	14	13	7	11	6	3	5	17	10	12	1	4	15	2	9

オッズの壁（馬連2位と3位の間）　オッズの壁（馬連13位と14位の間）

馬連ランク	18	16	6	14	8	3	1	11	12	5	7	10	17	13	9	4	15	2
馬連オッズ		8.9	16.5	18.7	30.6	34.3	35.4	39.2	53.9	58.1	58.6	59.2	67.5	168	206	297	303	789

オッズの壁（単勝1位と2位の間）

単勝ランク	18	16	6	14	3	1	12	8	11	10	7	5	17	9	13	15	4	2
単勝オッズ	3.4	6.6	7.0	11.8	12.4	14.0	16.6	16.7	17.2	19.9	23.1	26.2	28.6	42.9	47.5	51.4	59.6	107

複勝ランク	18	16	6	3	1	8	12	14	11	5	10	7	17	9	13	15	4	2
複勝オッズ	2.2	2.6	2.6	4.2	4.2	4.7	5.0	5.2	5.2	6.9	6.9	8.2	8.8	11.7	12.0	13.9	17.3	36.4

●2022年４月10日・阪神11Ｒ桜花賞(３歳ＧⅠ、芝1600m)

馬番	枠	馬名	父	母	斤量	騎手	調教師	賞金	総賞金	馬主	生産者
18	桃8	ナミュール	ハービンジャー	サンブルエミューズ	55 牝3	横山武	高野	3500	7890	キャロットF	ノーザンF
17	桃8	フォラブリューテ	エピファネイア	ブルーメンブラット	55 牝3	ルメール	宮田	1600	2990	キャロットF	ノーザンF
16	桃8	サークルオブライフ	エピファネイア	シーブリーズライフ	55 牝3	Mデムーロ	国枝	5250	11,390	飯田正剛	千代田牧場
15	橙7	アネゴハダ	キズナ	イニシャルダブル	55 牝3	幸	佐々木晶	900	3930	岡浩二	サンデーヒルズ
14	橙7	プレサージュリフト	ハービンジャー	シュプリームギフト	55 牝3	戸崎圭	木村	2250	4400	サンデーR	ノーザンF
13	橙7	ラズベリームース	ルーラーシップ	ワイルドラズベリー	55 牝3	池添	林	400	1580	保坂和孝	ノーザンF
12	緑6	ベルクレスタ	ドゥラメンテ	ベルアリュールⅡ	55 牝3	吉田隼	須貝尚	1000	2920	サンデーR	ノーザンF
11	緑6	ラブリイユアアイズ	ロゴタイプ	オープンユアアイズ	55 牝3	坂井	黒岩	2300	5850	井内順之	社台F
10	黄5	ライラック	オルフェーヴル	ヴィーヴァブーケ	55 牝3	福永	相沢	2250	4400	芹澤精一	芹白牧場
9	黄5	クロスマジェスティ	ディーマジェスティ	テンザンコノハナ	55 牝3	武藤	水野	1600	2890	辻高史	藤原牧場
8	青4	スターズオンアース	ドゥラメンテ	サザンスターズ	55 牝3	川田	高柳瑞	1900	4040	社台RH	社台F
7	青4	サブライムアンセム	ロードカナロア	パストフォリア	55 牝3	岩田望	藤原英	3000	6440	サンデーR	ノーザンF
6	赤3	ウォーターナビレラ	シルバーステート	シャイニングサヤカ	55 牝3	武豊	武幸	2500	6730	山岡正人	伏木田牧場
5	赤3	ピンハイ	ミッキーアイル	レイテッド	55 牝3	高倉	田中克	1450	2800	北畑忍	ヒダカF
4	黒2	パーソナルハイ	ディープインパクト	パーソナルダイアリー	55 牝3	吉田豊	矢作	400	1180	GIレーシング	追分F
3	黒2	アルーリングウェイ	ジャスタウェイ	アルーリングライフ	55 牝3	藤岡佑	藤岡健	1600	3100	サンデーR	白老F
2	白1	カフジテトラゴン	キズナ	カフジジュエル	55 牝3	古川吉	武英	400	1140	加藤守	タイヘイ牧場
1	白1	ナムラクレア	ミッキーアイル	サンクイーンⅡ	55 牝3	浜中	長谷川	3850	8830	奈村睦弘	谷川牧場

1着⑧スターズオンアース
（7番人気）
2着⑥ウォーターナビレラ
（3番人気）
3着①ナムラクレア
（6番人気）

単⑧1450円　枠連3－4 2550円
複⑧360円　⑥220円　①400円
馬連⑥－⑧3740円　馬単⑧→⑥9050円
ワイド⑥－⑧1250円
①－⑧2100円
①－⑥1110円
3連複①⑥⑧11740円
3連単⑧→⑥→①72700円

3連単⑧→⑥→①７万2700円！

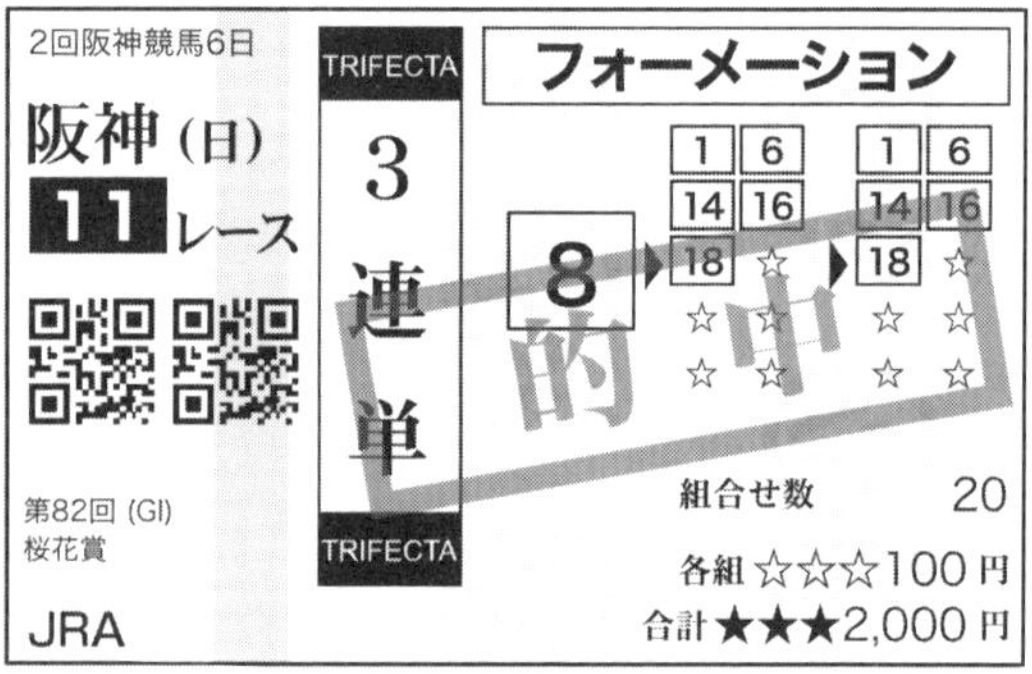

2回阪神競馬6日
阪神(日)
11レース
第82回 (GI)
桜花賞
JRA
TRIFECTA
3連単
フォーメーション
8
1 6 14 16 18
1 6 14 16 18
組合せ数 20
各組 ☆☆☆100円
合計 ★★★2,000円
的中

3連複①⑥⑧１万1740円！

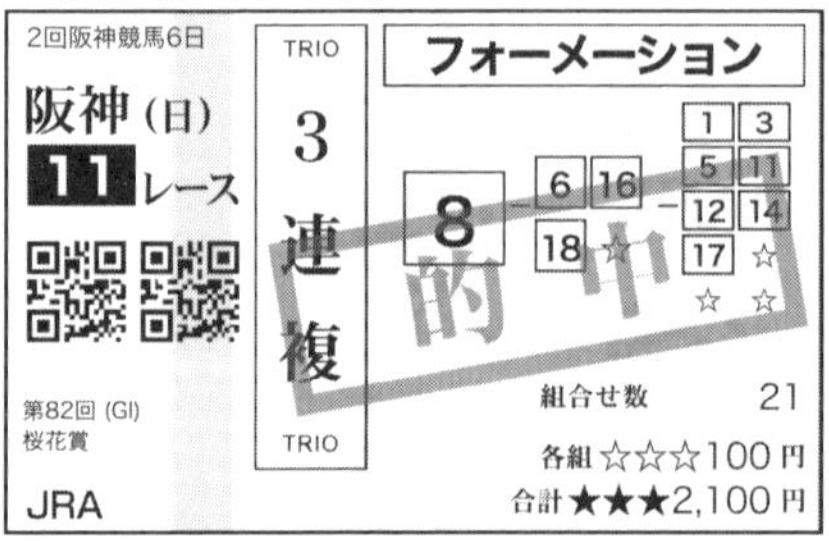

2回阪神競馬6日
阪神(日)
11レース
第82回 (GI)
桜花賞
JRA
TRIO
3連複
フォーメーション
8
6 16 18
1 3 5 11 12 14 17
組合せ数 21
各組 ☆☆☆100円
合計 ★★★2,100円
的中

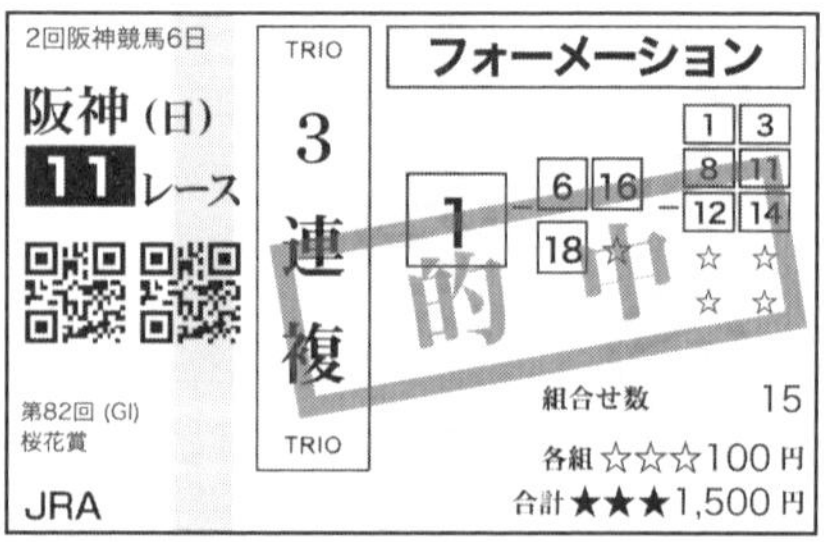

2回阪神競馬6日
阪神(日)
11レース
第82回 (GI)
桜花賞
JRA
TRIO
3連複
フォーメーション
1
6 16 18
1 3 8 11 12 14
組合せ数 15
各組 ☆☆☆100円
合計 ★★★1,500円
的中

反対にコンピ指数14位①番は、単勝6位、複勝5位と売れています。⑬番と①番との間にも、真逆の関係「X攻撃（合わせ鏡の関係）」ができ上がっているのです。

しかし⑬番は下がり過ぎです。「複勝15倍の壁」からも、馬連オッズ168倍では穴馬としては失格と判定された馬です。ここは①番のみに注目することにします。

結局、このレースは穴馬候補としては⑧番と①番にすることにしました。

レース結果は、合わせ鏡の1頭であった⑧番、スターズオンアースが中団から抜け出して1着。2着には⑧番と合わせ鏡の関係にあった⑥番、ウォーターナビレラが入り、3着にも下位ランクでの合わせ鏡の関係の①番ナムラクレアです。

つまり、1着から3着まで「X攻撃（合わせ鏡の関係）」の馬で決まりました。

3連複は①－⑥－⑧で1万1740円、3連単⑧→⑥→①で7万2700円です。中穴馬からうまく馬券を組み立てるだけで、大きな配当をGETすることが可能となるのです。

「Y攻撃」の2頭が揃って馬券に絡んで高配当を演出

今度は少し変わった動きをしていた2頭が、揃って馬券になった例を紹介してみましょう。馬の動きの形から「Y攻撃」と呼んでいます。

2022年11月13日、阪神11Rエリザベス女王杯です（P124参照）。

まずはコンピ指数のチェックです。1位⑱番は70P、46Pの馬は13位になっているので、2条件をクリアです。1位と3位もポイント差も3Pでしたので、このレースはコンピ指数から「大穴型レース」と判定されました。

レース当日朝9時半のオッズでも、馬連1番人気が12・4倍、単勝30倍未満の頭数が11頭ですから、「競馬予報」からは完全に「大穴型レース」として浮上したことになります。

馬連、単勝、複勝オッズを人気順に並び替えていきましょう。完成した表が【図F】です。

このレースには、馬連に「オッズの壁」がありません。つまり「オッズの壁」のルールから穴馬を見つけ出すのは不可能です。「突入&移動馬」のルールをクリアしている馬もいません。そこで、中穴馬を見つけ出し、そこから攻略することにしました。

コンピ指数と馬連、単勝ランクを比較してみると、ほぼ左右対称の動きをしている馬が2頭いました。コンピ指数1位の⑱番とコンピ指数7位の⑬番です。それは次のような動きです。

・⑱番＝コンピ指数1位→馬連ランク4位→単勝ランク4位
・⑬番＝コンピ指数7位→馬連ランク5位→単勝ランク5位

この2頭の動きを線で結んでみると、まるでYの字を描いているかのようです。その動きから私はこの2頭を「Y攻撃馬」と呼んでいます。

【図F】2022年11月13日・阪神11Rのコンピ指数と馬連・単勝・複勝ランク

コンピ順位	1位	2位	3位	4位	5位	6位	7位	8位	9位	10位	11位	12位	13位	14位	15位	16位	17位	18位
馬番	18	10	4	3	11	17	13	8	7	14	5	15	9	12	1	16	6	2
馬連ランク	10	11	4	18	13	3	7	8	17	5	14	9	12	15	16	2	1	6
馬連オッズ		12.4	15.7	20.6	35.5	36.7	38.5	45.8	58.5	59.7	105	163	263	314	362	363	435	456
単勝ランク	4	10	11	18	13	8	3	17	5	7	14	12	15	9	16	2	1	6
単勝オッズ	5.0	6.4	7.1	9.2	9.9	11.1	13.6	13.6	14.1	15.1	19.1	46.0	46.3	49.7	58.9	60.0	62.2	97.1
複勝ランク	4	10	11	13	18	3	17	8	7	5	14	12	9	15	1	2	16	6
複勝オッズ	2.6	2.7	2.9	3.6	3.9	4.0	4.2	4.6	4.9	5.7	6.7	9.4	10.6	12.5	15.6	16.0	16.8	22.6

オッズの壁（単勝 11位と12位の間）

複勝15倍の壁（複勝 14位と15位の間）

私はブログ上では、次のように見解を述べました。

『阪神11レース、エリザベス女王杯ですが、馬連4位に乖離差1・72倍の箇所は出現し、馬連&単勝ランク上位4頭、10・11・4・18がほぼ揃ってしまいました。複勝6倍未満の頭数が10頭と多いのですが、「オッズの壁」や「突入&移動馬」がなく、ハッキリとした穴馬が浮上してきません。

そこで中穴馬を探すことにしました。注目したのは18番と13番です。18番はコンピ指数1位から馬連、単勝4位に下落、13番はコンピ指数7位から馬連、単勝5位に上昇、Yの字を描くような感じで動いています。Xの字を描くような関係を「合わせ鏡の関係」としてその2頭に注目していますが、Yの字を描くような関係にも注意が必要です。他に目立った動きをしている穴馬候補もなく、この2頭を中穴馬として浮上させました』

⑱番と⑬番は単勝4位と単勝5位の馬です。このレースは「競馬予報」からは「大穴型レース」と判定されているレースですが、⑱番と⑬番から上位ランクとの組み合わせでは波乱にはなりません。となれば、下位ランクが絡むはずです。

馬券は馬連100倍を超えた、馬連ランク11位の⑭番から下位ランクの馬、⑨番、⑫番、⑮番、⑯番、②番、①番、⑥番へのワイド馬券の購入です。

レース結果は、「Y攻撃馬」の1頭、⑱番ジェラルディーナが1着。2、3着は同着となり、「Y攻撃」のもう1頭の⑬番ウインマリリンと下位ランク、最終オッズでは12番人気の⑮番ライラックが着を分け

●2022年11月13日・阪神11Rエリザベス女王杯(ＧＩ、芝2200m)

馬番	枠	馬名	父	母	斤量・性齢	騎手	調教師	賞金	総賞金	馬主	生産者
18	桃8	ジェラルディーナ	モーリス	ジェンティルドンナ	56 牝4	Cデムーロ	斉藤崇	6600	16,320	サンデーR	ノーザンF
17	桃8	ウインマイティー	ゴールドシップ	アオバコリン	56 牝5	和田竜	五十嵐	4000	12,510	ウイン	コスモヴューF
16	桃8	テルツェット	ディープインパクト	ラッドルチェンド	56 牝5	池添	和田郎	8050	17,010	シルクR	ノーザンF
15	橙7	ライラック	オルフェーヴル	ヴィーヴァブーケ	54 牝3	Mデムーロ	相沢	2250	5330	芹澤精一	待白牧場
14	橙7	アカイイト	キズナ	ウアジェト	56 牝5	幸	中竹	7650	20,542	岡浩二	辻牧場
13	橙7	ウインマリリン	スクリーンヒーロー	コスモチェーロ	56 牝5	レーン	手塚	12,400	29,711	ウイン	コスモヴューF
12	緑6	ルビーカサブランカ	キングカメハメハ	ムードインディゴ	56 牝5	横山和	須貝尚	4300	13,651	金子真人HD	ノーザンF
11	緑6	ナミュール	ハービンジャー	サンブルエミューズ	54 牝3	横山武	高野	5700	15,790	キャロットF	ノーザンF
10	黄5	スタニングローズ	キングカメハメハ	ローザブランカ	54 牝3	坂井	高野	12,900	27,340	サンデーR	ノーザンF
9	黄5	ウインキートス	ゴールドシップ	イクスキューズ	56 牝5	松岡	宗像	6600	19,881	ウイン	コスモヴューF
8	青4	アンドヴァラナウト	キングカメハメハ	グルヴェイグ	56 牝4	ムーア	池添学	4600	13,650	サンデーR	ノーザンF
7	青4	イズジョーノキセキ	エピファネイア	キングダンサー	56 牝5	ルメール	石坂公	5150	16,034	泉一郎	神田哲夫
6	赤3	ホウオウエミーズ	ロードカナロア	エミーズスマイル	56 牝5	丸田	池上和	3600	9775	小笹芳央	社台F
5	赤3	マジカルラグーン	ガリレオ	ナイトラグーン	54 牝3	フォーリー	ハリントン	6330	アイルランド	[illegible]	G11勝
4	黒2	デアリングタクト	エピファネイア	デアリングバード	56 牝5	松山	杉山晴	18,700	52,722	ノルマンディーTR	長谷川牧場
3	黒2	ピンハイ	ミッキーアイル	レイテッド	54 牝3	川田	田中克	2350	8040	北畑忍	ヒダカF
2	白1	ローザノワール	マンハッタンカフェ	ダノンスズラン	56 牝6	田中勝	西園正	3800	11,687	[illegible]	下河辺牧場
1	白1	クリノプレミアム	オルフェーヴル	ダンシングクイーン	56 牝5	武豊	伊藤伸	5100	13,266	栗本博晴	吉田F

1着⑱ジェラルディーナ
（4番人気）
2着⑬ウインマリリン
（5番人気）
2着⑮ライラック
（12番人気）
※2着同着

単⑱810円　枠連7－8 1410円
複⑱330円　⑬370円　⑮1160円
馬連⑬－⑱1920円　⑮－⑱15500円
馬単⑱→⑬3520円　⑱→⑮23140円
ワイド⑬－⑱1570円　⑮－⑱9180円　⑬－⑮8380円
3連複⑬⑮⑱90210円
3連単⑱→⑬→⑮206260円　⑱→⑮→⑬289250円

ワイド⑮－⑱9180円！

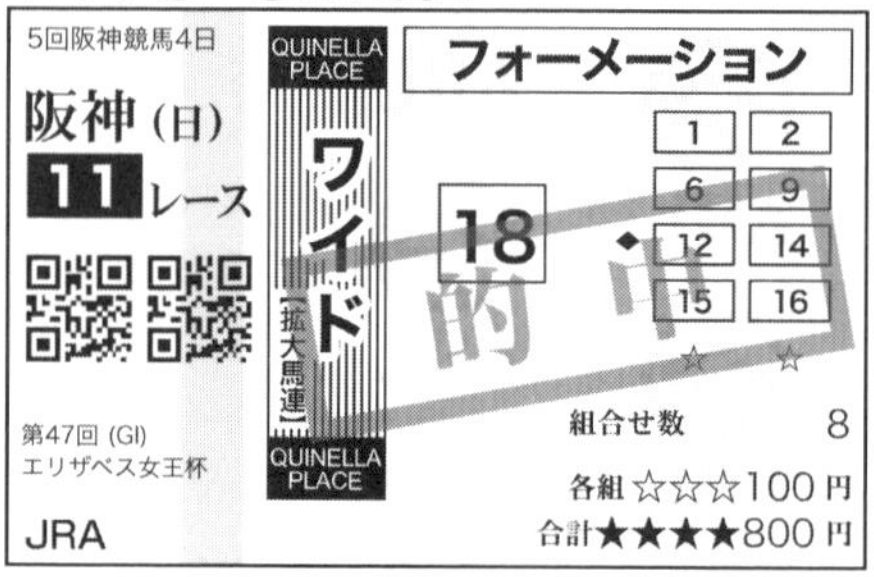

5回阪神競馬4日
阪神(日)
11 レース
第47回 (GI)
エリザベス女王杯
JRA
QUINELLA PLACE
ワイド
[拡大馬連]
フォーメーション
18
1 2 6 9 12 14 15 16
的中
組合せ数 8
各組 ☆☆☆100円
合計★★★★800円

ワイド⑬－⑮8380円！

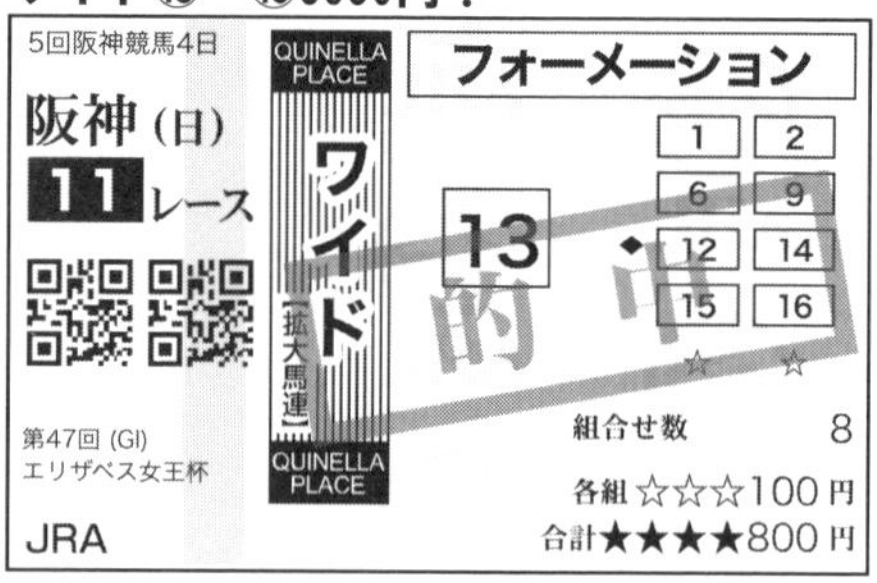

ました。

ワイド馬券、⑮－⑱9180円、⑬－⑮8380円の的中です。

しかし反省しなければならない点がひとつあります。下位ランクで馬券に絡んだ⑮番ですが、「複勝15倍の壁」の前の1頭だったのです。

「大穴型レース」として判定されたレースで、ハッキリとした穴馬候補が浮上しないケースでは、「複勝15倍の壁」の前の2頭に注意するということを忘れていたのです。

3連複⑬－⑮－⑱は9万2210円でしたので、逃がした魚は大きかったです……。

「稲妻落とし馬（Z攻撃馬）」が馬券に絡み高配当を演出

次は2022年4月3日、阪神11R大阪杯です（P127参照）。2章P47～で、超1番人気の判定方法のところで紹介したレースです。

コンピ指数1位は⑥番で88P。レース当日9時半のオッズは、単勝1・7倍、複勝1・2倍とまったく問題のないオッズ、すなわち信用できる1番人気の顔をしているわりには、⑥番からの3連複馬券は売れてなく、⑥番に危険信号が灯っていたレースでした。

馬連、単勝、複勝オッズを人気順に並び替え、ひとつの表にまとめると【図G】のようになりました。「超1番人気に不安材料あり」と判定されたのですから、中穴馬を見つけ出せば高配当馬券になるはずです。

そこでコンピ指数と馬連、単勝、複勝ランクとの比較です。

コンピ指数10位の⑧番に注目してください。馬連ランクでは6位に上昇し、単勝では9位に下落、そして複勝では6位に上昇しています。この動きを線で結ぶと、まるで稲妻のような「Zの字」を描いて動いていきます。⑧番は馬券発売前の仮想オッズでは8番人気、馬連を購入している層には6番人気、単勝を購入している層には9番人気、複勝を購入している層には6番人気と、人気がバラバラになっています。

このような動きをしている馬は「稲妻落とし馬（Z攻撃馬）」と呼び、穴馬候補として注目しています。

レース結果はどうだったでしょうか。「競馬予報」の通り、超1番人気に推された⑥番エフフォーリアは9着と馬群に沈み、1着は「稲妻落とし馬（Z攻撃馬）」の⑧番ポタジェです。2着には3番人気の⑭番レイパパレ、3着⑨番アリーヴォと続き、しっかり3連複馬券をGETすることに成功しました。

3連複は5万990円の高配当。⑧番を1着に固定し、上位ランクへ流すことができれば、3連単53万7590円馬券GETも難しくありません。コンピ指数は「競馬予報」のスタート地点になるばかりではなく、大穴馬や中穴馬を見つけ出すときにも非常に役に立つ数値なのです。

【図G】2022年４月３日・阪神11Rのコンピ指数と馬連・単勝・複勝ランク

コンピ順位	1位	2位	3位	4位	5位	6位	7位	8位	9位	10位	11位	12位	13位	14位	15位	16位
馬番	6	4	14	13	10	7	5	9	2	8	11	16	3	12	1	15

馬連ランク	6	4	14	5	10	8	13	9	7	11	2	15	3	1	16	12
馬連オッズ		3.0	7.0	12.8	13.3	24.9	25.5	26.4	36.5	40.1	63.5	90.3	135	138	226	339

オッズの壁

単勝ランク	6	4	14	5	10	13	9	7	8	11	15	2	16	3	1	12
単勝オッズ	1.7	3.7	8.8	16.2	24.9	31.7	35.4	40.9	42.8	53.9	55.5	72.0	109	119	124	199

オッズの壁

複勝ランク	6	4	14	5	10	8	13	9	7	11	15	2	1	3	16	12
複勝オッズ	1.2	2.0	3.5	4.1	6.6	7.2	8.2	8.3	9.1	11.1	14.3	15.6	20.9	24.2	25.4	36.0

●2022年４月３日・阪神11Ｒ大阪杯（ＧⅠ、芝2000m）

16	桃8	ディープインパクト	マカヒキ	ウィキウィキ(中) 鹿毛	57 牡9	岩田望	友道	13,000	59,771	金子真人HD	ノーザンF	……		2240① 東1459⑥ 東1576⑩ 阪2129⑪	5東 11月28日 ⑧ジャパン14 GⅠ 15ト18頭 2265 57藤岡康 S⑭⑯⑮ 508 人気12 後方まま 11¼ 393中349 コントレイル 2247 1.8	1阪 2月13日 ②京都記念11 GⅡ 12ト13頭 三内2133 57岩田望 S⑪⑫⑬ 512 人気9 後方まま 8½ 370中345 アフリカンゴー 2119 1.4
15	桃8	ステイゴールド	アフリカンゴールド	ブリクセン(中) 栗毛	57 騸7	国分恭	西園正	6300	16,775	ゴドルフィン	ダーレー・ジャパンF	……		2254② 阪1469⑩ 東1592④ 2119①	1中京 1月16日 ⑥日経新春5 GⅡ 7ト16頭 2126 55国分恭 S③②② 468 人気12 先行一息 5¼ 362中359 ヨーホーレイク 2117 0.9	1阪 2月13日 ②京都記念1 GⅡ 11ト13頭 三内2119 56国分恭 S①①① 468 人気12 逃切る 1¼ 360内345 タガノディアマ 2121 0.2
14	橙7	ディープインパクト	レイパパレ	シェルズレイ(中) 鹿毛	55 牝5	川田	高野	12,550	29,780	キャロットF	ノーザンF	注 ▲ 注 △ △ ▲	2	阪 ① ① ② 阪 ③	12月12日 香港カップ6 GⅠ 良12頭 2014 555スミヨン S⑧⑦⑧ シャティン 434 香港 中位まま 4¾ ラヴズオンリー 2006 0.8	2中京 3月13日 ②金鯱賞2 GⅡ 10ト13頭 1576 56川田 M④④④ 430 人気2 好位伸 2½ 363中346 ジャックドール 1572 0.4
13	橙7	ロードカナロア	キングオブコージ	ファイノメナ(輸) 鹿毛	57 牡6	横山典	安田翔	8350	19,160	増田和啓	白老F	◎ △ ▲ △		阪1335② 阪1482⑪ 2001⑤ 中2127①	6中京 12月11日 ③中日新聞5 GⅢ 16ト18頭 2001 57横山典 S③④④ 504 人気4 好位一息 1¼ 369中349 ショウナンバル 1598 0.3	1中 1月23日 ⑧AJCC1 GⅡ 1ト14頭 三外2127 56横山典 S⑬⑫⑧ 496 人気3 直線一気 1¼ 381外347 マイネルファン 2129 0.2
12	緑6	キングズベスト	ショウナンバルディ	パノヴィナ(父) 黒鹿	57 牡6	坂井	松下	5250	15,790	国本哲秀	木村牧場	……		2270⑨ 阪1463③ 1580⑥ 2135⑫	1中京 1月16日 ⑥日経新春12 GⅡ 11ト16頭 2135 57坂井 S②②② 458 人気7 絶好バテ 10¾ 362中368 ヨーホーレイク 2117 1.8	2中京 3月13日 ②金鯱賞6 GⅡ 1ト13頭 1580 56岩田康 M⑩⑨⑦ 454 人気11 内々回る 5¼ 373内346 ジャックドール 1572 0.8
11	緑6	キズナ	ステラリア	ポリネイター(父) 黒鹿	55 牝4	福永	斉藤崇	3700	7420	社台RH	白老F	△ △		東1336⑥ 京1475① 阪1580① 阪2124②	5阪 11月14日 ④エリザベス2 牝GⅠ 5ト17頭 三内2124 54松山 H⑧⑧⑨ 490 人気7 中位伸 2身 355外361 アカイイト 2121 0.3	2中京 3月13日 ②金鯱賞11 GⅡ 11ト13頭 1584 54Mデムーロ M⑥⑦⑦ 498 人気6 中位一杯 7¾ 367外350 ジャックドール 1572 1.2
10	黄5	ハーツクライ	ヒシイグアス	ラリズ(輸) 青鹿	57 牡6	池添	堀	12,180	27,750	阿部雅英	ノーザンF	△ △ △ △東		中1449① 東1587⑤	12月12日 香港カップ2 GⅠ 良12頭 2006 57モレイラ S⑫⑪⑩ シャティン 485 香港 外伸る アタマ ラヴズオンリー 2006 0.0	3ヵ月半 放牧 乗込み3週間 仕上り○ 連対体重 485～498 3ヵ月以上休 ①②③外 1202
9	黄5	ドゥラメンテ	アリーヴォ	エスメラルディーナ(中) 鹿毛	57 牡4	武豊	杉山晴	4550	9540	シルクR	ノーザンF	注 注	3	⑦ 小 ① 小 ① ③	1小 1月15日 ①壇之浦1 3勝 6ト12頭 天1462 55吉田隼 S⑦⑥⑥ 500 人気1 G前差す アタマ 374中344 イルマタル 1462 0.0	2小 2月20日 ④小倉大賞1 GⅢ 16ト16頭 天1492 54横山和 S⑨⑧⑧ 502 人気1 中位抜出 1¾ 385中353 ランブリングア 1495 0.3
8	青4	ディープインパクト	ポタジェ	ジンジャーパンチ(中) 鹿毛	57 牡5	吉田隼	友道	4600	15,800	金子真人HD	ノーザンF	注 ◎ △ △	1	東 0③ 小1 8① 中2 1⑤	1中 1月23日 ⑧AJCC5 GⅡ 6ト14頭 三外2131 56川田 S⑦⑩⑧ 474 人気2 中位差詰 2¾ 374中354 キングオブコー 2127 0.4	2中京 3月13日 ②金鯱賞4 GⅡ 5ト13頭 1580 56吉田隼 M⑫⑫⑫ 466 人気4 後方追上 5身 374外342 ジャックドール 1572 0.8
7	青4	スクリーンヒーロー	ウインマリリン	コスモチェーロ(輸) 栗毛	55 牝5	松岡	手塚	12,400	27,911	ウイン	コスモヴューF	△ △ △ △東		2245② 中1510⑤ 東1587① 阪2107④	5阪 11月14日 ④エリザベス16 牝GⅠ 9ト17頭 三内2147 56横山武 H③③③ 472 人気3 好位バテ 16身 347中389 アカイイト 2121 2.6	4ヵ月半 放牧 乗込み5週間 仕上り○ 連対体重 450～476 3ヵ月以上休 ①②③外 2001
6	赤3	エピファネイア	エフフォーリア	ケイティーズハート(父) 鹿毛	57 牡4	横山武	鹿戸雄	34,800	69,510	キャロットF	ノーザンF	○ ○ ○ ◎ ◎ ◎東	9	② 東 ① 東 ① ①	5中 12月26日 ⑧有馬記念1 GⅠ 10ト16頭 2320 55横山武 H⑨⑧⑤ 516 人気1 中位抜出 ¾身 374中359 ディープボンド 2321 0.1	3ヵ月余 放牧 乗込み4週間 仕上り○ 連対体重 504～516 3ヵ月以上休 ①②③外 3000
5	赤3	キズナ	アカイイト	ウアジェト(中) 青鹿	55 牝5	幸	中竹	7650	20,542	岡浩二	辻牧場	△ △ △ △ △ 注		1224④ 東1461⑦ 1578③ 阪2121①	5中 12月26日 ⑧有馬記念7 GⅠ 13ト16頭 2331 55幸 H⑫⑬⑬ 516 人気6 後方差詰 6¾ 379外366 エフフォーリア 2320 1.1	2中京 3月13日 ②金鯱賞3 GⅡ 6ト13頭 1578 55幸 M⑦⑤⑤ 512 人気5 中位伸 3¾ 368中347 ジャックドール 1572 0.6
4	黒2	モーリス	ジャックドール	ラヴァリーノ(父) 栗毛	57 牡4	藤岡佑	藤岡健	7150	14,570	前原敏行	クラウン日高牧場	▲ ◎ ▲ ○ ○ ○		1572①	1東 1月29日 ①白富士1 L 4ト14頭 1574 55藤岡佑 S①①① 508 人気1 逃切る 1½ 359内347 アドマイヤハダ 1576 0.2	2中京 3月13日 ②金鯱賞1 GⅡ 3ト13頭 1572 56藤岡佑 M①①① 506 人気1 逃切る 2½ 357内346 レイパパレ 1576 0.4
3	黒2	オルフェーヴル	ヒュミドール	アヴェクトワ(中) 鹿毛	57 騸6	Mデムーロ	小手川	4000	10,225	サンライズ	宮内牧場	東		2253⑩ 東1456⑥ 小1598② 新2145⑥	2福 11月14日 ④福島記念2 GⅢ 12ト16頭 1598 55吉田豊 H⑥⑥⑥ 468 人気6 中位伸 4身 365中356 パンサラッサ 1592 0.6	2中 2月27日 ②中山記念6 GⅡ 4ト16頭 1477 56Mデムーロ H⑭⑬⑬ 472 人気5 後方差詰 7½ 379中365 パンサラッサ 1464 1.3
2	白1	ディープインパクト	レッドジェネシス	リュズキナ(父) 鹿毛	57 牡4	藤岡康	友道	4700	9507	東京HR	ノーザンF	△ △ 初▲ B△		2236① 阪1470④ 東2008⑥ 2112①	4阪 10月24日 ⑥菊花賞13 GⅠ 5ト18頭 3063 57川田 S⑰⑰⑯ 494 人気1 後方まま 10¾ 383外351 タイトルホルダ 3046 1.7	1阪 2月13日 ②京都記念13 GⅡ 10ト13頭 三内2138 56藤岡康 S⑬⑥⑨ 502 人気2 中位一杯 11½ 374中356 アフリカンゴー 2119 1.9
1	白1	ハーツクライ	スカーフェイス	スプリングサンダー(輸) 鹿毛	57 牡6	岩田康	橋田	3250	8366	伊藤佳幸	グランド牧場	……		阪1338① 阪1484② 東1589⑦ 阪2170④	1中 1月5日 ①中山金杯2 GⅢ 17ト17頭 2005 54石橋脩 S⑨⑧⑨ 464 人気7 G前鋭い 2½ 385外355 レッドガラン 2001 0.4	2小 2月20日 ④小倉大賞5 GⅢ 6ト16頭 天1497 55団野 S⑬⑮⑬ 462 人気5 後方追上 3身 389中355 アリーヴォ 1492 0.5

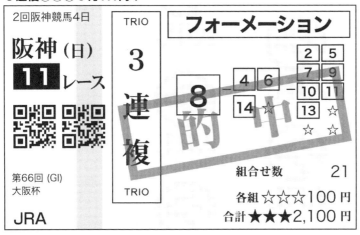

1着⑧ポタジェ
（8番人気）
2着⑭レイパパレ
（3番人気）
3着⑨アリーヴォ
（7番人気）

単⑧5870円　枠連4－7 4790円
複⑧1140円　⑭420円　⑨1240円
馬連⑧－⑭10980円　馬単⑧→⑭39630円
ワイド⑧－⑭1990円　⑧－⑨7110円　⑨－⑭3160円
3連複⑧⑨⑭50990円
3連単⑧→⑭→⑨537590円

３連複⑧⑨⑭５万990円！

2回阪神競馬4日
阪神（日）
11 レース
TRIO 3連複 TRIO
フォーメーション
8 － 4 6 14 － 2 5 7 9 10 11 13
的中
組合せ数 21
各組☆☆☆100円
合計★★★2,100円
第66回 (GI)
大阪杯
JRA

point

大谷式馬券の組み立て方②

「大穴型」レースでは、下位ランクの馬に要注意！

馬連ランク５～８位から浮上した穴馬候補は、上位ランクとの３連複馬券が基本となります。なぜなら、馬連やワイド馬券では50倍を超えるような配当が期待できないからです。

中穴から馬券を組み立てる場合に、忘れていけない点があります。大谷式オッズ馬券で中穴馬から狙うレースは､そのほとんどが「競馬予報」では「大穴型レース」や「準大穴型レース」と判定されているものの、ハッキリとした穴馬候補が浮上してこないレースです。このようなレースは、レース判定からは穴馬が台頭する可能性があるので、下位ランクの馬に注意しなければなりません。

P 124で紹介したエリザベス女王杯も、コンピ指数や９時半のオッズからは完全な「大穴型レース」として浮上していたレースです。結果的に、中穴馬である⑬番と⑱番からの馬券を組み立てることになったのですが、私は下位ランクとの組み合わせのワイド馬券を選択しました。

結果、中穴候補の⑬番と⑱番は３連系の馬券に絡みましたが、もう１頭がなんと12番人気の⑮番だったのです。下位ランクとのワイド馬券を購入していなければ、せっかく中穴馬を見つけ出しても高額の払い戻しを受けることができなかったのです。

「競馬予報」は穴馬を見つけ出す第一歩となるだけではなく、馬券の買い方にも大きな影響を与えるものです。

５～８番人気の中穴馬から馬券を組み立てる場合、上位ランクとの組み合わせだけで済ませてしまう人がいるかと思います。人間心理としては、穴馬を見つけると、馬券の組み合わせは「中穴馬→本命馬」という図式で購入してしまう人が多いものです。

「競馬予報」で「中穴型」と判定されているレースであれば、その買い方は否定しませんが､「大穴型レース」と判定されているレースでは、波乱になる可能性が高いのです。だから常に波乱になることを考え、それに見合った買い方をする必要があります。

第6章

＜投資1＞

的中馬券から知る高配当攻略のツボ

「複勝15倍の壁」の前の馬が激走したパターン①

この章では、日刊コンピ指数や当日朝9時半のオッズなどを使い、多角的な分析をした結果、しっかりと的中馬券をGETすることに成功したレースをパターン別に紹介します。実践で高配当馬券を手にするまでの過程を、的中馬券と一緒にていねいに説明していこうと思います。

まずは2022年10月9日、阪神12Rです（P134参照）。

レース検討をする第一歩は「競馬予報」。そのスタートラインがコンピ指数です。最初はコンピ指数のチェックから始めます。

コンピ指数1位は④番で75Pでした。80P以下が大穴型レースの基準値なので、まずはクリアです。

次にチェックするのは、46Pの馬がどこにランクされているかです。11位以下にいたら合格となります。46Pの馬をチェックすると14位にいるので、こちらも合格です。

3つめのチェックポイントは、1位と3位のポイント差が14P以下であるかどうかです。1位④番のポイントは75P、3位⑩番のポイントは62P。75－62＝13Pで、14P以下なのでクリアです。

つまり、このレースはコンピ指数からは「大穴型レース」のすべての条件をクリアし、波乱になる可能性の高いレースとして浮上しました。

次の「競馬予報」は、レース当日9時半のオッズのチェックです。チェック項目は2つ、馬連1番人気が9倍を超えているか、単勝30倍未満の頭数が10頭以上いるかです。

馬連1番人気は④－⑩10・1倍なので合格です。単勝30倍未満の頭数も11頭で、こちらも合格です。

このレースは、コンピ指数、そしてレース当日9時半のオッズから、「大穴型レース」と判定されました。「競馬予報」で「大穴型レース」と判定されたら、次は高配当馬券を演出する穴馬を探し出す作業へと移ります。

まずは馬連ランクを人気順に並び替えていく作業です。このレースの馬連1番人気は④－⑩です。④番と⑩番の単勝オッズを調べてみると、④番は3・0倍、⑩番は8・5倍となっていたので、馬連の軸は④番ということになります。

あとは④番絡みの馬連オッズを抜き出し、それを人気順に並び替えていきます。④－⑩で10・1倍、④－⑪で13・4倍、④－⑯で17・3倍……と続いていました。

単勝や複勝オッズも同じように人気順に並び替えます。複勝オッズは第1章でも申し上げた通り、上限の数値を採用します。「2・3〜3・3」というオッズでしたら「3・3」です。

単勝ランクですが、もし単勝オッズが同じ数値の場合は、複勝オッズの上位ランクの馬を上位ランクとします。つまり、

・A馬　単勝5・6倍　複勝2・4倍
・B馬　単勝5・6倍　複勝2・5倍

のケースなら、A馬を上位ランクとします。

複勝では上限の数値が対象ですが、上限が同じオッズの場合は、下限の数値が低い馬を上位ランクとします。

・A馬　複勝2・3〜2・7倍

【図A】2022年10月9日・阪神12Rのコンピ指数と馬連・単勝・複勝ランク

コンピ順位	1位	2位	3位	4位	5位	6位	7位	8位	9位	10位	11位	12位	13位	14位	15位	16位
馬番	4	11	10	16	5	9	2	15	3	6	14	12	8	13	1	7

馬連ランク	4	10	11	16	2	15	5	6	9	3	12	14	8	13	1	7
馬連オッズ		10.1	13.4	17.3	17.4	21.9	29.9	36.6	36.8	49.5	63.3	75.6	101	155	178	252

単勝ランク	4	15	10	11	16	2	6	8	9	5	3	14	12	13	1	7
単勝オッズ	3.0	6.1	8.5	8.8	10.8	11.8	14.1	17.2	18.4	20.9	29.7	37.3	51.0	61.7	81.4	101

複勝ランク	16	15	10	4	11	9	2	6	5	3	14	12	13	8	1	7
複勝オッズ	2.3	2.8	2.9	2.9	3.1	4.3	4.7	5.1	5.7	7.0	7.0	8.7	9.1	9.8	12.9	18.6

複勝6倍の壁　　複勝15倍の壁

・B馬　複勝2・2～2・7倍

　このケースでは、どちらも複勝オッズは（上限の）2・7倍となりますが、下限の数値を比較するとA馬は2・3倍、B馬は2・2倍ですので、B馬が上位ランクとなります。

　馬連、単勝、複勝オッズを人気順に並び替え、一番上の段にはコンピ指数を指数順に書き、ひとつの表にまとめたものが【図A】となります。

　まずチェックするのは、馬連に「オッズの壁」があるかどうかです。このレースの馬連には「オッズの壁」がありません。つまり「オッズの壁」からの浮上馬はなしということになります。ちなみに単勝ランクに「オッズの壁」があっても、穴馬としては浮上させません。

　次にチェックするのが、コンピ指数や馬連と単勝、複勝ランクとの比較です。5ランク以上、上昇している馬を「突入&移動馬」と呼び、穴馬候補として浮上させます。

　残念ながら、このレースには見当たりません。コンピ指数8位の⑮番が単勝2位、複勝2位に上昇していますが、⑮番は馬連6位ですから穴馬ではありません。

「突入&移動馬」のルールからの浮上馬はなしとなります。

次は「複勝6倍の壁」です。「複勝6倍の壁」とは複勝オッズを人気順に並び替え、初めて複勝オッズが6倍以上になった箇所をいいます。6・0倍ジャストも含むので、複勝オッズが、

A馬＝4・5倍　B馬＝5・6倍　C馬＝5・9橋　D馬＝6・0倍　E馬＝6・3倍……

と並んでいたら、「複勝6倍の壁」からの浮上馬はB馬とC馬となります。C馬とD馬ではありません。

さて、このレースの「複勝6倍の壁」は、複勝ランク9位の箇所であることがわかります。その前の2頭を穴馬候補として注目するのがルールです。⑥番と⑤番です。しかし⑥番と⑤番は馬連ランクでは7位と8位の馬です。「複勝6倍の壁」から浮上した穴馬候補が、馬連ランク8位以内のケースでは、それは穴馬候補とはいえません。

つまり、このレースでは「複勝6倍の壁」から浮上した穴馬候補はなしということになってしまいました。

困りました……。「オッズの壁」「突入&移動馬」「複勝6倍の壁」から穴馬候補が見つかりません。しかし、このレースは「競馬予報」からは「大穴型レース」と判定されたレースです。

そこで登場するのが「複勝15倍の壁」です。穴馬の見つけ方は「複勝6倍の壁」と同じで、複勝オッズが15倍を超えている箇所を差します。この場合も「複勝6倍の壁」と同じく、複勝15倍ジャストを含みます。つまり「複勝15倍の壁」から浮上する穴馬候補は複勝14・9倍以下ということになります。

このレースでは複勝15位に「複勝15倍の壁」があることがわかります。その前の2頭が穴馬候補となるので⑧番と①番です。

このルールから浮上した穴馬候補は、超人気薄のケースがほとんどです。ワイド馬券でも結構は配当

●2022年10月９日・阪神12R（３歳上２勝クラス、ダ1200m）

馬番	枠	馬名	父	母	毛色・斤量・性齢	騎手	厩舎	賞金	総賞金	馬主	生産者	予想印	持ち時計	上がり・騎手成績	コース成績	前々走	前走
16	桃8	キッショウ	キンシャサノキセキ	ルージュノアール 1勝	鹿 49 牝3	★今村	奥村豊	900	2263	ニッシンHD	チャンピオンズF	◎ ○ 注 注	1092⑦ 新ダ1105① 阪芝1229④	三ダ36.7① 2010	0010 0021	2新 7月31日 ② 三上 1 1勝 3ト15頭 三ダ1105 49今村 M③②② 420 人気5 先行抜出 クビ 338中367 メイショウヒヅ 1106 0.1	5中京 9月25日 ⑦ 三上 3 2勝 6ト16頭 三ダ1123 49今村 M③③③ 426 人気1 好位粘る 4¼ 348中375 フルム 1116 0.7
15	桃8	テーオーダヴィンチ	ダイワメジャー	シークレットジプシー	栗 57 牡4	替菱田	岡田	900	1990	小笹公也	社台F	△ △ △ 注 △ △	1352① 中京ダ1250⑧ 中京ダ1471⑭	中京ダ37.4② 0001	0104 初コース	3中京 5月21日 ⑤ 四上 8 2勝14ト16頭 中京ダ1250 57西村淳 H⑦⑦⑦ 488 人気8 中位まま 7身 352中380 メイショウオー 1238 1.2	4ヵ月半 放牧 乗込み4週間 仕上り○ 連対体重 490～502 3ヵ月以上休 ①②③外 1101
14	橙7	ゴールドフィンガー	サウスヴィグラス	アンティフリーズ 3勝	栗 55 牝4	水口	岡田	900	3098	山上和良	前谷武志	△ △	函ダ58.9① 中京ダ1115❷ 中京ダ1247❷ 中京芝1082③	千ダ35.7① 2516	0015 0203	1札 7月30日 ③ おおぞら 10 2勝 5ト12頭 千ダ59.8 55水口 H①①② 474 人気2 先争遅く 5¾ 345内366 テンテキセンセ 589 0.9	2札 8月21日 ④ 13 2勝10ト16頭 1110 55水口 H③③③ 484 人気15 先行一杯 4½ 342内368 モンファボリ 1102 0.8
13	橙7	フォックススリープ	カレンブラックヒル	キャンドルアイス 1勝	鹿 57 騸4	替松田	(美)武井	900	1946	石瀬浩三	ラツキー牧場	B 東	三ダ1193① 中ダ1107❷ 東ダ1252❽ 中京ダ1475⑨	中京ダ36.9② 初騎乗	0005 初コース	3中京 5月28日 ⑦ 四上 15 2勝 7ト16頭 三ダ1126 57富田 M⑤⑦⑦ 482B 人気14 中位一杯 8¾ 351中375 アシタバ 1111 1.5	4中 9月11日 ② 三上 12 2勝13ト15頭 三ダ1115 57岩田康 H⑤④④ 474B 人気11 直線不利 3¾ 338中377 プレフェリータ 1108 0.7
12	緑6	メイショウカイト	ラブリーデイ	デンコウデア 3勝	黒鹿 55 牡4	団野	荒川	900	2500	松本好雄	村下明博	△	三芝1092② 新ダ1116③ 中京ダ1259② 中京ダ1474❽	三ダ36.5① 2211	0000 2110	6阪 12月11日 ③ 三上 1 1勝10ト13頭 三ダ1124 54団野 M④④④ 444 人気1 好位差切 クビ 359中365 シゲルリジ 1124 0.0	10ヵ月休 放牧 乗込み4週間 仕上り○ 連対体重 434～444 3ヵ月以上休 ①②③外 0011
11	緑6	ウォームライト	パイロ	ジェントルヴァウ 2勝	青鹿 55 牡3	替藤岡佑	四位	900	1500	窪田芳郎	ノーザンF	▲ ○ ○ ◎ △	小ダ5[illegible]1① 阪ダ1[illegible]2④ 東ダ1[illegible]2④	千ダ34.8① 1003	0000 1002	2東 4月24日 ② 4 1勝 9ト16頭 東ダ1252 56藤岡佑 H③⑤③ 494 人気5 好位一息 6½ 351中382 レッドゲイル 1242 1.0	3小 7月24日 ⑧ 三上 1 1勝 7ト12頭 千ダ58.1 54福永 H⑧⑥⑤ 500 人気1 直線抜出 1¼ 345外348 サエールフェイ 583 0.2
10	黄5	メイショウヒヅクリ	ディーマジェスティ	サーリセルカ 未勝	黒鹿 50 牝3	▲角田河	角田	900	2376	松本好雄	富田牧場	△ ◎ △ ▲	小ダ58.8② 新ダ1106② 阪芝1380⑬	千ダ35.8② 1300	0000 1100	2新 7月31日 ② 三上 2 1勝 1ト15頭 三ダ1106 49角田河 M①①① 474 人気3 逃粘る クビ 338内368 キッショウ 1105 0.1	5中京 9月17日 ③ 三上 1 1勝 1ト14頭 三ダ1116 50角田河 M①①① 464 人気2 逃切る 4身 351内365 ミロワール 1122 0.6
9	黄5	サウンドサンビーム	ヘニーヒューズ	ハートアンドハート 1勝	黒鹿 57 牡5	鮫島駿	安達	900	1654	増田雄一	三嶋牧場	△ △ △	函ダ59.0⑥ 中京ダ1113❹ 阪ダ1252⑦ 中京ダ1500⑩	千ダ35.3⑥ 0102	0109 0201	3中京 5月28日 ⑦ 四上 12 2勝13ト16頭 三ダ1125 57鮫島駿 M⑨⑪⑨ 484 人気2 中位一杯 8身 356外369 アシタバ 1111 1.4	4ヵ月余 放牧 乗込み3週間 仕上り○ 連対体重 464～486 3ヵ月以上休 ①②③外 0104
8	青4	エスシーミホーク	ストロングリターン	ファンキートット 未勝	鹿 57 騸5	酒井	辻野	900	2320	工藤圭司	三宅正弘		小ダ[illegible]③ [illegible]❼ [illegible]⑩ 阪芝[illegible]⑭	千ダ34.5③ 0002	0019 0005	4中京 6月12日 ④ 8 2勝 9ト16頭 三ダ1125 57酒井 M⑮⑬⑫ 476 人気11 出遅る 10½ 353外372 ベプチドヤマト 1108 1.7	5中京 9月10日 ❶ 三上 7 2勝 4ト16頭 三ダ1105 57酒井 M⑮⑮⑭ 472 人気13 出遅る 8身 352外353 ラインガルーダ 1091 R 1.4
7	青4	ペイシャリルキス	トランセンド	ゲイリークインビー 3勝	鹿 57 騸6	替荻野極	(美)本間	900	3038	北所直人	清水S	東	札ダ1011④ 中ダ1109❺ 東ダ1242❻ 東ダ1387④	中京ダ34.7❸ 初騎乗	0009 初コース	4中京 6月4日 ① 三上 13 2勝 3ト16頭 中京ダ1255 57松田 S⑮⑮⑯ 492 人気15 後方まま 9½ 371中361 ジレトール 1239 1.6	3新 8月27日 ⑤ 7 2勝 1ト15頭 三ダ1122 57武士沢 M⑩⑩⑩ 496 人気13 S後競く 6¼ 352中370 メズメライザー 1112 1.0
6	赤3	ヨッシーフェイス	サウスヴィグラス	ホワイトカーニバル 2勝	芦 53 牡4	替★永島	寺島	900	1700	STレーシング	グランド牧場	△ △	小[illegible]⑥ 阪ダ[illegible]①	千ダ35.3⑥ 初騎乗	0002 1111	3阪 6月26日 ④ リボン賞 11 2勝 1ト16頭 三ダ1138 57今村 M②⑦⑦ 496 人気5 中位一杯 6¾ 355内383 アッティーヴォ 1126 1.2	4小 8月20日 ③ 三上 6 2勝 1ト14頭 千ダ58.6 53今村 H⑨⑧⑨ 498 人気3 内々回る 3¼ 347内353 クロデメニル 581 0.5
5	赤3	スカーレットジンク	ミッキーアイル	ティンクルチャーミー 1勝	芦 57 牡4	替坂井	宮	900	2124	フォーレスト	フジワラF	△ ▲ ▲ △ △ ◎	1351① 中京ダ1099❷ 阪ダ1238❻ 中京ダ1476⑨	三ダ35.3❷ 初騎乗	0102 初コース	3小 7月3日 ② 西部スポ 9 2勝 6ト12頭 中京ダ1476 57藤岡康 S②②② 456 人気5 先行一杯 9¼ 381中382 ディバッセ 1460 1.6	5中京 9月10日 ❶ 三上 2 2勝 5ト16頭 三ダ1099 54角田河 M⑩⑨⑧ 456 人気12 中位伸 5身 346内353 ラインガルーダ 1091 R 0.8
4	黒2	クレア	ビッグアーサー	バルビーナ 1勝	鹿 53 牝3	横山典	飯田祐	900	1470	中辻明	バンブー牧場	○ 注 注 ◎ ▲ ○	中京ダ1094❶ 三芝1076⑦	三ダ35.0❶ 2002	0000 1000	3小 7月23日 ⑦ 7 1勝10ト17頭 1076 52横山典 M⑱⑨⑦ 516 人気4 出遅る 4身 337中339 マッドクール 1069 0.7	5中京 9月10日 ❶ 三上 1 1勝 5ト11頭 三ダ1094 53横山典 M①②② 518 人気2 先行楽勝 5身 344中350 メイショウサト 1102 0.8
3	黒2	ロードサージュ	ダイワメジャー	リラコサージュ 2勝	栗 57 牡4	川須	庄野	900	2226	ロードHC	ケイアイF	△ ◎ △ △ △	阪ダ1120❷ 阪ダ1269③ 中京芝1376⑬	三ダ36.1❷ 1103	0101 2206	3阪 6月26日 ④ リボン賞 2 2勝14ト16頭 三ダ1128 57川須 M⑧⑧⑥ 454 人気14 直線伸 1¼ 356外372 アッティーヴォ 1126 0.2	3ヵ月余 放牧 乗込み5週間 仕上り○ 連対体重 440～456 3ヵ月以上休 ①②③外 0004
2	白1	エクサープト	シニスターミニスター	アカカホール 未勝	栗 53 牝3	替岩田望	石坂公	900	2296	水上行雄	笠松牧場	注 △ ▲ ○ B△	小ダ58.4① 中ダ1108❸ 中京ダ1250❸ 中京芝1120⑧	千ダ35.5① 1000	0010 1102	3小 7月17日 ⑥ 三上 1 1勝 4ト14頭 千ダ58.4 52岩田望 H①①① 480B 人気2 逃切る 1¼ 343内355 ナフイロノオト 586 0.2	4中 9月18日 4 3 2勝 5ト15頭 三ダ1108 53石橋脩 M②①① 486B 人気10 逃粘る 1½ 339内369 エリモグリッタ 1105 0.3
1	白1	ショウナンバサロ	スウェプトオーヴァーボード	レディトリス 1勝	芦 56 牡4	替☆泉谷	吉村	900	1317	国本哲秀	上水牧場		1088⑩ 阪ダ1115⑫ 中京ダ1259⓫ 中京芝1274⑭	36.1⑩ 初騎乗	0006 1002	3中京 5月14日 ❸ 四上 16 2勝 9ト16頭 三ダ1136 57藤懸 H⑯⑯⑯ 494 人気14 鼻出血 15¾ 366内370 ホッコーカリュ 1110 2.6	2福 7月24日 ⑧ 10 2勝 4ト16頭 1088 57小崎 H⑯⑯⑯ 492 人気15 後直だけ 7½ 354外361 エスケーアタラ 1075 1.3

1着⑪ウォームライト
（3番人気）
2着⑥ヨッシーフェイス
（9番人気）
3着⑧エスシーミホーク
（11番人気）

単⑪720円　枠連3－6 3360円
複⑪280円　⑥790円　⑧960円
馬連⑥－⑪10770円　馬単⑪→⑥17860円
ワイド⑥－⑪3000円　⑧－⑪3570円　⑥－⑧11690円
3連複⑥⑧⑪92410円
3連単⑪→⑥→⑧412890円

ワイド⑧－⑪3570円！　⑥－⑧１万1690円！

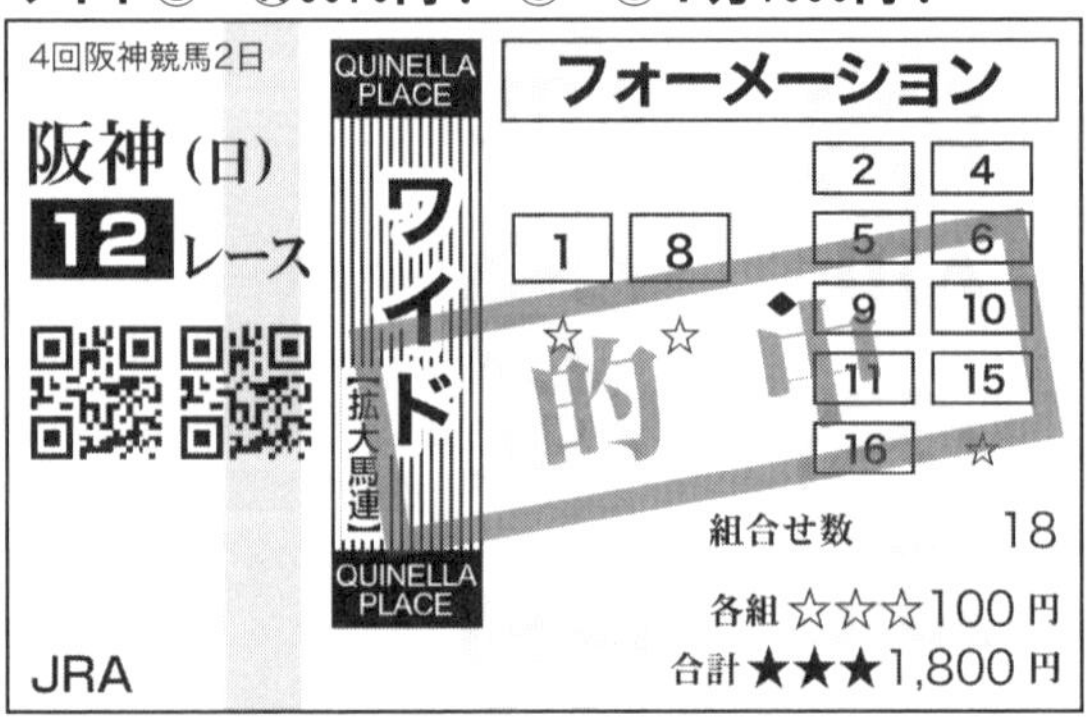

が望めるため、ここからはワイド馬券流しを基本とします。

レース結果は、最終オッズでは3番人気の⑪番ウォームライトが1着。2着には「複勝6倍の壁」の前にランクされていた⑥番ヨッシーフェイス。そして3着には、やってきました！　穴馬候補の⑧番エスシーミホークです。

ワイド⑧－⑪3570円、⑥－⑧1万1690円のダブルGETです。

このように「複勝15倍の壁」から浮上した穴馬候補は人気薄のため、ワイド馬券でも万馬券になるケースが少なくありません。

「複勝15倍の壁」の前の馬が激走したパターン②

次に紹介するのが2022年5月7日、東京11RプリンシパルSです。このレースは、1章で「オッズの壁」について解説したときに用いたレースです（P28～、140参照）。

このレースを解説する前に、ひとつ似たようなレースを覚えておく必要があります。

私もこのレースがなかったら、今のように高配当馬券をGETすることができなかったかもしれません。それほど印象に残ったレースだったのです。

そのレースが2017年4月16日、GIレース皐月賞です（P136参照）。このレースのコンピ指数は1位の⑧番が80P、12位が46Pで「大穴型レース」の条件をクリア。しかし、1位と3位との間のポイント差が19Pもあり、「準大穴型レース」と判定されました。

●2017年４月16日・中山11Ｒ皐月賞(３歳ＧⅠ、芝2000m)

馬番	馬名	父	母	斤量	騎手
18	トラスト	スクリーンヒーロー	グローリサンディ	57 牡3	柴田大
17	ウインブライト	ステイゴールド	サマーエタニティ	57 牡3	松岡
16	クリンチャー	ディープスカイ	ザフェイツ	57 牡3	藤岡佑
15	アダムバローズ	ハーツクライ	チャチャリーノ	57 牡3	池添
14	キングズラッシュ	ルーラーシップ	リコリス	57 牡3	柴田善
13	サトノアレス	ディープインパクト	サトノアマゾネス	57 牡3	戸崎圭
12	アメリカズカップ	マンハッタンカフェ	ベガスナイト	57 牡3	松若
11	アルアイン	ディープインパクト	ドバイマジェスティ	57 牡3	松山
10	ダンビュライト	ルーラーシップ	タンザナイト	57 牡3	武豊
9	プラチナヴォイス	エンパイアメーカー	プレザントブリーズ	57 牡3	和田
8	ファンディーナ	ディープインパクト	ドリームオブジェニー	55 牝3	岩田康
7	ペルシアンナイト	ハービンジャー	オリエントチャーム	57 牡3	M.デムーロ
6	アウトライアーズ	ヴィクトワールピサ	ウィストラム	57 牡3	田辺
5	レイデオロ	キングカメハメハ	ラドラーダ	57 牡3	ルメール
4	カデナ	ディープインパクト	フレンチリヴィエラ	57 牡3	福永
3	コマノインパルス	バゴ	コマノアクラ	57 牡3	江田照
2	スワーヴリチャード	ハーツクライ	ピラミマ	57 牡3	四位
1	マイスタイル	ハーツクライ	ファーストナイナー	57 牡3	横山典

1着⑪アルアイン
（9番人気）
2着⑦ペルシアンナイト
（4番人気）
3着⑩ダンビュライト
（12番人気）

単⑪2240円　枠連４－６ 2380円
複⑪650円　⑦320円　⑩1340円
馬連⑦－⑪8710円　馬単⑪→⑦20720円
ワイド⑦－⑪2250円　⑩－⑪16960円　⑦－⑩6770円
３連複⑦⑩⑪176030円
３連単⑪→⑦→⑩1064360円

【図Ｂ】2017年４月16日・中山11Ｒ皐月賞の馬連ランク

	1位	2位	3位	4位	5位	6位	7位	8位	9位	10位	11位	12位	13位	14位	15位	16位	17位	18位
馬連ランク	8	4	2	7	5	17	13	6	11	9	15	1	10	16	12	3	18	14
馬連オッズ		12.4	14.3	19.9	21.7	30.4	35.2	37.9	45.9	98.3	101	139	159	184	220	302	470	681

オッズの壁（9位と10位の間）　穴馬（13位）　穴馬（15位）

当日の馬連オッズを人気順に並び替えてみると【図B】のようになっていました。馬連と単勝9位に「オッズの壁」が完成していたのです。「オッズの壁」の前の2頭が穴馬候補になるというのがルールですが、このレースの場合は⑪番は馬連ランク9位で穴馬ゾーンで合格ですが、ひとつ前の⑥番は馬連ランク8位、しかも馬連オッズが37倍では穴馬候補として浮上させることができません。

そこで、当時の私は下位ランクにも穴馬候補がいると考え、⑩番と⑫番を穴馬候補として浮上させ、ブログ上で「穴馬としては⑩番と⑫番」とレポートしました（今でもそのレポートは閲覧することができます）。

しかし私が購入した馬券は、⑩番や⑫番から上位ランクへの3連複馬券は購入したものの、肝心な馬連の「オッズの壁」の前の⑪番絡みの馬券を購入していません。ましてや、ワイド馬券ですら、⑪番絡みの馬券を購入していなかったのです。

大谷式オッズ馬券の3連複フォーメーションの基本ルールは、**馬連ランク1～4位をA、5～8位をB、そして穴馬へ流すという、A→B→穴馬の16点買いが基本**となっていたため、9位の⑪番をおろそかにしてしまったのです。

レース結果は馬連9位の「オッズの壁」から浮上した穴馬候補の⑪番アルアインが1着に入り、2着には馬連ランク7位の⑦番ペルシアンナイト、そして3着には狙った穴馬候補の⑩番ダンビュライトが入りました。

穴馬候補として⑩番ダンビュライトから狙っていたにも関わらず、3連複馬券どころか、ワイド馬券すら持っていませんでした。3連複⑦－⑩－⑪は17万6030円。ワイド馬券でも、⑩－⑪は

1万6960円、⑦－⑩は6770円といった高配当馬券です。馬連⑦－⑪だって8710円です。

せっかく馬連オッズの「オッズの壁」から⑪番、そして下位ランクから穴馬候補として⑩番を見つけ出していたにも関わらず、手元にはひとつも的中馬券がありませんでした。

競馬はその日限りのものではありません。同じようなことが何度も起きます。それは長い競馬人生でよく理解しているので、私はこの皐月賞のときの悔しさをずっと覚えていました。

このような記憶の中で迎えたのが、2022年5月7日、東京11RプリンシパルSなのです。

このレースは前日の段階、コンピ指数は1位が76P、46Pの箇所が14位になっており、コンピ指数3位は66Pで1位との指数の差は76P－66Pで10P、14P以下なので完全な大穴型レースとして浮上していました。

9時半の馬連1番人気は11・5倍、単勝30倍未満の頭数は10頭と、穴レースの条件をクリアしており、「競馬予報」からはこのレースは完全な大穴型レースとして浮上しています。馬連、単勝、複勝オ

【図C】2022年5月7日・東京11Rのコンピ指数と馬連・単勝・複勝ランク

コンピ順位	1位	2位	3位	4位	5位	6位	7位	8位	9位	10位	11位	12位	13位	14位	15位	16位
馬番	2	14	6	1	10	8	13	15	3	16	11	5	4	9	7	12

馬連ランク	14	6	2	10	8	1	15	13	4	3	16	11	7	9	5	12
馬連オッズ		11.5	13.7	16.5	24.3	32.7	43.2	52.1	54.7	101	107	162	318	389	441	取消

オッズの壁

単勝ランク	2	10	14	6	1	8	15	13	4	3	16	11	7	9	5	12
単勝オッズ	3.8	6.0	6.4	7.0	9.1	10.5	14.2	14.8	15.4	29.2	32.2	42.8	76.1	102	128	取消

複勝ランク	10	6	2	8	14	4	1	13	15	3	11	16	7	9	5	12
複勝オッズ	2.3	2.3	2.5	2.9	3.4	4.0	4.4	5.7	6.2	7.4	8.4	8.8	12.5	13.3	20.1	取消

複勝15倍の壁

ッズを人気順に並び替え、ひとつの表にしたのが【図C】です。

第1章でも申し上げましたが、このレースには馬連ランク9位に「オッズの壁」があります。その前の2頭が穴馬候補となります。⑬番と④番が浮上しますが、⑬番は馬連ランク8位の馬なので、穴馬候補ではありません。つまり④番だけが馬連9位の「オッズの壁」から浮上したことになります。

馬連オッズのこの形を見た瞬間に、私は2017年4月の皐月賞を思い出しました。皐月賞では、馬連9位の「オッズの壁」の前の1頭が馬券になり、下位ランクの馬が飛び込み高配当馬券になったはずです。競馬は同じことを繰り返すと、何度も身体で覚えてきました。

まずは第1章で紹介した通り、穴馬候補である④番からの馬連の購入です。

まだ下位ランクに穴馬が潜んでいるはずです。そこで「複勝15倍の壁」のルールを活用しました。複勝ランクを見ると、「複勝15倍の壁」は複勝14位にあります。その前の2頭が穴馬候補ですから、⑦番と⑨番です。この2頭が穴馬として馬券に絡む確信は強いものがありました。

レース結果は、上位ランク、複勝4位の⑧番セイウンハーデスが1着。2着には馬連9位の「オッズの壁」の前の1頭であるキングズパレス、そして3着には「複勝15倍の壁」から浮上の⑨番マイネルクリソーラです。

馬連は④番から上位ランクの8頭へ、ワイド馬券は⑦番、⑨番から上位ランクの9頭へ流していたので、馬連とワイド馬券の的中となりました。

馬連④-⑧は1万1520円の万馬券。ワイド④-⑨2万6300円、⑧-⑨1万7200円と、馬連、ワイド馬券ともどもGETすることに成功しました。

●2022年５月７日・東京11Ｒプリンシパルｓ（３歳Ｌ、芝2000ｍ）

馬番	枠	馬名	父	母	毛色	斤量・性齢	騎手	厩舎	賞金	総賞金	馬主	生産者	印	持ち時計	前々走	前走
16	桃8	ディナースタ	ドゥラメンテ	ラヴァリーノ	栗毛	56 牡3	横山和	辻野	400	746	ノルマンディーTR	クラウン日高牧場	△ △ △ … … △ 西	三2131① 阪1480⑧ 阪2013④	1阪 2月13日 ② 未勝利4 未勝 8ト10頭 芝内2013 56岩田望 S⑧⑦⑦ 462 人気4 後方追上 2½ 390外343 ショウナンアデ 2009 0.4	2阪 4月17日 ⑧ 未勝利1 未勝 15ト18頭 三内2131 56横山和 S⑬②② 462 人気3 向正一気 2½ 366中347 ゲーテローズ 2135 0.4
15	桃8	ブラックノワール	キタサンブラック	ブラックエンブレム	鹿毛	56 牡3	内田博	藤原英	400	600	シルクR	ノーザンF	△ … … … △ … 西	東1491①	1東 2月5日 ③ 新馬1 新馬 16ト16頭 芝1491 56内田博 S①①① 480 人気2 逃切る ¾身 368内346 サニーバローズ 1492 0.1	3ヵ月休 放牧 乗込み3週間 仕上り○ 連対体重 480キロ 3ヵ月以上休 ①②③外 1000
14	橙7	セレシオン	ハーツクライ	クルソラ	黒鹿	56 牡3	和田竜	友道	900	2030	キャロットF	ノーザンF	◎ ◎ ○ ◎ 初△ B▲ 西	三2133④ 阪2019①	1中京 1月16日 ⑥ 若駒1 1勝 5ト4頭 三2157 56川田 S③③③ 476 人気1 G前差す アタマ 384中340 トゥデイイズザ 2157 0.0	1阪 2月26日 ⑤ すみれS4 L 5ト8頭 三内2133 56和田竜 S⑥⑤⑦ 470 人気3 後方追上 2¼ 372中343 ボッドボレット 2129 0.4
13	橙7	ヴァモスロード	エピファネイア	スターシンフォニー	栗毛	56 牡3	替田辺	西園正	400	650	久保博文	レイクヴィラF	△ … … △ △ … 西	阪1342①	2阪 3月27日 ② 未勝利3 未勝 11ト17頭 芝外1355 56幸 S②②② 522 人気2 先行粘る 2身 355中355 ムーンリットナ 1352 0.3	2阪 4月17日 ⑧ 未勝利1 未勝 8ト17頭 芝外1342 56幸 S①①① 518 人気1 逃切る ¾身 363内335 コーリングユー 1343 0.1
12	緑6	テーオードレフォン	ドレフォン	エミネントシチー	栗毛	56 牡3	川須	梅田智	900	1805	小笹公也	Wing F	… … △ … △ … 西	左ダ1472① 阪ダ1543⑤	1中京 2月6日 ⑫ 1勝5 1勝 4ト11頭 ダ1543 56武豊 S①①① 486 人気5 逃一息 5¼ 376内386 オディロン 1534 0.9	2小 2月27日 ⑥ ネモフィ1 1勝 2ト16頭 ダ1472 56川須 H⑨⑧⑦ 488 人気5 中位差切 クビ 376外384 コパノニコルソ 1472 0.0
11	緑6	ダノンフューチャー	ドゥラメンテ	ミスセレンディピティ	栗毛	56 牡3	替石橋脩	寺島	400	1481	ダノックス	ノーザンF	… … ◎ △ … △ 西	大ダ1539② 新1515③ 阪ダ2084③	1阪 2月19日 ③ 未勝利3 未勝 6ト9頭 ダ2084 56川田 H⑤⑤③ 516 人気1 中位伸 2¾ 361中400 エミサソウツバ 2079 0.5	1阪 3月12日 ⑨ 未勝利1 未勝 1ト11頭 ダ1556 56川田 S④④③ 506 人気1 好位差切 クビ 389内377 ショウグン 1557 0.1
10	黄5	コリエンテス	ディープインパクト	イスパニダ	黒鹿	56 牡3	Mデムーロ	堀	400	1110	シルクR	ノーザンF	△ 注 △ 注 … △	新1353② 中2007③	5中 12月4日 ① 葉牡丹9 1勝 5ト15頭 芝内2014 55横山和 S②②② 472 人気6 先行一杯 4½ 364中363 ボーンディスウ 2006 0.8	2中 3月12日 ⑤ 1勝3 1勝 12ト13頭 芝内2007 56Mデムーロ M⑧⑦① 482 人気3 4角先頭 1¾ 364外349 エターナルビク 2004 0.3
9	黄5	マイネルクリソーラ	スクリーンヒーロー	マイネトゥインクル	栗毛	56 牡3	柴田大	中野栄	400	884	ラフィアン	ビッグレッドF	… … … … … …	三[illegible]⑤ 小[illegible]①	2小 2月27日 ⑥ 未勝利1 未勝 1ト13頭 芝2002 56丹内 H⑦④② 450 人気6 中位抜出 1¾ 356内363 ストップザタイ 2005 0.3	3中 4月16日 ⑦ 山藤4 1勝 4ト9頭 芝内2017 56柴田大 S③⑥⑥ 442 人気9 中位差詰 8¾ 379中360 ローシャムパー 2003 1.4
8	青4	セイウンハーデス	シルバーステート	ハイノリッジ	黒鹿	56 牡3	幸	橋口慎	400	1811	西山茂行	鮫川啓一	△ ▲ 注 … ○ 注 西	阪[illegible]① 宗[illegible]⑤ 阪[illegible]④	1阪 2月13日 ② こぶし賞2 1勝 3ト6頭 芝外1369 56幸 S①①① 472 人気4 逃惜敗 アタマ 380内336 スタニングロー 1369 0.0	2阪 3月26日 ① 毎日杯4 GIII 3ト10頭 芝外1479 56幸 M③④⑤ 476 人気7 好位一息 2½ 362中356 ピースオブエイ 1475 0.4
7	青4	フジマサフリーダム	ディープインパクト	セデユイールII	芦毛	56 牡3	替田中勝	菊川	400	850	藤原正一	白老F	… … … … … …	三2188⑧ 東2018④	1東 2月19日 ⑦ フリージア4 1勝 9ト9頭 芝2018 56田辺 S⑧⑤⑤ 522 人気3 後方差詰 4¼ 394外341 ジャスティンス 2012 0.6	3中 4月3日 ④ 山吹賞8 1勝 9ト9頭 三外2188 56戸崎圭 S⑥⑤④ 522 人気5 中位一杯 10¼ 390中368 トーセンリョウ 2171 1.7
6	赤3	グランディア	ハービンジャー	ディアデラノビア	鹿毛	56 牡3	替戸崎圭	中内田	900	2090	キャロットF	ノーザンF	○ ○ △ ○ ◎ ◎ 西	小1499② 宗2001①	1中京 1月22日 ⑦ 若駒S4 L 3ト7頭 芝2026 56川田 S③②② 476 人気2 折合欠 2¼ 385中353 リューベック 2022 0.4	3ヵ月半 放牧 乗込み3週間 仕上り○ 連対体重 468～476 3ヵ月以上休 ①②③外 0100
5	赤3	ゼンノインヴォーク	シルバーステート	ヴォワルドール	鹿毛	56 牡3	富田	西[illegible]	400	693	大迫久美子	村上欽哉	▲ … … … … … 西	函2278[illegible] 小2042①	2小 2月19日 ③ 未勝利1 未勝 9ト13頭 芝2042 56富田 M⑥④④ 446 人気4 漸抜出 ¾身 372外374 ミアステラ 2043 0.1	1阪 3月12日 ⑨ ゆきやなぎ5 1勝 8ト8頭 函外2278 56富田 S①①① 444 人気8 逃一杯 4¼ 372内347 ボルドグフーシ 2271 0.7
4	黒2	キングズパレス	キングカメハメハ	ドバウィハイツ	鹿毛	56 牡3	替松岡	戸田	400	860	社台RH	社台F	… … ▲ … … …	三[illegible]① 新[illegible]⑨ 中[illegible]②	3中 4月2日 ③ 未勝利2 未勝 7ト18頭 芝内2027 56松岡 S⑬⑨⑦ 490 人気3 漸進伸 3身 387外351 ヴィブラフィオ 2022 0.5	3中 4月17日 ⑧ 未勝利1 未勝 14ト18頭 三外2149 56武豊 H⑭⑫⑥ 490 人気1 漸進伸 2身 379外353 フィレンツェ 2152 0.3
3	黒2	ギャラクシーナイト	ドゥラメンテ	アンジェリック	青鹿	56 牡3	菊沢	菊沢	900	1750	ライオンRH	杵臼牧場	… △ … △ 注 △	大ダ1544① 東1524② 中2029②	1中 1月15日 ⑤ 未勝利1 未勝 5ト16頭 ダ1555 56菊沢 S①①① 494 人気3 逃切る 2身 384内390 オヤノナナヒカ 1558 0.3	2中 3月13日 ⑥ 1勝1 1勝 12ト16頭 ダ1544 56菊沢 M②②② 490 人気3 先行抜出 ¾身 367中390 ジョイス 1545 0.1
2	白1	ドープネ	ディープインパクト	プレミアステップス	青毛	56 牡3	武豊	武幸	1000	2300	静田晋	社台F	注 △ … ▲ ▲ ○ 西	宗1214① 阪1345⑦ 中1490⑥ 芸1305①	6阪 12月19日 ⑥ 朝日FS7 GI 11ト15頭 芝外1345 55吉田隼 M⑫⑫⑨ 480 人気5 後方差詰 5¾ 360外353 ドウデュース 1335 1.0	2中 3月20日 ⑦ スプリン6 GII 6ト13頭 芝内1490 56武豊 S⑫⑫⑪ 472 人気8 一瞬脚 3¾ 385外348 ピーアストニッ 1484 0.6
1	白1	ショウナンマグマ	ザファクター	レッドメアラス	鹿毛	56 牡3	菅原明	尾関	900	1520	国本哲秀	青藍牧場	△ △ … △ … △	東1354④ 東1478① 中2007④	1東 2月20日 ⑧ 未勝利4 1勝 15ト15頭 芝1354 56吉田豊 M⑦②② 502 人気4 好位一息 5¾ 347中370 ラスール 1344 1.0	3中 3月26日 ① 1勝1 1勝 4ト12頭 芝内1484 56菅原明 M①①① 500 人気3 逃楽勝 8身 361内357 ゼッフィーロ 1497 1.3

1着⑧セイウンハーデス
（6番人気）
2着④キングズパレス
（9番人気）
3着⑨マイネルクリソーラ
（14番人気）

単⑧1010円　枠連2－4 6220円
複⑧290円　④540円　⑨3250円
馬連④－⑧11520円　馬単⑧→④20550円
ワイド④－⑧3030円　⑧－⑨17200円　④－⑨20630円
3連複④⑧⑨305910円
3連単⑧→④→⑨1400950円

馬連④－⑧１万1520円！

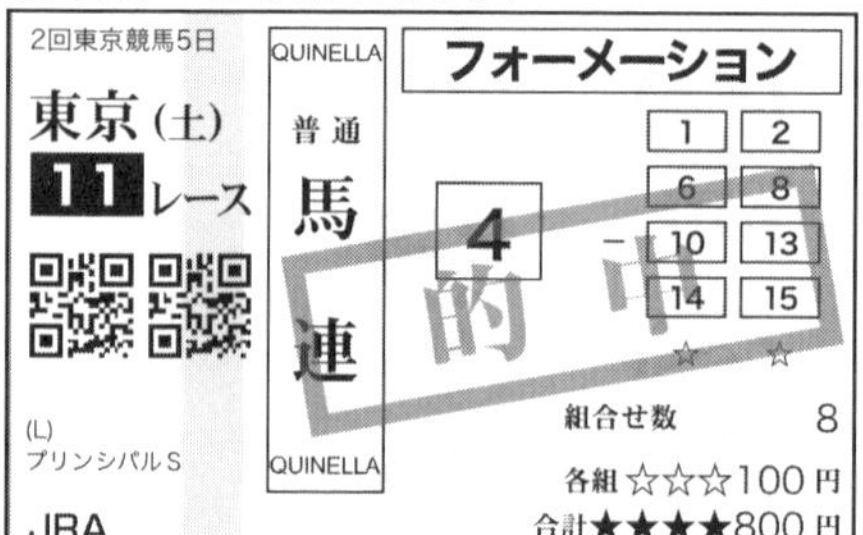

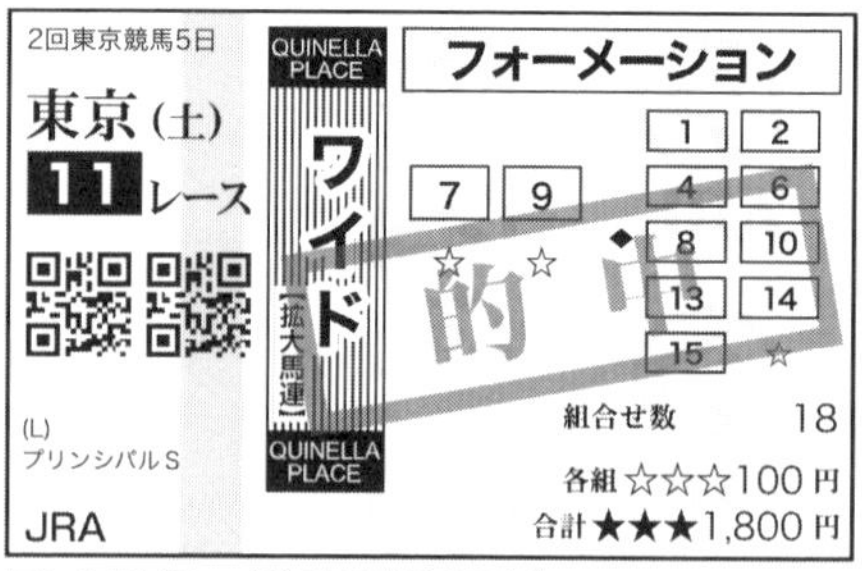

ワイド④－⑨２万630円！
⑧－⑨１万7200円！

最終オッズで⑨番の単勝オッズは199倍（複勝37倍）、もう1頭の穴馬⑦番の単勝オッズは142倍（複勝27倍）です。このオッズを見たら、なかなかワイド馬券といえども、狙えるオッズではないでしょう。しかし、現実にはこのように馬券に絡んで高配当馬券を演出することになるのです。

ひとつ悔やまれる点があります。それはここまで馬連の穴馬候補（④番）、3連系の超穴馬候補（⑨番）を見つけ出していたにも関わらず、3連複馬券のGETに至らなかったことです。3連複④－⑧－⑨は30万5910円です。もう少し冷静に馬券を組み立てることができれば、簡単に30万馬券を数点で的中させることができたのです。

今後も「大穴型レース」で馬連9位に「オッズの壁」が出現したら、2017年の皐月賞のことを思い出し、高額配当を獲り逃さないようにしたいと思います。

「複勝15倍の壁」の前の馬が激走したパターン③

このように、パターンにハマって「複勝15倍の壁」のルールから浮上した穴馬候補が馬券に絡むと、大きな配当につながることがおわかりいただけたかと思います。

次に、穴馬候補から3連複馬券の相手馬を1点で仕留めることが可能だったレースを紹介しましょう。2022年9月3日、小倉11Rテレ Q 杯です（P143参照）。このレースのコンピ指数は1位が78P、46Pの馬は14位、1位と3位とのポイント差は17Pで、これだけ条件を満たせず、「準大穴型レース」となりました。

レース当日9時半のオッズでは、馬連1番人気は10・2倍、単勝30倍未満の頭数は13頭なので合格です。「競馬予報」から「準大穴型レース」と判定されれば、次は穴馬を見つけ出し、高配当馬券を狙うだけです。

コンピ指数のランク順に加え、馬連、単勝、複勝オッズを人気順に並び替え、ひとつの表にまとめたものが【図D】です。

この表を見ると、馬連には「オッズの壁」がありません。「突入&移動馬」のルールから穴馬候補を探そうにも、ルールをクリアしている馬がいません。

「複勝6倍の壁」の前の2頭を調べてみたのですが、⑱番は馬連4位、②番は馬連7位では、この2頭は穴馬候補として浮上させることができませんでした。

つまり「オッズの壁」「突入&移動馬」「複勝6倍の壁」という、大谷式オッズ馬券の基本ルールからは、1頭も穴馬を見つけ出すことができないことになってしまいました。

しかし、このレースは「競馬予報」からは「準大穴型レース」と判定されているレースです。必ずや、下位ランクの馬が馬券に絡むはずです。単勝ランクを見ると、ひとつも「オッズの壁」がなく、ダラダ

【図D】2022年9月3日・小倉11Rのコンピ指数と馬連・単勝・複勝ランク

コンピ順位	1位	2位	3位	4位	5位	6位	7位	8位	9位	10位	11位	12位	13位	14位	15位	16位	17位	18位
馬番	10	1	3	14	18	2	16	5	8	17	13	15	4	6	12	7	9	11

馬連ランク	10	1	14	18	3	16	2	8	13	5	6	17	9	15	4	12	11	7
馬連オッズ		10.2	14.6	23.2	25.3	27.8	30.2	31.3	33.3	56.5	70.5	71.0	79.6	95.6	107	139	146	221

単勝ランク	10	8	14	3	1	18	16	13	11	2	5	17	6	4	9	15	12	7
単勝オッズ	5.1	5.7	7.4	9.5	9.8	11.6	15.6	18.0	19.0	19.1	21.5	28.3	28.7	34.6	37.7	42.1	42.6	72.1

複勝ランク	10	8	14	1	16	3	18	2	5	17	13	11	6	9	4	12	15	7
複勝オッズ	2.4	3.0	3.0	3.8	3.9	4.1	4.7	5.0	6.4	7.4	7.6	7.7	7.8	7.9	8.4	9.1	10.2	16.7

複勝6倍の壁　　複勝15倍の壁

●2022年９月３日・小倉11Ｒテレ Q 杯（３歳上３勝クラス、芝1200m）

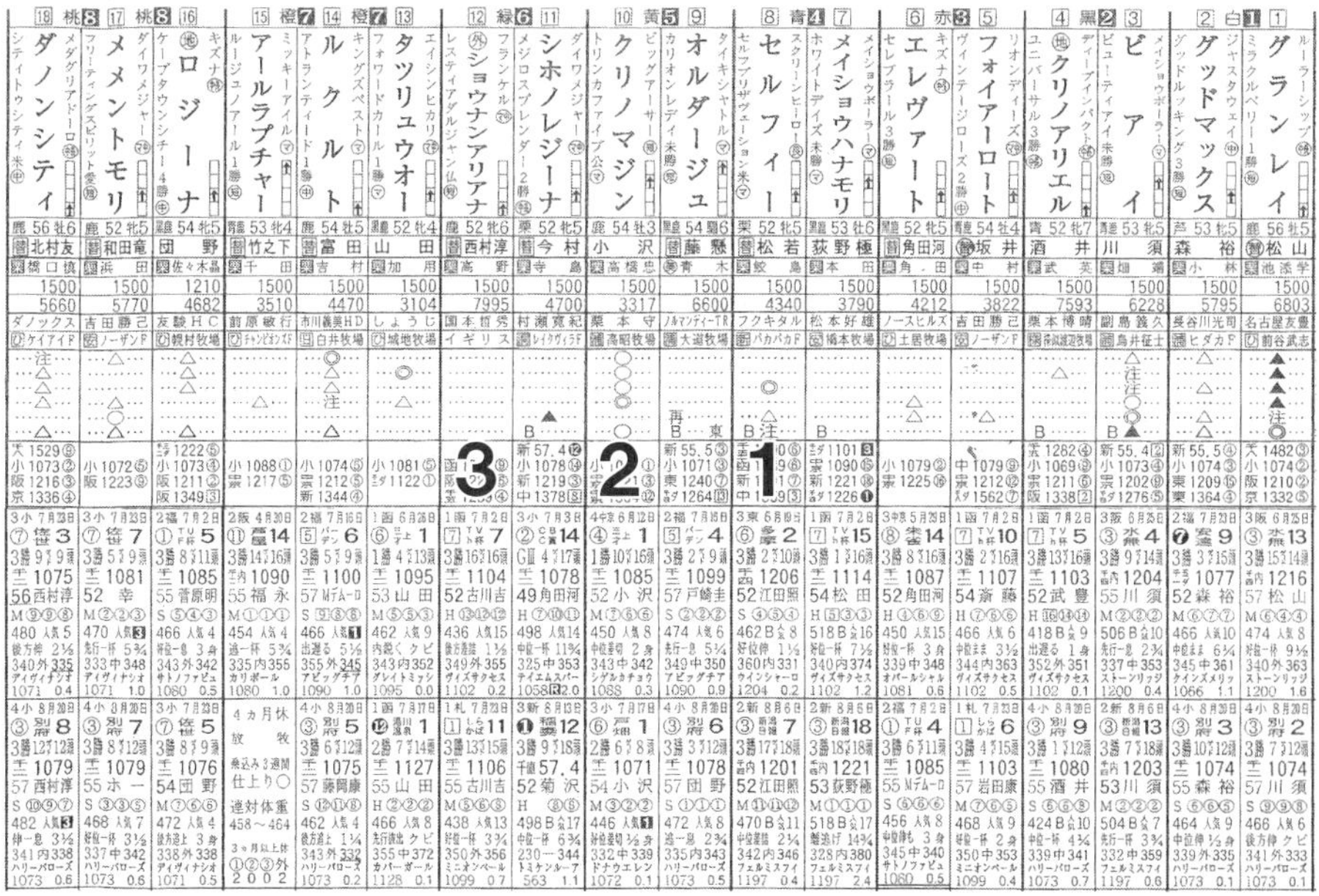

馬番	枠	馬名	父	母	毛色・斤量・性齢	騎手	調教師	賞金	総賞金	馬主	生産者
18	桃8	ダノンシティ	メダグリアドーロ	シティトウシティ（米）	鹿 56 牡6	北村友	橋口慎	1500	5660	ダノックス	ケイアイF
17	桃8	メメントモリ	ダイワメジャー	フリーティングスピリット（愛）	鹿 52 牝5	和田竜	浜田	1500	5770	吉田勝己	ノーザンF
16	桃8	ロジーナ	キズナ	ケープタウンシチー	黒鹿 54 牝5	団野	佐々木晶	1210	4682	友駿ＨＣ	槇村牧場
15	橙7	アールラプチャー	ミッキーアイル	ルージュノアール	青鹿 53 牝4	竹之下	千田	1500	3510	前原敏行	チャンピオンズF
14	橙7	ルクルト	キングズベスト	アトランティード	鹿 54 牡5	富田	吉村	1500	4470	市川義美HD	白井牧場
13	橙7	タツリュウオー	エイシンヒカリ	フォワードカール	黒鹿 52 牡4	山田	加用	1500	3104	しょうじ	城地牧場
12	緑6	ショウナンアリアナ	フランケル	レスティアダルジャン（仏）	鹿 52 牝6	西村淳	高野	1500	7995	国本哲秀	イギリス
11	緑6	シホノレジーナ	ダイワメジャー	メジロスプレンダー	栗 52 牝5	今村	寺島	1500	4700	村瀬寛紀	レイクヴィラF
10	黄5	クリノマジン	ビッグアーサー	トリンカファイブ	鹿 54 牡3	小沢	高橋忠	1500	3317	栗本守	高昭牧場
9	黄5	オルダージュ	タイキシャトル	カリオンレディ	黒鹿 54 騸6	藤懸	青木	1500	6600	ノルマンディーTR	大道牧場
8	青4	セルフィー	スクリーンヒーロー	セルフプリザヴェーション（米）	栗 52 牝5	松若	鮫島	1500	4340	フクキタル	パカパカF
7	青4	メイショウハナモリ	メイショウボーラー	ホワイトデイズ	黒鹿 53 牡6	荻野極	本田	1500	3790	松本好雄	橋本牧場
6	赤3	エレヴァート	キズナ	セレブラール	黒鹿 52 牝5	角田河	角田	1500	4212	ノースヒルズ	土居牧場
5	赤3	フォイアーロート	リオンディーズ	ヴィンテージローズ	青鹿 54 牡4	坂井	中村	1500	3822	吉田勝己	ノーザンF
4	黒2	クリノアリエル	ディープインパクト	ユニバーサル	青 52 牝7	酒井	武英	1500	7593	栗本博晴	[illegible]
3	黒2	ビアイ	メイショウボーラー	ビューティアイ	青鹿 53 牝5	川須	畑端	1500	6228	副島義久	鳥井征士
2	白1	グッドマックス	ジャスタウェイ	グッドルッキング	芦 53 牝5	森裕	小林	1500	5795	長谷川光司	ヒダカF
1	白1	グランレイ	ルーラーシップ	ミラクルベリー	鹿 56 牡5	松山	池添学	1500	6803	名古屋友豊	前谷武志

1着⑧セルフィー
（5番人気）
2着⑩クリノマジン
（1番人気）
3着⑫ショウナンアリアナ
（13番人気）

単⑧950円　枠連4－5 2680円
複⑧340円　⑩160円　⑫920円
馬連⑧－⑩2520円　馬単⑧→⑩4920円
ワイド⑧－⑩1070円　⑧－⑫5040円　⑩－⑫3840円
3連複⑧⑩⑫30370円
3連単⑧→⑩→⑫131560円

3連複⑧⑩⑫3万370円！

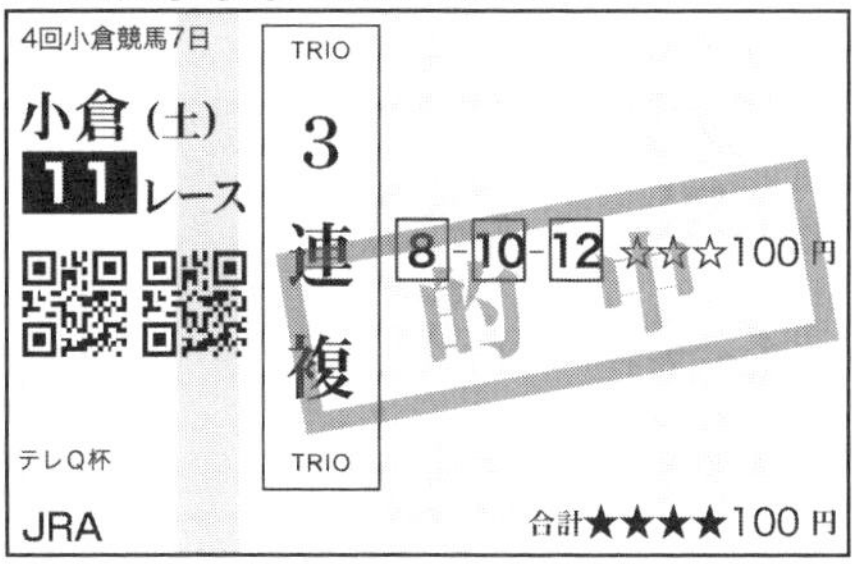

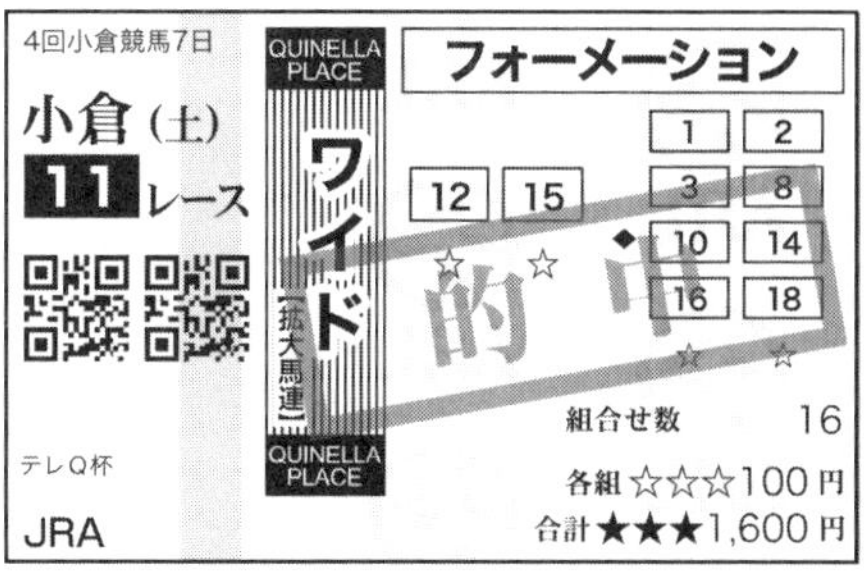

ワイド⑧－⑫5040円！
⑩－⑫3840円！

ラと単勝馬券が売れています。

そこで「複勝15倍の壁」のルールを使うことにしました。「複勝15倍の壁」から浮上している穴馬候補は⑫番と⑮番です。

レース結果は、9時半のオッズでは単勝2位の⑧番セルフィーが1着、2着には単勝1位の⑩番クリノマジンと入線。ここまでは人気通りの決着ですが、3着には「複勝15倍の壁」の1頭、⑫番ショウナンアリアナが入りました。

9時半のオッズで単勝1番人気の⑩番、単勝2番人気の⑧番との組み合わせにも関わらず、ワイド⑧－⑫は5040円、⑩－⑫は3840円と、合わせて8880円とまずますの配当となりました。

そして3連複⑧－⑩－⑫は3万370円です。1着になった⑧番ですが、コンピ指数では9位、馬連は8位ながら単勝と複勝では2位に上昇していたので、軸馬サイドではしっかりと「突入&移動馬」の条件をクリアしていたことになります。

馬券に絡んだもう1頭の⑩番は馬連、単勝、複勝ランク1位の馬なので、穴馬候補である⑫番さえ見つけ出すことができれば、3連複は1点で軽くGETすることが可能だったのです。

少頭数レースで下位ランクの馬が激走したパターン

次は視点を少々変え、少頭数で高額配当的中に成功したレースを紹介しましょう。

2022年10月23日、東京12Rです（P146参照）。このレースは少頭数レースですが、まずはオッズがどのようになっているか調べてみましょう。

コンピ指数のランク順に加え、馬連、単勝。複勝オッズも人気順に並び替え、ひとつの表にまとめたものが【図E】です。

少頭数レースの「競馬予報」は、複勝6倍未満の頭数をチェックしなければなりません。出走頭数の半数に2を加えた頭数以上に、複勝6倍未満の馬がいたら、波乱になる可能性が高いレースとして判定されます。つまり少頭数レースの「大穴型レース」です。

複勝6倍未満の頭数が10頭います。出走頭数が13頭ですから13÷2＋2＝8・5となり、9頭が基準値となります。複勝6倍未満は10頭なので基準値をクリア。このレースは、少頭数レースの「大穴型レース」ということになりました。

少頭数レースの穴馬候補の見つけ方の基本は簡単です。馬連ランク下位ランクから3頭です。【図E】を見ると⑧番、③番、⑫番ということがわかります。

しかし、馬連オッズをよく見てください。馬連ランク10位の①番と馬連ランク11位の⑧番の馬連オッズはそれぞれ55・8倍と56・6倍とほとんど差がありません。そこで3連複馬券では、①⑧③⑫番の4頭を穴馬候補として浮上させました。


【図E】2022年10月23日・東京12Rのコンピ指数と馬連・単勝・複勝ランク

コンピ順位	1位	2位	3位	4位	5位	6位	7位	8位	9位	10位	11位	12位	13位
馬番	7	2	13	9	5	10	4	11	6	1	3	8	12

										穴馬			
馬連ランク	7	2	9	6	5	10	11	4	13	1	8	3	12
馬連オッズ		7.9	14.5	17.0	17.1	17.4	20.3	22.8	25.7	55.8	56.6	63.3	75.5

単勝ランク	7	2	10	6	9	13	5	11	4	12	1	8	3
単勝オッズ	3.0	5.4	7.6	8.4	12.2	12.4	14.0	15.1	18.0	23.9	24.8	31.5	44.2

複勝ランク	7	2	9	5	6	11	13	4	12	10	1	8	3
複勝オッズ	1.6	2.3	2.5	3.9	4.0	4.7	5.0	5.2	5.4	5.8	6.9	7.1	9.3

●2022年10月23日・東京12R（３歳上２勝クラス、ダ1600m）

馬番	枠	馬名	父	母	毛色・斤量・性齢	騎手	厩舎			馬主	生産者
13	桃8	インナリオ	モーリス	インナーアージ	鹿 55 牝4	津村	嘉藤	900	1750	サンデーR	ノーザンF
12	桃8	エスシーヴィオラ	カジノドライヴ	リアライズカレボ	栗 55 牝4	田中勝	宗像	900	1580	工藤圭司	高松牧場
11	橙7	ダンツチョイス	ヘニーヒューズ	アンティークカラー	栗 55 牝7	国分恭	本田	900	6900	山元哲二	天羽牧場
10	橙7	マブストーク	シルポート	ヒシアニマ	鹿 57 牡4	木幡巧	牧	700	2024	マブレーシング	中村雅明
9	緑6	ユイノチャッキー	ディープスカイ	マンイーター	栗 57 牡4	吉田豊	竹内	900	2542	由井健太郎	新冠橋本牧場
8	緑6	ミズリーナ	グランプリボス	カノン	鹿 55 牝5	的場	的場	900	3525	北山敏隆	ヒダカF
7	黄5	ライラボンド	キズナ	ペガグレシャス	青鹿 55 牝3	北村宏	清水久	900	2631	YGGホースC	片岡博
6	黄5	ストラテジーマップ	ディープインパクト	スウィフトテンパー	鹿 57 騸5	大野	加藤士	900	1551	社台RH	社台F
5	青4	ジェイエルエース	マクフィ	ホウライビクトリア	栗 53 牝3	野中	小西	900	1725	横元幸人	ナカノF
4	青4	ニシノアジャスト	リーチザクラウン	ニシノステディー	青鹿 57 牡4	三浦	小手川	900	2280	西山茂行	村上欽哉
3	赤3	リファインドマナー	パイロ	フレンドリーマナー	鹿 55 牡4	川又	杉山佳	740	1691	高橋明裕	社台F
2	黒2	ジョンソンテソーロ	ドゥラメンテ	チェストケリー	栗 55 牡3	戸崎圭	田中博	900	1470	了德寺健二HD	藤本F
1	白1	ジージ	モーリス	ハートアイリス	鹿 56 牡4	☆永野	田島俊	900	3042	林弘之	追分F

1着⑫エスシーヴィオラ
（10番人気）
2着⑩マブストーク
（6番人気）
3着⑦ライラボンド
（1番人気）

単⑫3830円　枠連7－8 3410円
複⑫630円　⑩290円　⑦140円
馬連⑩－⑫20470円　馬単⑫→⑩45150円
ワイド⑩－⑫4420円　⑦－⑫1270円　⑦－⑩430円
3連複⑦⑩⑫10950円
3連単⑫→⑩→⑦153220円

3連複⑦⑩⑫１万950円！

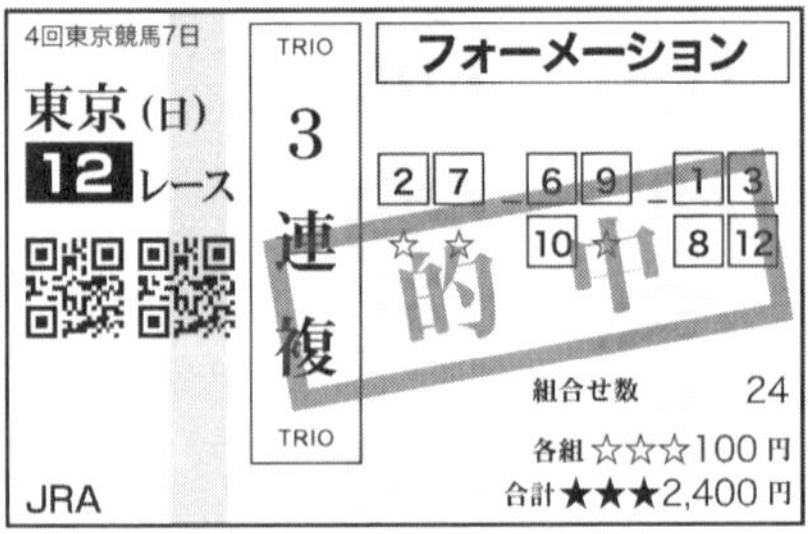

馬連⑩－⑫２万470円！

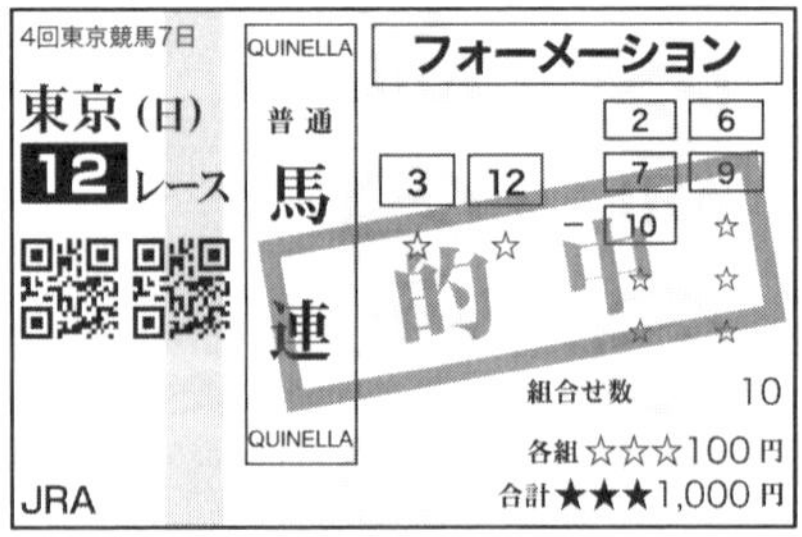

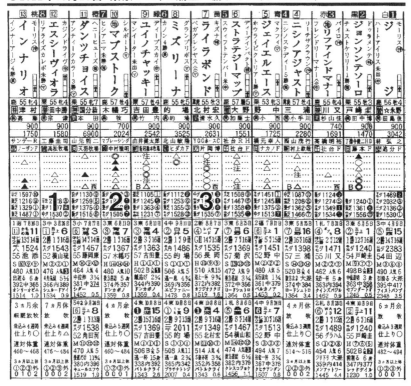

軸馬はコンピ指数、馬連、単勝、複勝ランクで揃っている⑦番と②番。中穴候補としては馬連3位の⑨番、馬連4位の⑥番、そして単勝ランクで3位になっていた⑩番の3頭です。

つまり3連複フォーメーションは、

〈軸馬〉②⑦番→〈中穴馬〉⑨⑥⑩番→〈穴馬〉①⑧③⑫番

となります。

私は馬連馬券も、穴馬候補の①⑧③⑫番の中から人気薄の2頭を選び、軸馬と中穴馬の5頭へ流しました。すなわち、

〈穴馬〉③⑫番→〈相手〉②⑦⑨⑥⑩番

という馬券構成です。レース結果はなんと、最終オッズでは10番人気の穴馬候補⑫番エスシーヴィオラが1着。2着には⑩番マブストーク、3着には⑦番ライラボンドの順で入り、馬連、3連複馬券の的中となりました。

馬連⑩－⑫は2万470円のダブル万馬券、3連複⑦－⑩－⑫も1万950円のまずまずの配当です。

このように、少頭数レースでも、少頭数の「競馬予報」から荒れる可能性があると判定されたレースでは、下位ランクの穴馬候補が馬券に絡み、高配当馬券を演出してくれるのです。

コンピ指数下位ランクの馬が中穴ゾーンに入り、3連複は万馬券！

次は中穴ゾーンに突入していたコンピ指数下位ランクの馬が馬券に絡み、3連複万馬券的中となった

レースのパターンを紹介してみましょう。

２０２２年11月６日、東京11Ｒアルゼンチン共和国杯です（Ｐ１５０参照）。コンピ指数をチェックすると、１位のポイントは78Ｐ、46Ｐの馬は17位でしたが、１位と３位とのポイント差が18Ｐとなってしまい、コンピ指数からは「準大穴型レース」と判定されました。

９時半のオッズでは馬連１番人気は10・４倍、単勝30倍未満の頭数は12頭ですから、穴レースの条件はクリアし、「競馬予報」から「準大穴型レース」として判定され、穴馬を見つけ出すステップへと移ります。

まずは馬連、単勝、複勝オッズを人気順に並び替える作業です。ひとつの表にまとめたものが【図Ｆ】となります。

馬連ランクを見ると、馬連13位にオッズの壁があり、その前の２頭、①番と⑬番にまずは注目しました。

すると①番は馬連64倍に対し単勝24倍、複勝８・７倍、⑬番も馬連80倍に対し、単勝29倍、複勝７・３倍と単勝&複勝が売れていません。せめて馬連オッズの３分の１以下のオッズに単勝オッズがなってもらいたいものです。しかも、このレースは複勝６倍未満の頭数が10頭と多く、この中に穴馬が隠れている可能性が高いです。

そこで中穴ゾーンの５～８位を調べてみることにしました。


【図Ｆ】2022年11月６日・東京11Ｒのコンピ指数と馬連・単勝・複勝ランク

コンピ順位	1位	2位	3位	4位	5位	6位	7位	8位	9位	10位	11位	12位	13位	14位	15位	16位	17位	18位
馬番	5	6	16	11	17	3	1	10	18	7	14	8	4	13	9	12	2	15
馬連ランク	5	6	16	17	11	3	7	8	18	9	10	1	13	14	12	3	2	15
馬連オッズ	＼	10.4	12.5	19.1	21.6	26.2	28.5	34.4	37.9	42.6	51.8	64.0	80.2	148	154	207	502	940
単勝ランク	5	6	16	11	17	7	8	3	18	10	1	13	9	14	12	4	2	15
単勝オッズ	3.6	5.0	7.0	10.9	11.8	16.1	16.6	17.4	18.2	20.6	24.7	29.0	31.6	40.0	49.1	67.4	137	181
複勝ランク	5	6	16	11	17	7	3	8	18	10	13	1	9	14	4	12	2	15
複勝オッズ	1.9	2.9	3.2	3.6	3.7	5.0	5.2	5.4	5.7	5.7	7.3	8.7	8.9	12.8	14.4	14.5	34.1	60.2

↑オッズの壁（馬連13位と14位の間）

馬連5～8位、単勝5～8位、複勝5～8位にランクされている馬番に注目してください。③番、⑦番、⑧番が馬連、単勝、複勝ランクに入っていることがわかります。

さらにこの3頭について検証してみると、⑦番はコンピ指数12位からの突入馬、⑧番はコンピ指数10位からの突入馬であることがわかりました。コンピ指数、いわゆる想定段階では下位にランクされていた人気薄の馬が、実際のオッズでは売れ、中穴馬ゾーンに入っているのです。

私は中穴馬として⑦番と⑧番を浮上させ、そこから馬券を組み立てることにしました。

上位ランクを調べてみると、上位3頭は⑤番、⑥番、⑯番がコンピ指数、馬連、単勝、複勝ランクできれいに揃っています。各ランク間で揃うということは、ここから馬券に絡む可能性が高いということを表しています。

そこで3連複フォーメーションのひとつのグループとして⑤⑥⑯番とし、もうひとつのグループを馬連4位から6位の⑰⑪③番、そして穴馬候補の⑦⑧番へ組み合せた3連複⑤⑥⑯番→⑰⑪③番→⑦⑧番を購入。そして馬連馬券は⑦⑧番→⑤⑥⑯⑰⑪③番の組み合わせを購入することにしました。

1着には中穴候補の⑦番ブレークアップが入り、2着には⑰番ハーツイストワール、3着⑯番ヒートオンビートで、3連複と馬連馬券の的中となりました。

3連複⑦－⑯－⑰は1万4590円の万馬券、馬連⑦－⑰は万馬券にこそならなかったものの、7010円といった、まずまずの配当でした。

このレースは、コンピ指数と馬連、単勝、複勝ランクを比較することによって的中させることができました。

●2022年11月６日・東京11Rアルゼンチン共和国杯（GII、芝2500m）

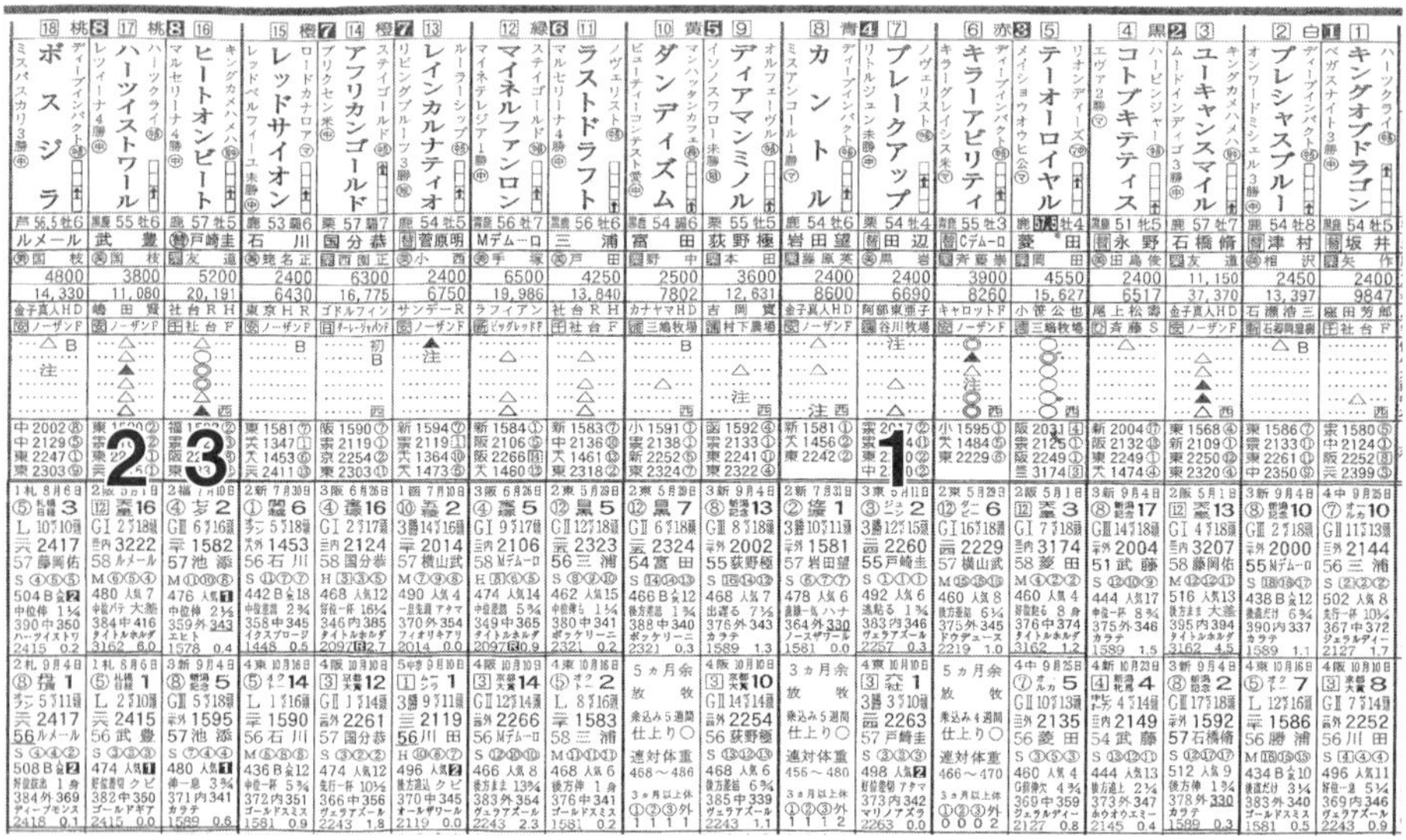

1着⑦ブレークアップ
（6番人気）
2着⑰ハーツイストワール
（5番人気）
3着⑯ヒートオンビート
（3番人気）

単⑦1770円　枠連4－8 1210円
複⑦460円　⑰380円　⑯250円
馬連⑦－⑰7010円　馬単⑦→⑰15430円
ワイド⑦－⑰2060円
⑦－⑯1740円
⑯－⑰1220円
3連複⑦⑯⑰14590円
3連単⑦→⑰→⑯85070円

３連複⑦⑯⑰１万4590円！

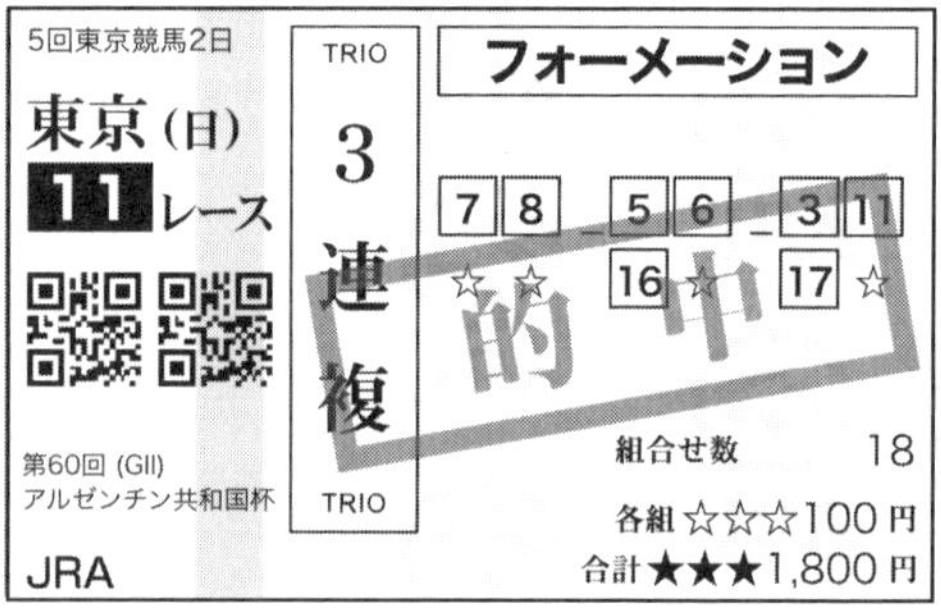

馬連⑦－⑰7010円！

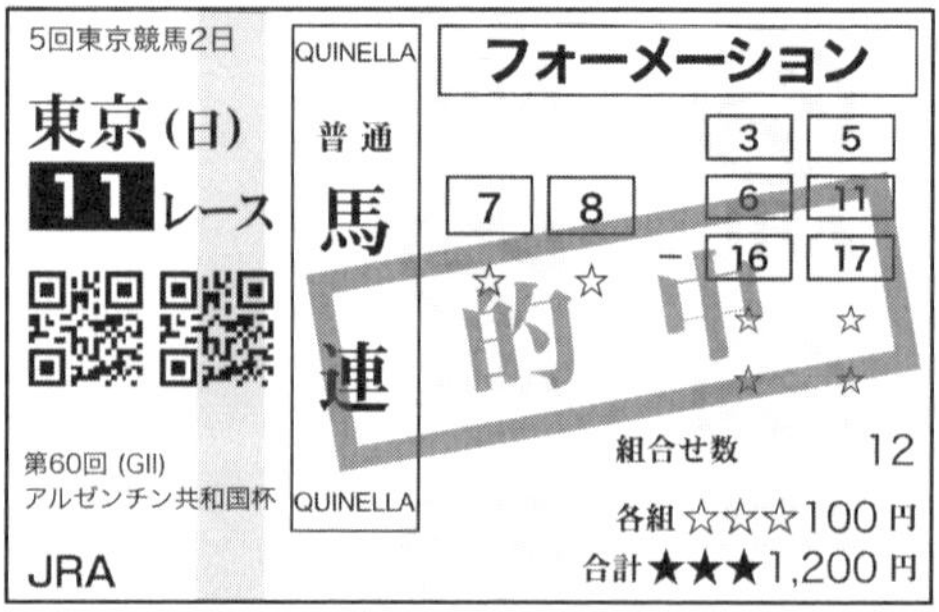

「馬連人気分布表」を使って、穴馬候補を1頭に絞り込む

少々、表の作成には時間がかかりますが、「馬連人気分布表」をチェックすると穴馬が1点に絞り込むことができた例を紹介しましょう。

２０２２年８月27日、新潟11ＲのＢＳＮ賞です（Ｐ１５３参照）。

このレースのコンピ指数は1位が73Ｐ、46Ｐの馬はなんと15頭立てで15位、さらには1位と3位とのポイント差は12Ｐなので、「大穴型レース」と判定。レース当日9時半のオッズでも、馬連1番人気は17倍、単勝30倍未満の頭数は12頭なので、「競馬予報」からは文句なしの「大穴型レース」として浮上しました。

まずは馬連、単勝、複勝オッズを人気順に並び替える作業です。完成した表が【図Ｇ】となります。この表から馬連12位に「オッズの壁」があり、その前の2頭、⑤番、⑪番が浮上しますが、前項で紹介したレースと同様に、馬連オッズに対して単勝や複勝が売れていません。

コンピ指数や馬連ランクと単勝、複勝ランクを比較するも、怪しい動きをしている馬がいません。しかし、このレースは「競馬予報」

【図Ｇ】2022年８月27日・新潟11Ｒのコンピ指数と馬連・単勝・複勝ランク

コンピ順位	1位	2位	3位	4位	5位	6位	7位	8位	9位	10位	11位	12位	13位	14位	15位
馬番	1	4	3	6	2	14	7	5	8	15	9	12	10	13	11

馬連ランク	1	6	14	2	8	3	4	7	10	15	5	11	9	13	12
馬連オッズ		17.6	18.2	19.2	20.4	24.7	25.6	26.5	42.9	48.5	56.6	68.5	128	151	163

オッズの壁

単勝ランク	1	6	14	2	8	15	4	7	3	10	5	11	9	13	12
単勝オッズ	5.8	7.3	7.4	8.1	9.0	9.0	10.7	10.7	15.8	18.0	21.0	28.8	30.6	36.1	51.8

複勝ランク	1	14	8	6	2	4	3	15	7	10	5	11	9	13	12
複勝オッズ	2.7	2.7	2.9	3.2	3.2	3.4	4.4	4.5	4.6	5.8	6.9	7.5	9.3	11.0	11.2

複勝15倍の壁

からは「大穴型レース」と判定を下されたレースです。穴馬はどこかに隠れているはずです。そこで「複勝15倍の壁」のルールを使い、⑬番と⑫番を浮上させることにしました。

⑬番と⑫番は「馬連人気分布表」（詳細は1章参照）ではどのようになっているかチェックすると、驚くような判定になっていました。【図H】をご覧ください。この表は、このレースの「馬連人気分布表」です。

⑫番の欄を見ると、4箇所も「ボトム値」があることがわかります（太枠の箇所）。「馬連人気分布表」でボトム値が数箇所ある馬は、穴馬候補として注目するのがルールです。

⑫番が穴馬候補あることがわかります。つまり⑫番は「複勝15倍の壁」のルール、そして「馬連人気分布表」からのルールから浮上した穴馬候補なのです。

馬券は⑫番から上位ランク4頭へ3連複とワイド馬券を組み立ててみました。理由は馬連ランクと単勝ランクで①番、⑥番、⑭番、②番がきれいに揃っていたからです（⑧番まで流してもOKです）。

レース結果は1着⑥番ジュンライトボルト、2着⑭番ホール

【図H】2022年8月27日・新潟11Rの馬連分布表　（太枠がボトム値）

値	1	6	14	2	8	3	4	7	10	15	5	11	9	13	12
1		17.6	18.2	19.2	20.4	24.7	25.6	26.5	42.9	48.5	56.6	68.5	128	151	163
6			34.5	38.6	32.2	44.8	41.3	44.0	87.1	83.9	105	119	244	225	239
14				33.1	36.6	50.5	47.1	48.4	66.6	72.9	94.4	123	216	256	**225**
2					46.8	49.2	**42.9**	48.8	88.7	94.8	**93.7**	153	207	216	270
8						53.3	53.6	51.7	68.5	89.8	104	111	175	270	**256**
3							58.2	57.9	129	131	152	184	336	347	350
4								74.6	137	**74.0**	95.1	151	215	300	312
7									122	123	105	202	421	292	**257**
10										304	250	221	554	474	532
15											250	262	496	480	541
5												302	585	561	741
11													291	527	**465**
9														664	722
13															648
12															

●2022年８月27日・新潟11Ｒ　ＢＳＮ賞（ＯＰ、ダ1800m）

馬番	枠	馬名	父	母	性齢	斤量	騎手
15	桃8	アメリカンシード	タピット	スウィートトーカー	牡5	56	三浦
14	桃8	ホールシバン	パイロ	サマリーズ	牡4	55	Mデムーロ
13	橙7	ホウオウエミーズ	ロードカナロア	エミーズスマイル	牝5	52	丸田
12	橙7	デュープロセス	ダイワメジャー	ローズロー	牡6	56	石橋脩
11	緑6	アッシェンプッテル	バトルプラン	ミミオブパラダイス	牡6	53	木幡巧
10	緑6	ヴァンヤール	タートルボウル	ブライトエルフ	牡4	54	荻野極
9	黄5	ホウオウスクラム	アイルハヴアナザー	クラックコード	牡7	53	内田博
8	黄5	レッドソルダード	マジェスティックウォリアー	レッドソンブレロ	牡4	55	団野
7	青4	サンダーブリッツ	キンシャサノキセキ	スイートフラッグ	牡5	56	田辺
6	青4	ジュンライトボルト	キングカメハメハ	スペシャルグルーヴ	牡5	55	石川
5	赤3	ペルセウスシチー	トゥザワールド	ローレルオードリー	牡5	55	菅原明
4	赤3	ベルダーイメル	オルフェーヴル	ルリニガナ	牡5	55	津村
3	黒2	ダノンスプレンダー	ロードカナロア	メジロスプレンダー	牡6	56.5	池添
2	黒2	ゴールドレガシー	ゴールドアリュール	ベルエアシズル	牡4	54	戸崎圭
1	白1	スレイマン	キングカメハメハ	ドナブリーニ	牡4	55	坂井

1着⑥ジュンライトボルト
（4番人気）
2着⑭ホールシバン
（2番人気）
3着⑫デュープロセス
（14番人気）

単⑥660円　枠連4－8 1360円
複⑥230円　⑭250円　⑫1030円
馬連⑥－⑭2830円　馬単⑥→⑭5870円
ワイド⑥－⑭1100円　⑥－⑫5610円　⑫－⑭4850円
3連複⑥⑫⑭43900円
3連単⑥→⑭→⑫231510円

3連複⑥⑫⑭4万3900円！

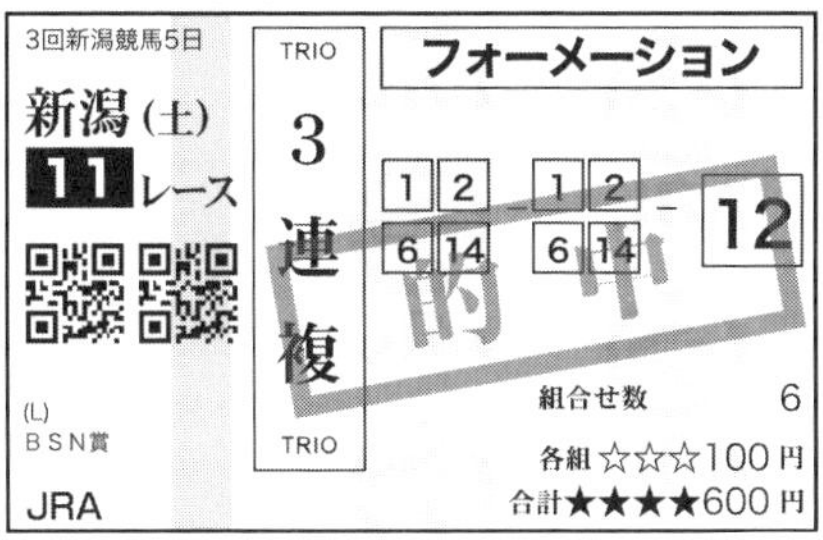

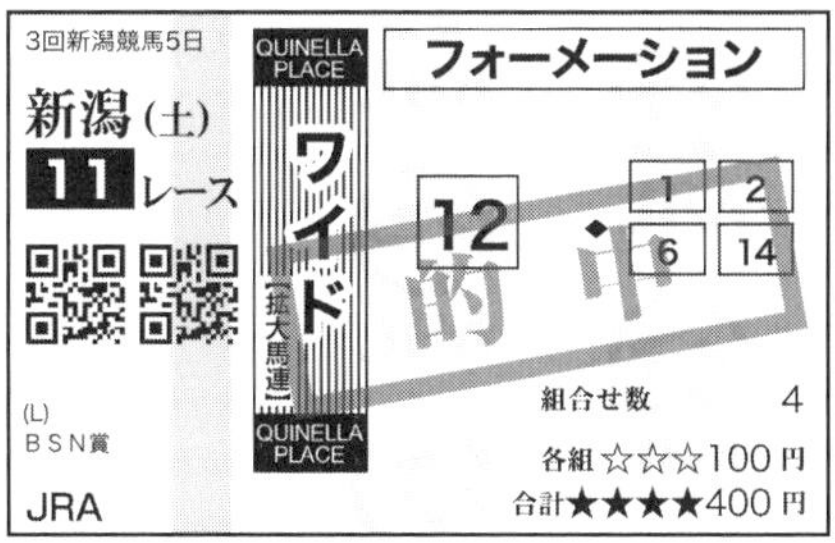

ワイド⑥－⑫5610円！
⑫－⑭4850円！

シバンと入りました。そして3着には「複勝15倍の壁」そして「馬連人気分布表」から浮上した、最終オッズでは14番人気の⑫番デュープロセスが入り、3連複、ワイド馬券、ダブルで的中となりました。

ワイド馬券⑥－⑫５６１０円、⑫－⑭４８５０円で、合わせて1万４６０円。３連複⑥－⑫－⑭は４万３９００円の高配当です。

このように、「競馬予報」から浮上した「大穴型レース」では高額配当を演出する穴馬が潜んでいるのです。それを「複勝15倍の壁」「馬連人気分布表」を使えば⑫番のように、ピンポイントで見つけ出すことができるのです。

複勝6倍未満の頭数が6頭で高配当馬券

コンピ指数から浮上した「大穴型レース」や「準大穴型レース」は高配当馬券を演出する可能性が高いレースであることが、おわかりいただけたかと思います。

しかしコンピ指数から「大穴型レース」「準大穴型レース」と判定されたレースのすべてが、レース当日の9時半のオッズで、穴判定をクリアするわけではありません。9時半のオッズから穴レースの2条件をともにクリアしなかったレースは「見送り」となるわけですが、ひとつだけでもクリアしたレースは注意が必要です。どのようなパターンのレースが要注意なのか紹介しましょう。

２０２２年11月6日、阪神11Ｒみやこ S です（Ｐ１５６参照）。

このレースのコンピ指数は、１位が80Ｐ、46Ｐの馬は12位。ただし、１位と3位とのポイント差は16

Pだったので「準大穴型レース」となります。

レース当日、9時半のオッズでは、馬連1番人気は10・6倍なので穴レースの条件をクリア。しかし単勝30倍未満の頭数が8頭となり、穴レースの条件をクリアしていません。「競馬予報」からは「大穴型レース」「準大穴型レース」として浮上しませんでした。

コンピ指数から「大穴型レース」「準大穴型レース」と判定されたレースで、9時半のオッズで穴レースの条件をクリアしなかったレースでは、ひとつだけチェックしてもらいたい点があります。それが複勝6倍未満になっている馬の頭数です。**複勝6倍未満が7頭以下のケースでは「複勝15倍の壁」の前の2頭に注意しなければならないのです。**

コンピ指数で穴型レースとなったレースは、下位ランクの馬が馬券に絡むと判定されたレースです。しかし複勝6倍未満の頭数が少ないということは、上位ランクに「見えない理由」で人気が集まってしまった可能性があることになります。

その「見えない理由」が「正しい理由」によるものなら、人気を集めた上位ランクの馬で決着することになりますが、間違ったものだと、コンピ指数が示した通りの穴型レースとなり、下位ランクの馬が馬券に絡むチャンスが生まれます。

2022年11月6日、阪神11RみやこSの9時半の馬連、単勝、複勝オッズを人気順に並び替えてみましょう。完成した表が【図I】です（P157参照）。

複勝6倍未満の頭数をチェックすると6頭しかいません。この6頭で1~3着を占めることも、もちろんあります。しかしコンピ指数から穴型レースと判定されているわけですから、下位ランクの馬が馬

●2022年11月６日・阪神11Ｒみやこ S（ＧⅢ、ダ1800m）

	16	15	14	13	12	11	10	9	8	7	6	5	4	3	2	1
枠	桃8	桃8	橙7	橙7	緑6	緑6	黄5	黄5	青4	青4	赤3	赤3	黒2	黒2	白1	白1
父	エンパイアメーカー(中)	ディープスカイ(中)	マジェスティックウォリアー	タートルボウル(マ)	キズナ	タピット	ホッコータルマエ(中)	ドレフォン	キズナ	アイルハヴアナザー(中)	ホッコータルマエ(中)	ミッキーアイル(マ)	ローレルゲレイロ	スウェプトオーヴァーボード(マ)	オルフェーヴル	ゴールドアリュール(中)
馬名	(地)ヒストリーメイカー	クリンチャー	サンライズホープ	(地)ヴァンヤール	ハギノアレグリアス	(外)アメリカンフェイス	ブリッツファング	タイセイドレフォン	ハピ	メイショウドヒョウ	メイショウフンジン	ウィリアムバローズ	アイオライト	オメガパフューム	タガノディアマンテ	サクラアリュール
母	チヨノドラゴン 公(中)	ザフェイツ 1勝(マ)	オーパスクイーン 3勝(中)	ブライトエルフ 1勝(中)	タニノカリス 3勝(中)	スクリーンゴッデス 米(マ)	リリーオブザナイル 未出(マ)	デイトユアドリーム 4勝	クイーンパイレーツ 未勝(マ)	エリモフィナーレ 1勝(マ)	シニスタークイーン 3勝(マ)	ダイアナバローズ 3勝(中)	ステラアクトレス 未勝(マ)	オメガフレグランス 3勝(中)	タガノレヴェントン 未勝(中)	シロガネーゼカフェ 未勝(中)
毛色・斤量・性齢	黒鹿 56 牡8	鹿 57 牡8	鹿 56 牡5	栗 56 牡4	鹿 56 牡5	栗 56 牡5	鹿 56 牡3	鹿 54 牡3	黒鹿 54 牡3	栗 56 牡5	黒鹿 56 牡4	鹿 56 牡4	黒鹿 56 牡5	芦 59 牡7	栗 56 牡6	栗 56 牡7
騎手	替小沢	替藤岡佑	幸	替団野	替福永	替今村	替池添	川田	横山典	太宰	酒井	横山武	替鮫島駿	替横山和	替松若	替藤岡康
厩舎	新谷	宮本	羽月	庄野	四位	戸田	大久保龍	西村	大久保龍	西園正	西園正	上村	武藤	安田翔	鮫島	村山
賞金	6685	10,750	5400	2090	3600	2740	2650	2300	2850	2400	2400	3600	5210	34,880	4850	3100
総賞金	17,172	40,650	12,660	5186	7420	7492	6218	5330	6350	7256	7170	8322	10,203	73,895	11,760	14,255
馬主	岩崎僖澄	前田幸治	松岡隆雄	ヒダカBU	日隈良江	吉澤HD	ウエストフォレストS	田中成奉	寺田寿男	松本好雄	松本好雄	猪熊広次	田頭勇貴	原禮子	八木良司	さくらコマース
生産	青藍牧場	平山牧場	ヤナガワ牧場	槇本牧場	岡田S	アメリカ	山春牧場	ノーザンF	ノースヒルズ	三嶋牧場	宮内牧場	中原牧場	南部功	社台F	新冠タガノF	谷岡牧場
印	△ △ △	△ △ △ △ △	B	△	▲ △ ◎ △	東	△ ○ 注 △ ◎ 注	注 △ ◎ △ ○ ▲	△ ◎ ▲ 注 ▲ ○	△	△	◎ 注 △ ○ △ △	東	○ ▲ ○ ▲ 注 ◎	△	△B △ △
持ち時計	金ダ1302② ダ1352① 小ダ1438② 阪ダ1493❷	芝1581④ ダ2000① ダ2034❸ 京ダ1485❹	ダ15[illegible]① 東ダ1[illegible]⑫ 小ダ14[illegible]⑥ 京ダ15[illegible]❶	名ダ1295❶ 名ダ1426① 小ダ1457❸ 阪ダ1521⑤	ダ[illegible]3① 東ダ[illegible]④ ダ[illegible]5① 阪ダ[illegible]❷	ダ2020② 東ダ1377❹ 小ダ1459⑤ 阪ダ1512⑪	ダ2014① 東ダ1364❾ ダ2048❸ 阪ダ1536①	芝1379⑥ 東ダ1365⑪ 小ダ1465① 中京ダ1511①	ダ1578② ダ2049❹ 阪ダ1510❶	ダ2132⑫ 阪ダ1502❸	ダ1586❽ ダ2041⑦ 小ダ1468⑬ 阪ダ1516①	芝1475② 芝2023⑦ 函ダ1451① 中ダ1504❷	阪ダ1224❻ 東ダ1359⑥ 函ダ1437① 阪ダ1517①	ダ1[illegible]① 東ダ1[illegible]③ ダ[illegible] ダ1[illegible]⑥	芝1589⑥ 中芝1341⑩ 芝2121② 中芝1480④	ダ1562❽ ダ2043⑧ 小ダ1439③ 京ダ1506❸
前々走	3小 7月10日 ④プロキオ 2 GIII 10ｿﾄ16頭 ダ1438 56小沢 H⑩⑥⑤ 520 人気14 漸進伸 1/2身 370外375 ゲンパチルシフ 1437 0.1	大井 6月29日 ③帝王 5 交流GI 7ｿﾄ9頭 ダ2044 57森泰 S②①① 487 人気4 先行一杯 6身 365内385 メイショウハリ 2033 1.1	3中京 5月21日 ⑤平安 7 GIII 9ｿﾄ16頭 ダ1583 57幸 S①①① 546B 人気4 逃一杯 8 1/2 361内375 テーオーケイン 1570 1.3	3新 8月27日 ⑤BSN賞 4 L 10ｿﾄ15頭 ダ1525 54荻野極 M④⑤④ 530 人気11 好位一息 6 1/4 365中386 ジュンライトボ 1515 1.0	3東 6月4日 ①アハルテ 4 オープン 6ｿﾄ16頭 ダ1362 57富田 S⑪⑥⑨ 486 人気10 中位伸も 4 1/2 363中356 アドマイヤルプ 1355 0.7	3東 6月18日 ⑤スレイプ 11 オープン 2ｿﾄ12頭 ダ2110 56吉田豊 M⑫⑫⑫ 502 人気8 出遅る 15身 386外378 テリオスベル 2085 2.5	大井 7月13日 ⑧JDダービー 3 交流GI 6ｿﾄ14頭 ダ2048 56池添 M②②① 464 人気1 先行粘る 1 1/4 357内386 ノットゥルノ 2046 0.2	4中京 6月4日 ①[illegible] 1 2勝 7ｿﾄ16頭 ダ1511 54川田 S④④④ 488 人気1 好位楽抜 8身 379内368 オディロン 1524 1.3	2新 8月7日 ④レパード 3 GIII 9ｿﾄ15頭 ダ1520 56藤岡佑 H⑪⑦⑦ 468 人気2 外よれ 1/2身 370外379 カフジオクタゴ 1519 0.1	3中 4月10日 ⑥[illegible] 14 オープン 4ｿﾄ16頭 ダ1530 56太宰 M⑧⑧⑥ 498 人気4 中位一杯 8 1/4 384中380 ウィリアムバロ 1516 1.4	盛岡 7月18日 ⑤マーキュ 7 交流GIII 10ｿﾄ14頭 ダ2041 54坂井 H①③⑤ 523 人気6 逃バテ 9 3/4 339内391 バーデンヴァイ 2025 1.6	3中 4月10日 ⑥[illegible] 1 オープン 13ｿﾄ16頭 ダ1516 56三浦 M③②② 486 人気1 好位抜出 3 1/2 374中375 ロードエクレー 1522 0.6	1函 6月26日 ⑥大沼 1 L 3ｿﾄ10頭 ダ1437 57菱田 S③②② 484 人気7 好位抜出 3/4身 368中363 ロッシュローブ 1438 0.1	大井 6月29日 ③帝王 3 交流GI 2ｿﾄ9頭 ダ2036 57Mデムーロ S⑧⑦⑦ 460 人気2 後方伸 1 3/4 373外369 メイショウハリ 2033 0.3	4小 8月14日 ②小倉記念 11 GIII 6ｿﾄ15頭 芝1597 56北村友 M③③⑤ 488 人気5 先行一杯 13 3/4 349中369 マリアエレーナ 1574 2.3	3小 7月10日 ④プロキオ 3 GIII 9ｿﾄ16頭 ダ1439 56藤岡康 H⑫⑥⑤ 478B 人気12 漸進伸 1身 372中376 ゲンパチルシフ 1437 0.2
前走	1札 8月7日 ⑥エルムS 6 GIII 7ｿﾄ14頭 ダ1446 56池添 S④④⑤ 528 人気7 好位一息 1 1/2 372外366 フルデプスリー 1442 0.4	4ヵ月余 放牧 乗込み5週間 仕上り○ 連対体重 476～496 3ヵ月以上休 ①②③外 1 1 1 6	5中京 10月1日 ⑧シリウス 12 GIII 5ｿﾄ16頭 ダ2000 57幸 M②②② 538B 人気5 先行一杯 13 3/4 365中403 ジュンライトボ 1577 2.3	4阪 10月15日 ④太秦 5 オープン 11ｿﾄ16頭 ダ1521 56武豊 S③②② 524 人気2 先行一息 5 3/4 375中378 ハギノアレグリ 1511 1.0	4阪 10月15日 ④太秦 1 オープン 6ｿﾄ16頭 ダ1511 56富田 S⑥⑦⑥ 492 人気1 中位差切 1 1/4 379外365 サンライズウル 1513 0.2	4ヵ月半 放牧 乗込み4週間 仕上り○ 連対体重 468～499 3ヵ月以上休 ①②③外 1 1 0 1	金沢 10月4日 ④白山大賞 5 交流GIII 7ｿﾄ12頭 ダ2144 55池添 H⑥⑤③ 467 人気1 逃上一杯 6 1/2 379内394 ケイアイパープ 2131 1.3	2新 8月7日 ④レパード 2 GIII 2ｿﾄ15頭 ダ1519 56川田 H⑥③③ 500 人気1 粘強い クビ 361中381 カフジオクタゴ 1519 0.0	5中京 10月1日 ⑧シリウス 2 GIII 8ｿﾄ16頭 ダ1578 53横山典 M⑩⑧⑧ 466 人気2 中位伸 3/4身 377内376 ジュンライトボ 1577 0.1	7ヵ月休 放牧 乗込み3週間 仕上り○ 連対体重 478～506 3ヵ月以上休 ①②③外 2 0 0 3	4東 10月23日 ⑦ブラジル 4 L 13ｿﾄ15頭 ダ2106 54酒井 S①①① 516 人気4 逃一息 3 3/4 368内368 ウシュバテソー 2100 0.6	4中 9月18日 4ラジ日本 2 オープン 4ｿﾄ16頭 ダ1504 57横山武 S②②② 496 人気1 先行伸 1/2身 370内369 アシャカトブ 1503 0.1	1札 8月7日 ⑥エルムS 8 GIII 2ｿﾄ14頭 ダ1450 56菱田 S①①② 480 人気3 逃一息 4 1/4 366内373 フルデプスリー 1442 0.8	4ヵ月余 放牧 乗込み4週間 仕上り○ 連対体重 446～464 3ヵ月以上休 ①②③外 3 3 1 1	4中 9月11日 ②京成AH 10 GIII 5ｿﾄ13頭 芝外1341 56大野 S⑫⑫⑫ 490 人気9 後直だけ 3身 368中339 ファルコニア 1336 0.5	5中京 10月1日 ⑧シリウス 5 GIII 11ｿﾄ16頭 ダ1585 55岩田望 M⑫⑭⑬ 484B 人気8 後方差詰 5 1/4 380中379 ジュンライトボ 1577 0.8

1着⑭サンライズホープ
　（11番人気）
2着⑫ハギノアレグリアス
　（2番人気）
3着③オメガパフューム
　（1番人気）

単⑭9070円　枠連6－7 7220円
複⑭1380円　⑫190円　③160円
馬連⑫－⑭17220円　馬単⑭→⑫57110円
ワイド⑫－⑭4170円　③－⑭5200円　③－⑫460円
3連複③⑫⑭21150円
3連単⑭→⑫→③267560円

ワイド⑫－⑭4170円！　③－⑭5200円！

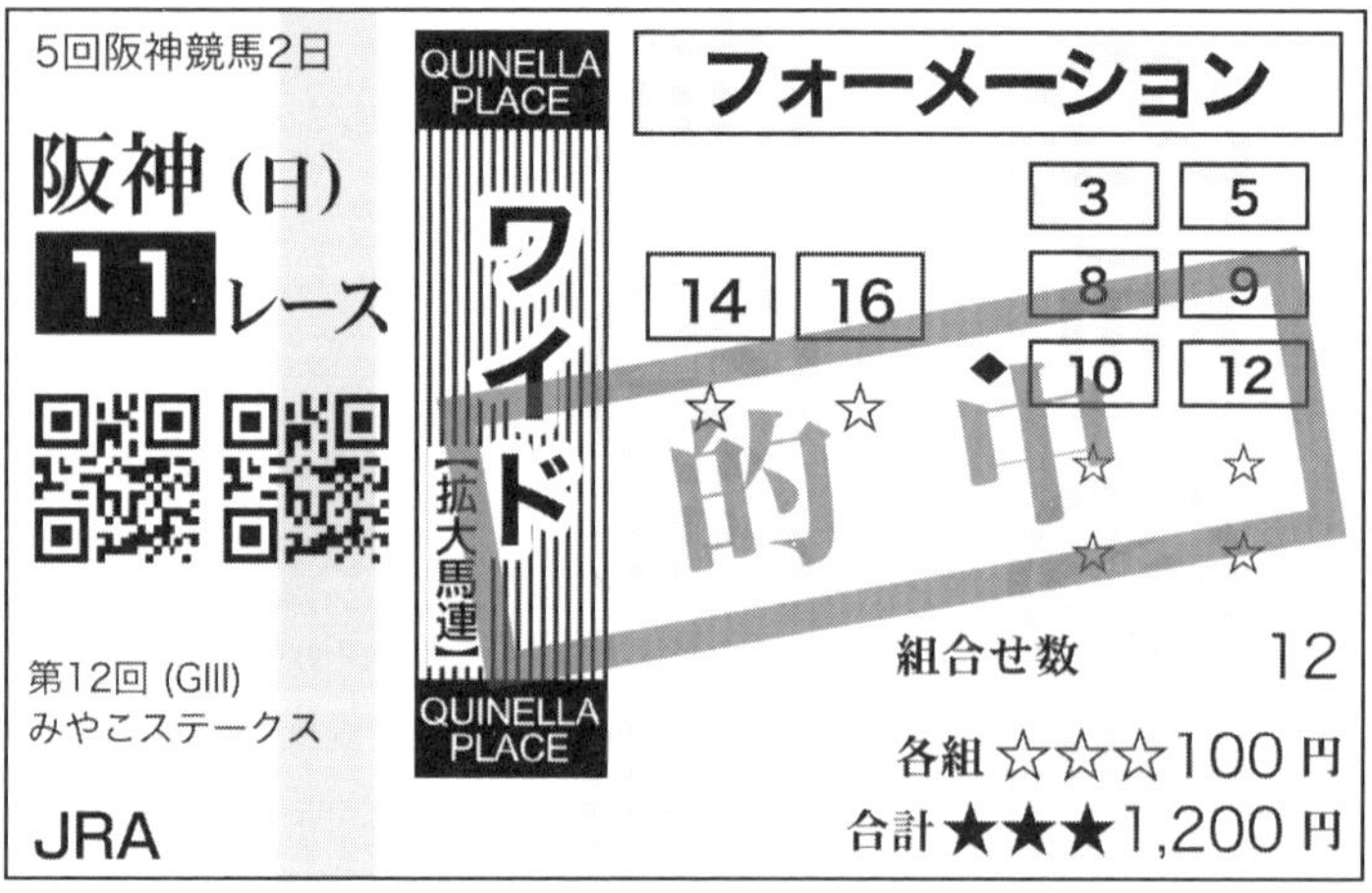

券に絡む可能性も否定できません。下位ランクで馬券に絡む可能性のある馬は「複勝15倍の壁」の前に潜んでいることが多いのです。

このレースの「複勝15倍の壁」の前の2頭は、⑭番と⑯番です。

私はこの2頭から複勝6倍未満の6頭へのワイド馬券を組み立てました。

レース結果はなんと、コンピ指数の判定が正しく、1着には「複勝15倍の壁」の前の1頭である⑭番サンライズホープが入りました。2、3着は複勝6倍未満の馬である、⑫番ハギノアレグリアス、③番オメガパフュームとなり、ワイド馬券はダブルで的中です。

ワイド⑫－⑭は４１７０円。③－⑭は５２００円の配当です。12点で９３７０円のリターン。回収率７８０％はまずまずの数字です。

このレースは「見えない理由」が間違った方向性に単勝や複勝オッズを導いたことになります。つまり、コンピ指数の「準大穴型レース」の判定が正しかったのです。

上位4頭が安定し「買い下がり」で万馬券的中

穴馬を見つける作業も大切ですが、上位ランクの馬の動きをチェッ

【図Ｉ】2022年11月６日・阪神11Ｒのコンピ指数と馬連・単勝・複勝ランク

コンピ順位	1位	2位	3位	4位	5位	6位	7位	8位	9位	10位	11位	12位	13位	14位	15位	16位
馬番	3	8	5	12	9	10	15	1	2	16	6	7	14	4	13	11

馬連ランク	3	8	5	12	9	10	15	2	1	16	6	14	4	13	7	11
馬連オッズ		10.6	11.2	11.3	14.7	34.9	42.4	78.5	88.5	98.2	110	176	211	265	324	442

単勝ランク	3	12	8	5	9	10	2	15	6	1	14	4	16	13	11	7
単勝オッズ	3.9	4.9	5.5	6.4	6.6	9.8	24.5	25.7	40.2	45.8	48.2	66.8	67.6	98.5	98.8	111

複勝ランク	3	12	8	5	9	10	2	15	6	1	14	16	4	13	7	11
複勝オッズ	2.0	2.5	2.5	2.5	2.9	3.6	6.6	7.0	8.4	8.7	10.6	11.5	16.6	19.0	19.3	20.7

▲複勝6倍の壁（6位と7位の間）　▲複勝15倍の壁（12位と13位の間）

クすることも忘れないでください。大谷式オッズ馬券では、コンピ指数、馬連ランク、単勝ランク、複勝ランクのバランスが重要な要素となります。各ランクとのバランスが取れている場合は、バランスの取れている馬同士の間から馬券に絡む可能性が高いものです。

ひとつ例を出して、上位ランクのバランスと穴馬への流し方を紹介しましょう。

２０２２年9月25日、中山10R内房Sです（P１６０参照）。まずは、このレースの「競馬予報」チェックです。コンピ指数1位は77P、46Pは14位。ただし、1位と3位とのポイント差は17Pなので、コンピ指数は「準大穴型レース」判定。9時半のオッズは馬連1番人気が9・8倍、単勝30倍未満の頭数は12頭なので、「競馬予報」からは「準大穴型レース」となりました。

馬連、単勝、複勝オッズを人気順に並び替え、表にまとめたのが【図J】です。

馬連2位は「オッズの壁」が出現し、馬連、単勝、複勝ランクでは、ランク間の移動は多少あるものの、⑮番、⑨番、⑥番、⑫番がほぼ揃っています（点線内）。このように馬連、単勝、複勝

【図J】2022年9月25日・中山10Rのコンピ指数と馬連・単勝・複勝ランク

コンピ順位	1位	2位	3位	4位	5位	6位	7位	8位	9位	10位	11位	12位	13位	14位	15位	16位
馬番	9	15	5	6	7	12	16	13	4	14	8	2	1	10	3	11
馬連ランク	15	9	6	12	5	4	8	7	16	2	13	14	1	11	10	3
馬連オッズ		9.8	19.9	24.3	28.0	38.4	47.2	63.6	64.3	81.5	88.2	95.1	138	330	356	420
単勝ランク	15	9	12	6	4	2	5	16	14	8	7	1	13	10	11	3
単勝オッズ	5.4	5.7	8.1	9.3	9.9	10.4	12.2	14.2	14.5	16.6	17.5	20.1	35.6	50.6	54.7	76.0
複勝ランク	9	12	15	6	4	16	8	5	14	7	1	2	13	11	10	3
複勝オッズ	2.1	2.9	3.1	3.3	3.7	4.7	4.8	5.1	5.2	5.4	5.9	6.4	7.2	11.6	13.7	18.9

穴馬ゾーン（9位〜14位）

オッズの壁（馬連2位と3位の間）

オッズの壁（馬連13位と14位の間）

複勝6倍の壁（複勝11位と12位の間）

ランクの間で4頭が固まっているケースでは、この4頭が中心のレース。すなわち、4頭の中から2頭が馬券に絡むことが多いです。

このレースは下位ランクが馬券に絡む「準大穴型レース」判定が出ています。穴馬は馬連9位から14位に潜んでいるケースが多いため、まず考えられる3連複フォーメーションは、

〈軸馬〉→〈軸馬〉→〈9～14位の穴馬〉

です。このレースの場合では、

〈軸馬〉⑮⑨⑥⑫番→〈軸馬〉⑮⑨⑥⑫番→〈9～14位の穴馬〉⑯②⑬⑭①番

の36点です。このまま購入してもいいのですが、もう少し検証することにしました。

まず9～14位の穴馬から一番複勝が売れていた⑯番に注目。次に注目したのが、二番目に複勝が売れていた⑭番です。⑭番は、馬連13位に出現した「オッズの壁」の前の1頭でもあります。そこで私は、

〈軸馬〉⑮⑨⑥⑫番→〈軸馬〉⑮⑨⑥⑫番→〈9～14位からの穴馬〉⑯⑭番

の3連複フォーメーションを組んでみました。

レース結果は、1着には「オッズの壁」の前の1頭、⑭番キタノリューオーが入りました。2着は上位ランクの1頭、⑥番サトノロイヤル。3着にも上位ランクの1頭である⑫番テイエムベンチャーと続き、3連複馬券の的中です。3連複⑥－⑫－⑭は1万6230円の配当でした。

後で気づいたのですが、「オッズの壁」のもう1頭、①番も入れる必要がありました。理由は①番は「複勝6倍の壁」からの浮上馬でもあったからです。2頭に穴馬を絞るのであれば、①番と⑭番だったかもしれません。

●2022年９月25日・中山10Ｒ内房Ｓ（３歳上３勝クラス、ダ1800m）

枠	馬番	馬名	父	母	毛色・斤量・性齢	騎手	厩舎	賞金	総賞金	馬主	生産者	印	持ち時計	前走	前々走
白1	1	ホウオウエーデル	ジャスタウェイ	タニノカリス 3勝	鹿 57 牡6	丹内	池上和	1500	5565	小笹芳央	岡田S	…… …… …… …… △ ……	三ダ2070⑪ 三ダ2098❼ 函ダ2312[1] 新ダ1529⑧	2東 5月22日 ⑩ 丹沢S 13 3勝 5ﾃ16頭 三ダ2124 56横山和 H ⑮⑮⑯ 496 人気11 後直だけ 14½ 404内367 キスラー 2099 2.5	4ヵ月休 放牧 乗込み4週間 仕上り○ 連対体重 474～492 3ヵ月以上休 ①②③外 0203
白1	2	トラモント	アイルハヴアナザー	フィロンルージュ 1勝	栗 57 騸5	北村宏	新開	1500	3610	シルクR	ノーザンF	△ …… …… △ …… 注	大ダ2013③ 三ダ2115⑧ 新ダ1506❹	2東 5月22日 ⑩ 丹沢S 8 3勝 10ﾃ16頭 三ダ2115 54石川 H ⑤⑤⑤ 510 人気3 好位一杯 9身 370中385 キスラー 2099 1.6	4ヵ月休 放牧 乗込み3週間 仕上り○ 連対体重 502～530 3ヵ月以上休 ①②③外 0012
黒2	3	グラスプルース	シンボリクリスエス	グラスブロード 未勝	鹿 57 牡8	木幡巧	牧	1300	6777	半沢	静内フジカワ牧場	…… …… △ …… …… B	東ダ1261② 東ダ1358❼ 札ダ1435❾ 中ダ1520[3]	2阪 4月24日 ⑩ 甲南S 13 3勝 4ﾃ15頭 三ダ2064 53酒井 S ⑥⑦⑨ 512 B 人気13 中位一杯 12身 368内381 レザネフォール 2045 1.9	2福 7月10日 ④ 天の川S 8 3勝 2ﾃ13頭 ダ1462 57木幡巧 S ⑧⑧⑧ 508 B 人気11 中位まま 7¼ 385外370 エマージングロ 1451 1.1
黒2	4	ダノンプレット	キングカメハメハ	ダイワズーム 4勝	栗 57 牡4	内田博	菊沢	1500	4580	ダノックス	社台F	注 △ △ …… 注 B▲	三ダ2091[13] 三ダ2092❶ 函ダ2367[11] 中ダ1540❸	3東 6月12日 ❹ [illegible] 1 2勝 1ﾃ16頭 三ダ2092 57レーン S ④④③ 514 B 人気1 好位楽抜 4身 378内357 セブンデイズ 2099 0.7	3ヵ月余 放牧 乗込み3週間 仕上り△ 連対体重 504～514 3ヵ月以上休 ①②③外 0101
赤3	5	ペイシャキュウ	サウスヴィグラス	ママキジャ 4勝	鹿 55 牝6	戸崎圭	蛯名利	1500	8512	北所直人	隆栄牧場	△ △ △ …… …… △	東ダ1380⑩ 札ダ1443④ 中ダ1525❺	2福 7月10日 ④ 天の川S 2 3勝 13ﾃ13頭 ダ1451 55戸崎圭 S ②②① 442 人気4 二位粘粘 クビ 374外366 エマージングロ 1451 0.0	2札 8月13日 [1] TVh賞 3 3勝 2ﾃ14頭 ダ1453 55武豊 S ③⑤④ 446 人気2 好位伸 3身 375中368 オセアダイナス 1448 0.5
赤3	6	サトノロイヤル	ヘニーヒューズ	カネトシキフジン 未勝	鹿 57 牡4	松山	南井	1500	4884	サトミホースC	高昭牧場	▲ ○ ◎ ▲ △ B△西	**2** 東ダ[illegible]② 小ダ1[illegible][3] [illegible]❹	1札 7月24日 ② 大雪HC 5 3勝 5ﾃ10頭 ダ1459 56浜中 M ④③② 508 B 人気3 G前伸欠 3½ 372中385 ブラッティーキ 1453 0.6	4小 9月4日 [8] 西日スポ 3 3勝 14ﾃ14頭 ダ1449 57和田竜 S ⑤③③ 506 B 人気3 好位伸 1¼ 367外378 クリノドラゴン 1447 0.2
青4	7	グランツアーテム	マクフィ	オクシペタルム 1勝	鹿 57 牡4	宮崎	中川	1500	3440	ウエストフォレストS	高村伸一	…… △ …… △ ◎ △	東ダ1246[4] 東ダ1359[1] 芝2065⑤ 中ダ1535⑦	2東 4月24日 [2] 4歳上 1 2勝 14ﾃ16頭 ダ1359 57宮崎 H ⑭⑫⑪ 498 人気1 後方一気 ½身 358外360 アイリッシュセ 1360 0.1	5ヵ月休 放牧 乗込み5週間 仕上り○ 連対体重 466～498 3ヵ月以上休 ①②③外 0102
青4	8	タイセイスラッガー	タイセイレジェンド	ベネフィット 未勝	鹿 57 牡4	石橋脩	高橋裕	1500	5180	田中成奉	ナカノF	△ …… …… 注 ▲ B	大ダ2035⑯ 東ダ1367❶ 新ダ1454❻ 新ダ1519①	2福 7月23日 ❼ [illegible] 9 2勝 9ﾃ15頭 ダ1460 57 Mデムーロ S ③③④ 536 B 人気5 先行一杯 5¾ 366中386 ロードインファ 1450 1.0	3新 9月4日 ⑧ [illegible] 1 2勝 10ﾃ15頭 ダ1519 57菅原明 S ②②② 540 B 人気7 先行抜出 クビ 365中377 サブリーエンジ 1520 0.1
黄5	9	オンザライン	スクリーンヒーロー	ステラスターライト 1勝	青鹿 57 牡4	横山武	大和田	1500	5850	久保田定	社台F	◎ ▲ ▲ ○ ○ ◎	三ダ2116[3] 東ダ1365② 新ダ1456④ 新ダ1518[3]	2福 7月10日 ④ 天の川S 4 3勝 4ﾃ13頭 ダ1456 57菅原明 S ⑤⑤⑥ 448 人気1 中位伸も 3½ 381中367 エマージングロ 1451 0.5	3新 9月3日 [7] [illegible] 3 3勝 13ﾃ15頭 ダ1518 56菅原明 S ⑥⑦⑤ 448 人気2 中位伸 4¼ 370中375 ルリアン 1510 0.8
黄5	10	デルマオニキス	オンファイア	デルマトモエゴゼン 未出	芦 57 牡5	菊沢	勢司	1500	3977	浅沼廣幸	ファニーヒルF	…… …… …… …… …… ……	新ダ1447[8] 中ダ1530⑥	3中 4月16日 [7] 下総S 11 3勝 6ﾃ12頭 ダ1547 57三浦 S ⑫⑪⑩ 490 人気8 後方まま 16½ 408外377 テリオスベル 1519 2.8	5ヵ月余 放牧 乗込み5週間 仕上り○ 連対体重 456～482 3ヵ月以上休 ①②③外 1013
緑6	11	カフェスペランツァ	ハーツクライ	カフェヒミコ 3勝	鹿 57 牡5	吉田豊	中舘	1500	4262	西川恭子	三石橋本牧場	…… …… …… …… …… ……	東ダ1372⑨ 新ダ1508[5]	2東 5月7日 ⑤ 立夏S 9 3勝 2ﾃ16頭 ダ1376 57吉田豊 S ⑩⑨⑧ 518 人気10 出遅る 9¼ 368内364 サンライズウル 1360 1.6	4ヵ月半 放牧 乗込み4週間 仕上り○ 連対体重 502～520 3ヵ月以上休 ①②③外 0003
緑6	12	テイエムベンチャー	エスポワールシチー	ゼリービーン 3勝	鹿 57 牡4	国分恭	五十嵐	1500	4020	竹園正繼	厚賀古川牧場	△ …… …… …… △ 西	**3** [illegible]	2阪 4月30日 [11] 4歳上 1 2勝 3ﾃ11頭 ダ1531 57国分恭 S ②②② 514 人気3 先行抜出 1½ 386中364 イルミネーター 1534 0.3	2新 8月6日 ③ 柳都S 4 3勝 11ﾃ15頭 ダ1521 57国分恭 S ⑦③③ 526 人気8 中位差詰 4身 371中386 ノーブルシルエ 1515 0.6
橙7	13	ショウナンマリオ	トビーズコーナー	アクアブルーハート 未勝	黒鹿 57 牡5	三浦	加藤士	1500	8590	湘南	高昭牧場	△ 注 注 △ …… △	三ダ1148❼ 東ダ1363[2] 福ダ1441[3] 新ダ1514②	2福 7月10日 ④ 天の川S 3 3勝 3ﾃ13頭 ダ1456 57 Mデムーロ S ③②② 492 人気3 先行粘る 3¼ 377中370 エマージングロ 1451 0.5	2新 8月6日 ③ 柳都S 10 3勝 9ﾃ15頭 ダ1530 57松山 S ⑦⑤⑤ 496 人気4 中位一杯 8¾ 369中391 ノーブルシルエ 1515 1.5
橙7	14	キタノリューオー	ジョーカプチーノ	モリトオウカー 1勝	鹿 57 牡4	丸山	萱野	1500	4307	北所直人	見上牧場	△ △ △ △ △ △	**1** ダ1[illegible]21① 東ダ[illegible]55① 札ダ1[illegible]59[6] 中ダ1[illegible]6③	2福 7月10日 ④ 天の川S 10 3勝 12ﾃ13頭 ダ1465 57三浦 S ⑤⑤⑥ 468 人気5 好位一杯 8½ 383外377 エマージングロ 1451 1.4	2札 8月13日 [1] TVh賞 6 3勝 13ﾃ14頭 ダ1459 57丸山 S ⑫⑩⑧ 476 人気5 後方差詰 7身 385外370 オセアダイナス 1448 1.1
桃8	15	(地)ロードインファイト	キンシャサノキセキ	パルテノン 未勝	黒鹿 57 牡5	川田	野中	1160	3508	ロードHC	ケイアイF	○ ◎ ○ ◎ …… B○西	京ダ1241❼ 中ダ1370❶ 小ダ1448[2] 新ダ1532①	2福 7月23日 ❼ [illegible] 1 2勝 13ﾃ15頭 ダ1450 57石川 S ⑥②② 450 B 人気6 漸抜出 クビ 368中377 カズロレアート 1450 0.0	4小 9月4日 [8] 西日スポ 2 3勝 12ﾃ14頭 ダ1448 57富田 S ②②② 452 B 人気9 先行伸 1身 364中378 クリノドラゴン 1447 0.1
桃8	16	スノームーン	ドゥラメンテ	ドルドラムズ 米	鹿 55 牝4	菅原明	萩原	1500	2554	NICKS	日高大洋牧場	…… …… …… …… △ ……	芝1385⑧ 東ダ1360⑤ 新ダ1468[1] 中ダ1531①	2中 3月5日 ③ 上総S 15 3勝 3ﾃ16頭 ダ1576 53菅原明 S ⑧⑫⑭ 468 人気5 中位一杯 大差 373中421 ホウオウルバン 1521 5.5	3東 6月26日 ⑧ 甲州S 5 3勝 6ﾃ16頭 ダ1360 53菅原明 M ③④④ 464 人気6 好位一息 4身 355内367 メイショウマサ 1353 0.7

1着⑭キタノリューオー
（6番人気）
2着⑥サトノロイヤル
（4番人気）
3着⑫テイエムベンチャー
（3番人気）

単⑭1190円　枠連3－7 2290円
複⑭320円　⑥270円　⑫260円
馬連⑥－⑭5750円　馬単⑭→⑥11260円
ワイド⑥－⑭1740円　⑫－⑭1510円　⑥－⑫1140円
3連複⑥⑫⑭16230円
3連単⑭→⑥→⑫113610円

3連複⑥⑫⑭1万6230円！

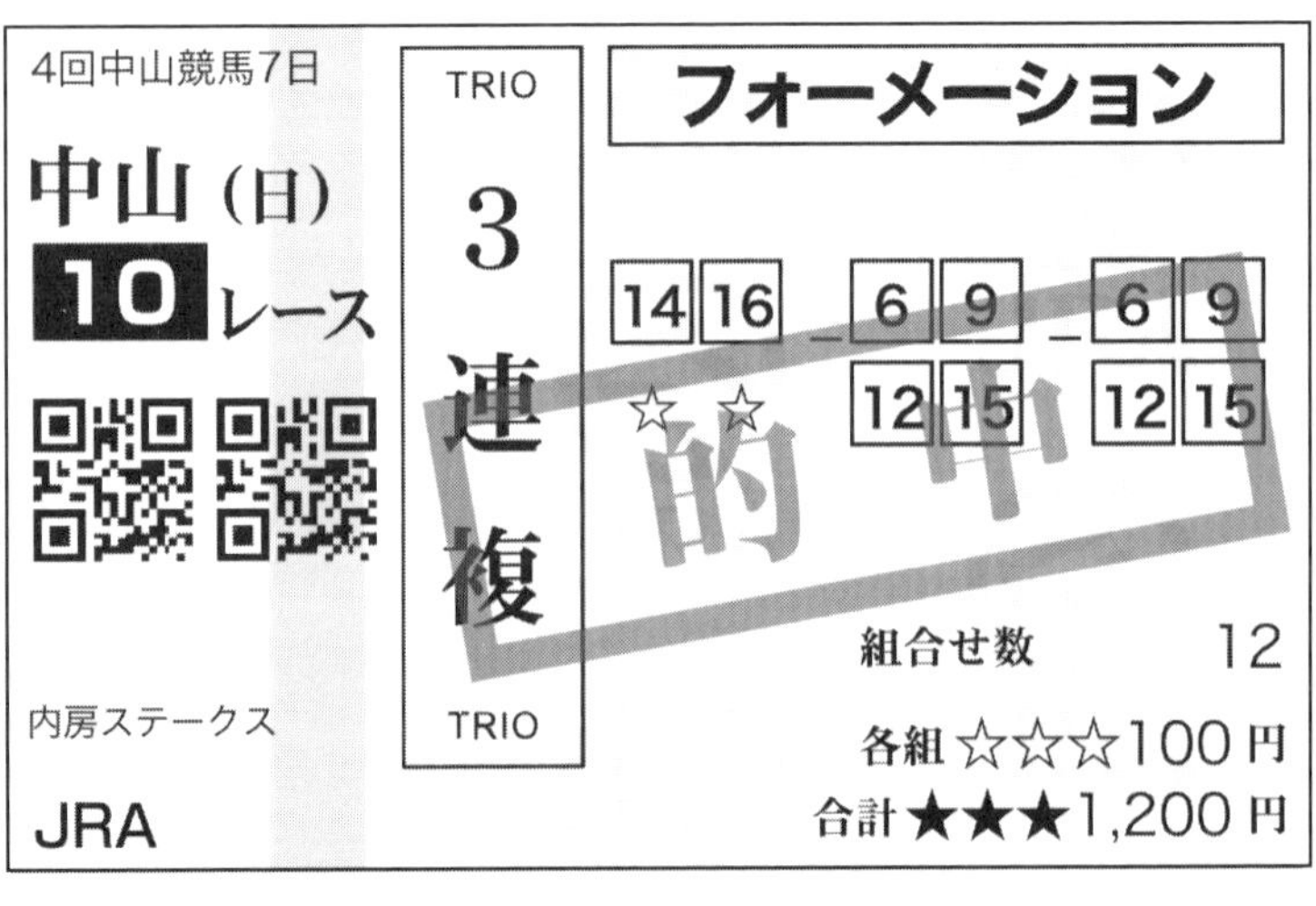

4回中山競馬7日
中山（日）
10レース
内房ステークス
JRA
TRIO
3連複
TRIO
フォーメーション
14 16 ☆ ☆
6 9 12 15
6 9 12 15
的中
組合せ数 12
各組 ☆☆☆100円
合計 ★★★1,200円

先述した通り、このような馬券の組み立て方を「買い下がり方式」と呼んでいます。反対に下位ランクの穴馬を特定し、上位ランクへの馬へ流す方式を「買い上がり方式」といいます。

「買い下がり方式」は、「競馬予報」から「穴型レース」として浮上したレースが、上位ランク4頭に人気が集まり、下位ランクからの穴馬が特定できないようなケースで活用するといいでしょう。

しかし〈軸馬〉→〈軸馬〉→〈9～14位の穴馬〉には、メリットとデメリットがあります。

メリットは上位ランクの馬さえしっかりと4頭選び出すことができれば、穴馬候補は6頭もいるため的中率は高い点です。デメリットは上位ランクの馬が3連複馬券に2頭絡んでしまうため、配当的な妙味があまりない点です。それでも、このレースのように3連複は万馬券になるケースも多いのです。

統計学の正規分布の考え方と穴馬との関係

統計学では多くのデータが集まり、データのバラツキをグラフに表すと平均値に集積するようなグラフができ上がります。「正規分布」と呼ばれる表です（【図K】）。

この統計学の性質を馬券に応用して馬券に絡む馬を見つけ出す手法を考え出しました。ランク間の中央値（メジアン）に注目したのです。

この手法は、第7章で紹介するWIN5の単勝馬券を見つけ出す手法でも応用しています。

さて、実際のレースを例にとって中央値（メジアン）馬券を紹介していきましょう。

2022年12月11日、阪神11R、GⅠ・阪神ジュベナイルフィリーズです（P164参照）。

このレース、馬連、単勝、複勝オッズを人気順に並び替え、ひとつの表にまとめたものが【図L】です。

私はブログで次のように発表しました。原文のまま、ここに転用します。

このレースには馬連7位に「オッズの壁」があり、その前の2頭が⑯番と⑭番となっています。「複勝6倍の壁」からも⑯番と⑭番が浮上しています。この2頭を比較すると⑯番はコンピ4位からの馬です。一方、⑭番は7位であり、コンピ7位、馬連7位、単勝6位、複勝6位とすべて中穴ランクの5~8位に入っています。中穴馬としては⑭番に注目しました。

もう一頭中穴馬として注目したのは、馬連ランク9位の⑬番です。⑬番には「馬連人気分布表」からボトム値がありました。

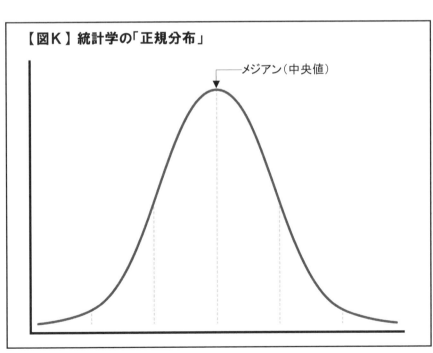

【図K】統計学の「正規分布」

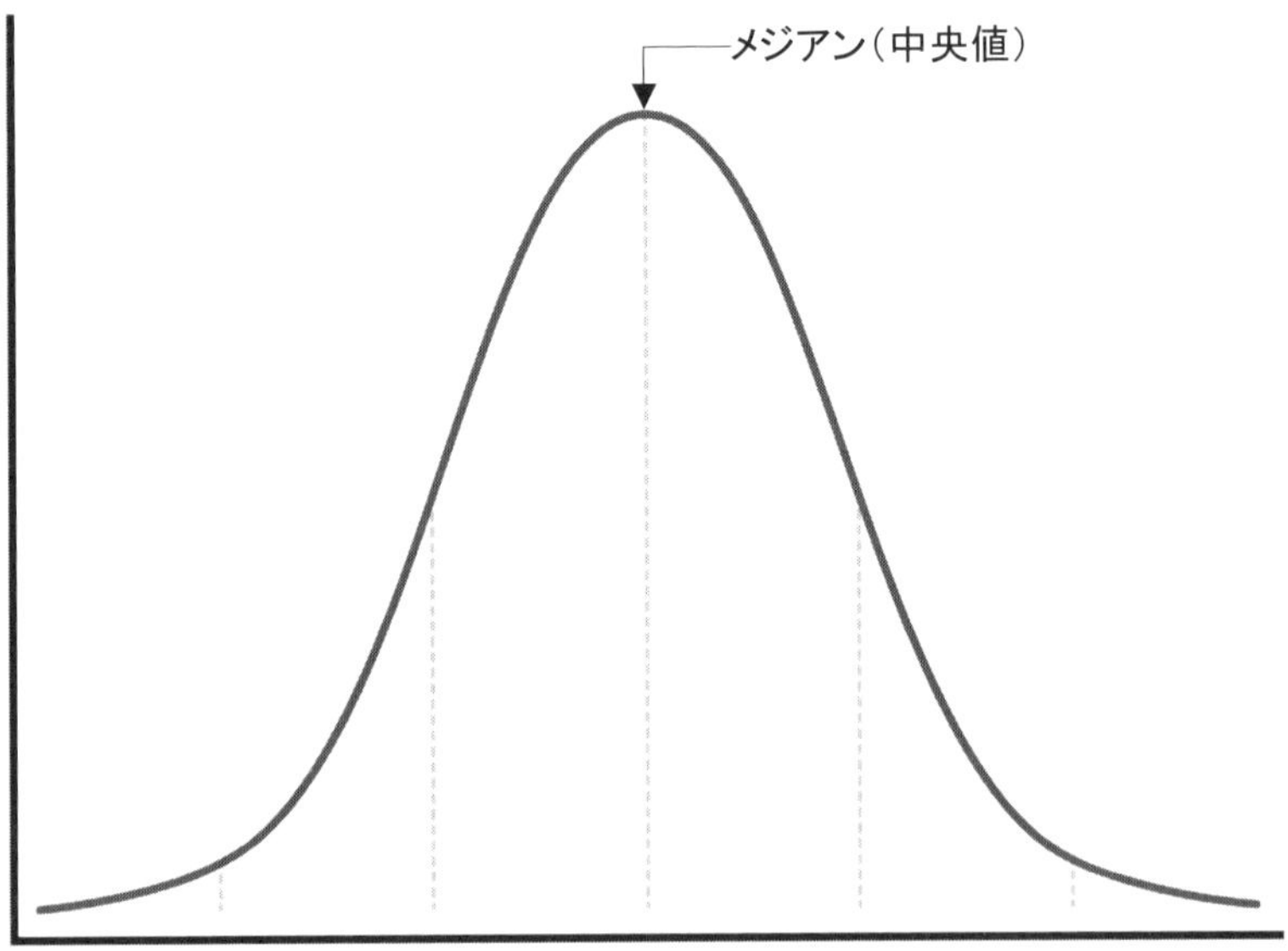

【図Ｌ】2022年12月11日・阪神11Ｒのコンピ指数と馬連・単勝・複勝ランク

コンピ順位	1位	2位	3位	4位	5位	6位	7位	8位	9位	10位	11位	12位	13位	14位	15位	16位	17位	18位
馬番	9	18	17	16	5	1	14	10	3	13	15	12	8	4	11	6	7	2

中穴馬　中央値（メジアン）

馬連ランク	9	18	17	5	1	16	14	2	13	12	3	4	15	6	8	11	10	7
馬連オッズ		8.1	10.3	11.7	19.7	20.7	23.2	52.3	55.0	59.6	75.9	92.0	92.2	94.9	335	345	354	647

オッズの壁　オッズの壁

単勝ランク	9	17	5	18	1	14	16	2	12	3	13	6	4	15	11	10	8	7
単勝オッズ	3.5	5.9	6.6	7.1	10.9	14.0	14.5	23.3	32.5	40.3	40.5	46.4	50.3	63.8	117	166	168	228

オッズの壁

複勝ランク	9	17	5	18	1	14	16	2	12	13	3	6	4	15	11	10	8	7
複勝オッズ	1.9	2.7	2.8	3.0	3.7	4.2	4.6	6.1	7.6	7.9	9.8	9.9	10.2	11.2	23.5	28.2	34.8	44.0

複勝6倍の壁　複勝15倍の壁

つまり中穴馬候補として⑬番と⑭番を浮上させたのです。私は⑬番と⑭番の相手馬には③番、そして上位6頭、⑨⑱⑰⑤①⑯番への3連複フォーメーション12点をまず組み立てました（P●の馬券参照）。問題となるのは、どうして③番を選ぶことができたかです。

【図Ｌ】をご覧ください。馬連7位と14位には「オッズの壁」があります。複勝ランクを見ると、「複勝6倍の壁」が7位、「複勝15倍の壁」が14位です。単勝14位にも「オッズの壁」があります。

このように壁に囲まれた状態のときには、中央値（メジアン）に注目するのです。馬連7位から14位、単勝7位から14位、複勝7位から14位の馬を抜き出してみると、

馬連ランク＝②⑬⑫「③」④⑮⑥
単勝ランク＝②⑫③「⑬」⑥④⑮
複勝ランク＝②⑫⑬「③」⑥④⑮

このようになっていました。「」で囲んだ数字は各ランクの真ん中の馬番、すなわち中央値（メジアン）です。③番と⑬番が浮上していることがわかります。⑬番はすでに浮上している

●2022年12月11日・阪神11R阪神ＪＦ（２歳ＧⅠ、芝1600m）

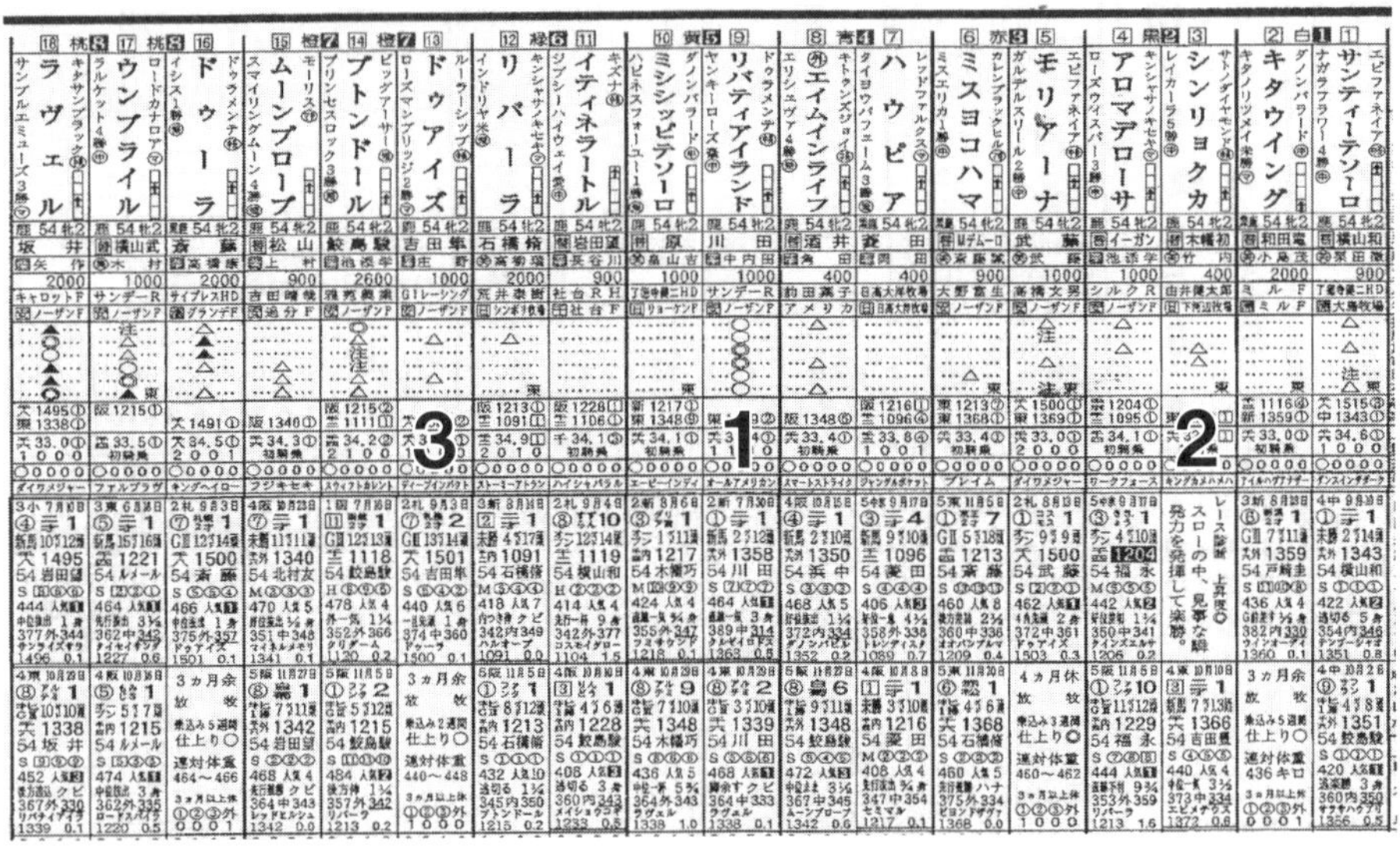

馬番	馬名
1	サンティーテソーロ
2	キタウイング
3	シンリョクカ
4	アロマデローサ
5	モリアーナ
6	ミスヨコハマ
7	ハウピア
8	エイムインライフ
9	リバティアイランド
10	ミシシッピテソーロ
11	イティネラートル
12	リバーラ
13	ドゥアイズ
14	ブトンドール
15	ムーンプローブ
16	ドゥーラ
17	ウンブライル
18	ラヴェル

1着⑨リバティアイランド
（1番人気）
2着③シンリョクカ
（12番人気）
3着⑬ドゥアイズ
（10番人気）

単⑨260円　枠連2－5 3920円
複⑨140円　③910円　⑬560円
馬連③－⑨7550円　馬単⑨→③9980円
ワイド③－⑨2540円　⑨－⑬1580円　③－⑬15800円
3連複③⑨⑬64960円
3連単⑨→③→⑬178460円

3連複③⑨⑬６万4960円！

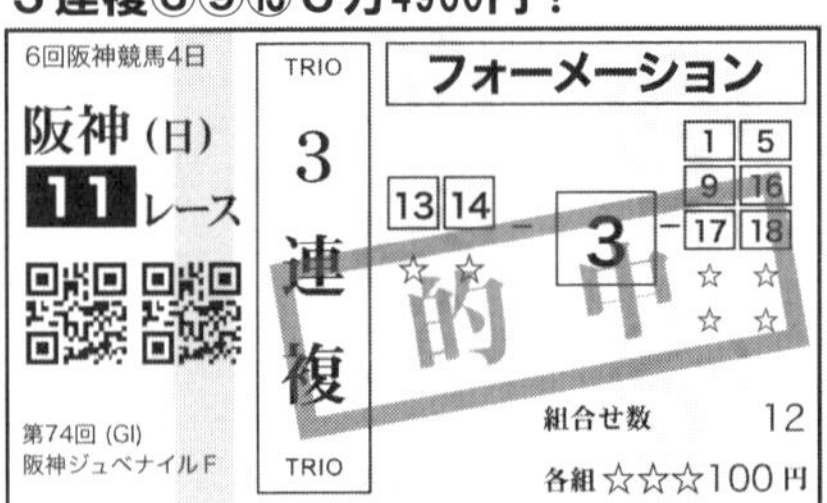

ワイド③－⑬１万5800円！

中穴馬候補ですから、ここからは③番だけに注目すればいいことになります。

これが3連複フォーメーション馬券「⑬⑭番→③番→⑨⑱⑰⑤①⑯番」の「③番」の正体だったのです。

レース結果はご存知の通り、1着には1番人気の⑨番リバティアイランド。そして2着には中央値（メジアン）馬の③番シンリョクカ、3着に中穴馬候補の1頭、⑬番ドゥアイズと入り、3連複馬券の的中です。3連複③－⑨－⑬は6万4960円という結構な配当となりました。

私は7～14位の馬から馬券に絡む馬が出ると考え、中穴馬⑬番、⑭番からのワイド馬券も押さえておきました（複勝15倍の壁の前の2頭との組み合わせ⑭⑬番→④⑮番は別途購入済みです）。ワイド③－⑬1万5800円馬券もGETです。

大谷式馬券の組み立て方③
「大穴型」レースでは、上位４頭の動きに注視せよ

下記に示した２つの的中馬券の買い方には共通するものがあります。Aは P 157で紹介している2022年９月25日、中山10 R内房S。Bは12月24日、阪神11 R阪神Cの３連複馬券です。

Aは⑥・⑨・⑫・⑮番、Bは④・⑩・⑭・⑱番を軸馬サイドとして馬券を組み立ています。これは上位４頭にあたります。

「競馬予報」から「大穴型レース」として判定されたレースがすべて、ハッキリとした穴馬が浮上するとは限りません。しかし「大穴型レース」ですから、下位ランクの馬が馬券に絡む可能性は高いものです。

穴馬探しと同様にチェックしなければならないポイントは、上位ランク４頭のバランスです。Aでは上位４頭は、コンピ指数、単勝、複勝が⑥･⑨･⑫･⑮番に集中しており、この４頭から売れていることがわかります。つまり３連複フォーメーションの軸馬は、この４頭で決定です。穴馬は下位ランクに潜んでいるはずなので、下位ランクの馬を中心に穴馬候補を探し出し、結果的に⑭番と⑯番を浮上させました。

Bも同じように上位ランクを調べてみると、④・⑩・⑭・⑱番の上位４頭から売れていることがわかりました。しかし、このレースではハッキリとした穴馬候補が浮上してきません。そこで下位ランクの馬に手広く流し、穴馬として購入した１頭、③番が３着に入り（１、２着は上位ランクの２頭）、３連複馬券の的中となりました。

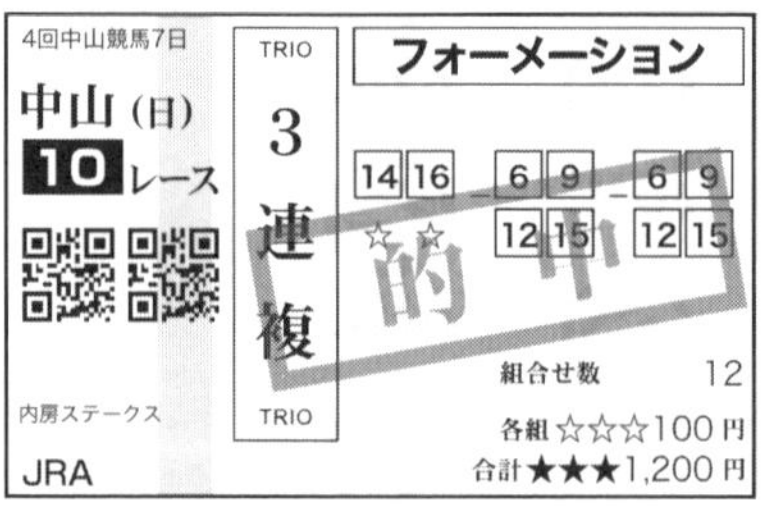

（A）３連複⑥⑫⑭1万6230円！

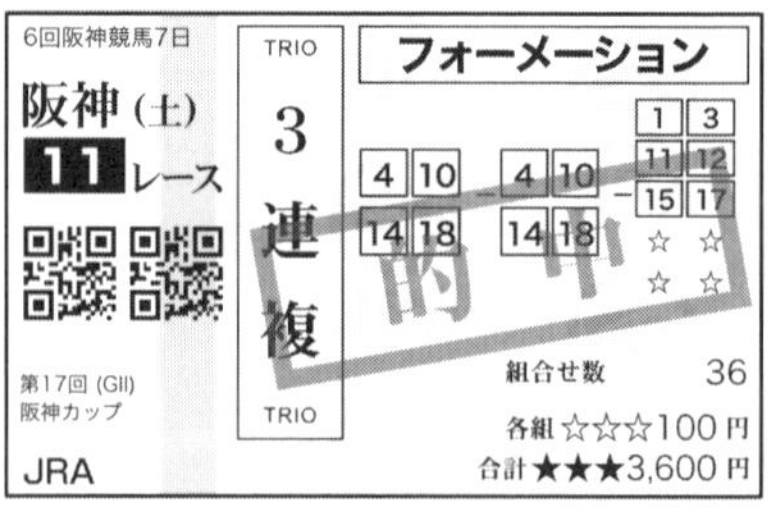

（B）３連複③⑭⑱2万990円！

第7章

＜投資2＞

WIN5―100万馬券を攻略する！

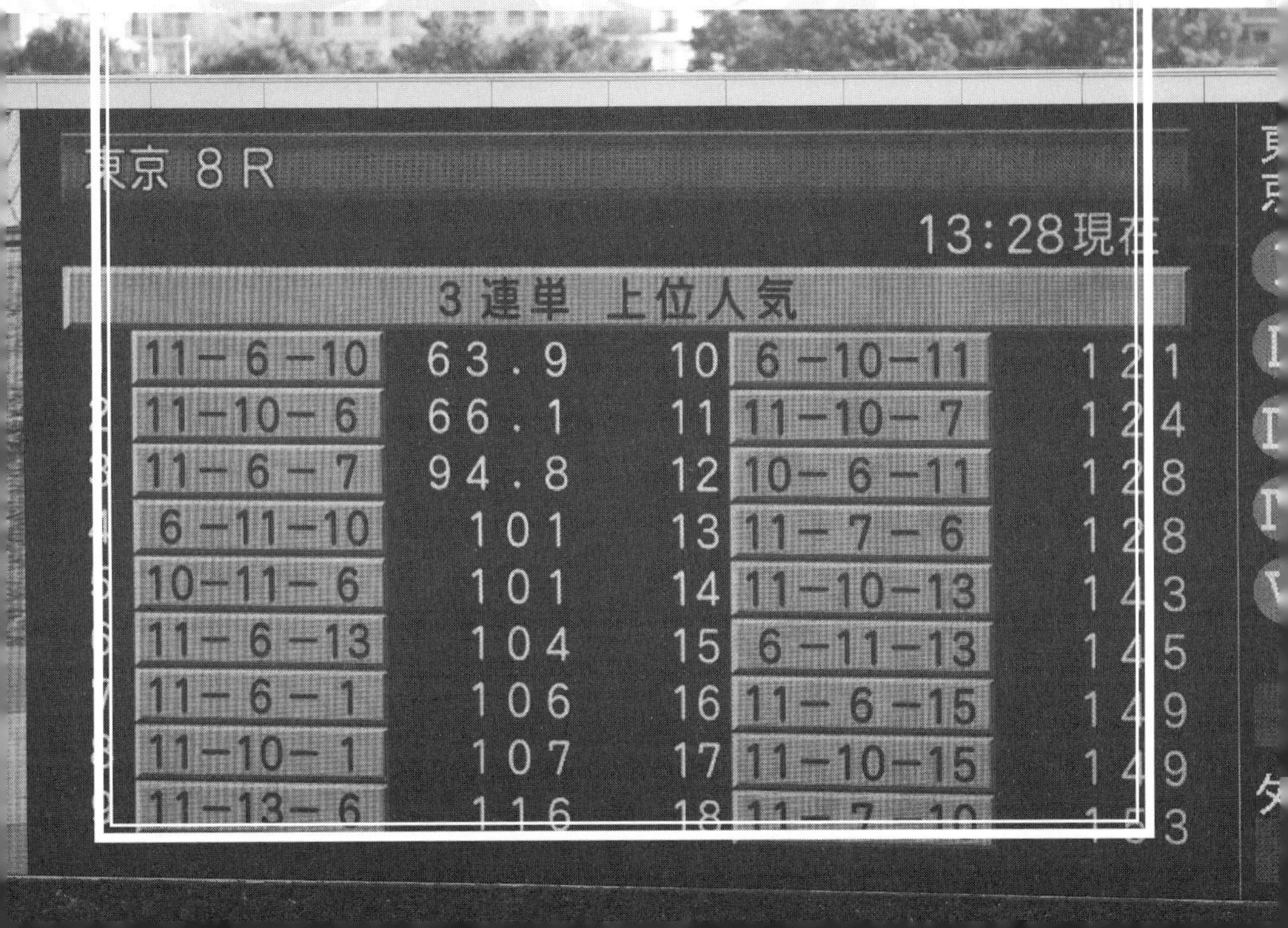

100万馬券と単勝人気ランクとの関係

ＷＩＮ５は基本、１週間に1回発売され、年間約50回行なわれています。ＷＩＮ５は億を超える高額配当が狙える馬券といわれていますが、実際に億を超えるような配当を的中させるのは至難の業です。

常に高額配当が飛び出しているのなら、手広く点数を広げて購入する手もありますが、億を超えるような配当でＷＩＮ５が決着したケースはそう多くありません。

２０２２年は、年末12月28日まで57回のＷＩＮ５が行なわれました。

【図Ａ】をご覧ください。これは、その57回のＷＩＮ５の中で、配当金が３００万円未満になったケースの人気と配当との関係をまとめた表です。

人気は朝９時半のオッズの単勝人気なので、最終オッズとは異なるケースがあります。また、単勝10位以下の人気薄の馬が1着になった場合は、10番人気でも14番人気でも、人気ランクは「10」として計算しています。

22年は、この表の通り（57回中）31回が３００万円未満のレース結果となりました。2回に1回以上の頻度（約54％）で、配当が３００万円未満で決まっていることがわかります。

さらに、その31回を検証すると、22回は１００万円未満で決まっています。つまり3回に1回以上は１００万円未満の配当で決まっているのです。

次に【図Ｂ】をご覧ください。こちらの表は、【図Ａ】の中から１００万円未満の配当になった回だけを抜き出し、ひとつの表にまとめたものです。

【図Ａ】2022年、配当300万円未満のＷＩＮ５

	1R目	2R目	3R目	4R目	5R目	合計人気	配当			
							～50万	～100万	～200万	～300万
1月5日	3	3	1	6	8	21			192	
1月9日	1	3	4	1	4	13	39			
1月10日	1	4	3	5	1	14	23			
2月6日	2	4	1	2	4	13	17			
2月20日	2	3	2	2	2	11	39			
2月27日	1	1	10	1	2	15			164	
3月6日	7	4	1	5	3	20			130	
3月20日	1	1	5	1	2	10	6			
3月21日	4	1	1	1	3	10	7			
3月27日	1	3	5	1	8	18			157	
4月10日	1	1	1	5	8	16	29			
5月1日	4	1	5	1	2	13	24			
5月22日	1	2	3	5	2	13	30			
6月5日	4	1	3	3	3	14				240
6月12日	1	10	1	2	4	18				222
7月3日	1	4	4	2	3	14		53		
7月17日	1	2	3	3	8	17			133	
7月24日	3	2	1	6	2	14		63		
8月14日	1	1	3	2	3	10	4			
8月28日	1	10	5	6	5	27				231
9月11日	1	4	1	1	2	9	2			
9月19日	2	1	1	3	4	11	6			
10月2日	1	3	1	6	9	20		89		
10月9日	6	1	2	3	1	13		61		
10月10日	2	2	2	3	2	11	22			
10月16日	2	1	1	7	3	14			134	
10月30日	1	1	1	3	1	7	18			
11月20日	2	1	8	1	6	18		64		
11月27日	1	2	1	1	1	6	5			
12月11日	3	1	2	1	1	8	2			
12月18日	6	2	3	2	1	14	50			
備考						13.1	17回	5回	6回	3回

←勝ち馬の人気→

※10番人気以下は「10」で統一

【図Ｂ】2022年、配当100万円未満のＷＩＮ５

	1R目	2R目	3R目	4R目	5R目	合計人気	配当			
							～50万	～100万	～200万	～300万
1月9日	1	3	4	1	4	13	39			
1月10日	1	4	3	5	1	14	23			
2月6日	2	4	1	2	4	13	17			
2月20日	2	3	2	2	2	11	39			
3月20日	1	1	5	1	2	10	6			
3月21日	4	1	1	1	3	10	7			
4月10日	1	1	1	5	8	16	29			
5月1日	4	1	5	1	2	13	24			
5月22日	1	2	3	5	2	13	30			
7月3日	1	4	4	2	3	14		53		
7月24日	3	2	1	6	2	14		63		
8月14日	1	1	3	2	3	10	4			
9月11日	1	4	1	1	2	9	2			
9月19日	2	1	1	3	4	11	6			
10月2日	1	3	1	6	9	20		89		
10月9日	6	1	2	3	1	13		61		
10月10日	2	2	2	3	2	11	22			
10月30日	1	1	1	3	1	7	18			
11月20日	2	1	8	1	6	18		64		
11月27日	1	2	1	1	1	6	5			
12月11日	3	1	2	1	1	8	2			
12月18日	6	2	3	2	1	14	50			
備考						11.2	17回	5回		

アミのかかった箇所は、7番人気以下の馬が1着になった場合を示しています。ご覧の通り、3回しか1着になっていません。つまり6番人気以内の馬の中から単勝注目馬を見つけ出すだけでも、そこそこの配当をGETすることを表しているのです。

WIN5対象の5つのレースで、1着になった馬の人気の合計の平均値は11・2人気となっています。1レースあたり2・24人気ですから、それほどハードルの高くない数値であることがわかります。

【図A】と【図B】の表を見ると、WIN5では闇雲に高額配当を狙うのではなく、**少点数で100万円未満の的中を狙ったほうが効率がいい**――ということが理解できるのではないでしょうか。

３連単馬券で１００万馬券を狙うのであれば、そこそこの点数は必要になってきます。しかも人気薄の馬が馬券に絡まなければ１００万馬券にはなりません。しかし**WIN5の100万馬券は、上位人気の馬を選び出すだけでGETすることが可能**なのです。

複勝3倍未満の馬や上位ランクの馬に注目する

では具体的に、上位ランクからどのような馬を浮上させればいいのでしょうか。そのノウハウを紹介していきましょう。

まずチェックするのは「複勝３倍未満の馬」です。複勝３倍未満の頭数が３頭の場合では、この３頭から1着馬が出るケースが多いです。特に複勝1位と２位には要注意です。

それから複勝３倍未満の馬の中には、複勝1倍台の馬がいるケースがあります。この馬も無条件に注目することにしています。

複勝３倍未満の頭数が４頭以上になったケースもあります。これは、レースそのものが波乱になる可能性が高い一戦です。「競馬予報」で「大穴型レース」と判定されたレースで、このようなケースが現れる傾向があります。４頭以上出現したレースでは、複勝３倍未満の馬の中からどれが1着になるのか、判定することが難しく、他の方法で候補馬を見つけ出していきます。

それから調べなければならないのが、上位ランク３頭の日刊コンピ指数、馬連、単勝、複勝ランクがどのようになっているかです。

コンピ指数上位3頭は、指数をチェックし、高い順に並べていきます。馬連ランクは、これまでに何度も紹介してきた馬連1番人気の組み合わせの馬番で、単勝人気の上の馬から並び替えていけばわかります。単勝や複勝ランクも同様に調べていくと……

コンピ＝1位①番・2位②番・3位③番
馬　連＝1位①番・2位②番・3位③番
単　勝＝1位①番・2位②番・3位③番
複　勝＝1位①番・2位②番・3位③番

このようにきれいに揃うケースがあります。この場合は①番と②番を、注目単勝馬として浮上させます。

コンピ指数、馬連、単勝ランクでは①番が1位になっているにも関わらず、複勝ランクでは②番、③番より人気がない、次のようなケースもあります。

コンピ＝1位①番・2位②番・3位③番
馬　連＝1位①番・2位②番・3位③番
単　勝＝1位①番・2位②番・3位③番
複　勝＝1位②番・2位③番・3位①番

こうした場合は、②番と③番を、注目単勝馬として浮上させます。

このように、まずは**「複勝3倍未満の馬」「上位ランクの馬」をチェックし、注目単勝馬を見つけ出していきます。**

「中穴馬の見つけ方」は経済学者のポアンカレが教えてくれた

有名な数学者のひとりにフランス人のジュール＝アンリ・ポアンカレ（１８５４〜１９１２）がいます。彼は統計学についても詳しく、こんな面白い逸話が残っています。

彼は毎日のように、決まったパン屋さんで１０００ｇのパンを買い求めていました。そして家に帰るとパンの重さを量り、毎日記録を続けました。人間の手で作ったパンですから、ある日購入したパンの重さが１０１０ｇ、またある日に購入したパンの重さが９９０ｇというように、多少の誤差はあっても不思議ではありません。

多くのデータが集まれば、パンの重さの平均は１０００ｇに近づかなければならず、また数値のバラツキは統計学でいうところの「正規分布」になっていきます（Ｐ１６２にも登場したグラフです）。確かに重さのバラツキは正規分布にはなったのですが、その平均値は９５０ｇだったというのです。１０００ｇのパンを作って売っていたのであれば、正規分布の平均値は１０００ｇにならなければならないはず。それが９５０ｇの正規分布表になっているということは、パン屋は意図的に９５０ｇのパンを作り、それを１０００ｇのパンだと偽って売っていたことがわかったのです。

私はこの逸話を知ったとき、馬券の世界でも応用できないかと考えました。オッズの中央値（メジアン）に的中馬券の真実が隠されているのではないかと思ったのです。

過去のデータを調べてみると、その傾向は顕著に表れていました。下位ランクに隠れていた穴馬を見つけ出した阪神ＪＦの③番シンリョクカもそれを応用したものです（Ｐ１６４参照）。

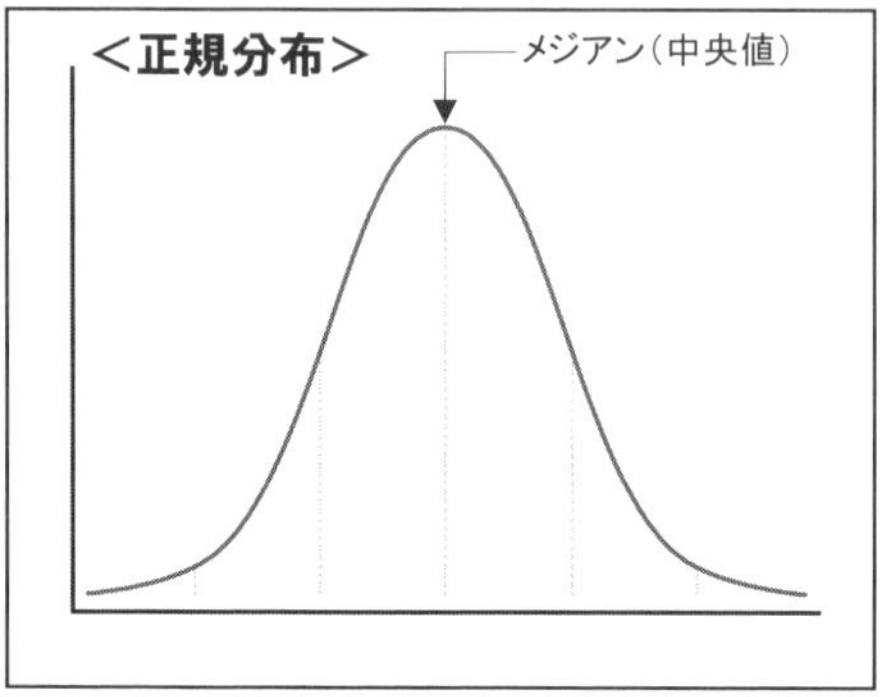

●ジュール＝アンリ・ポアンカレ（1854 ～ 1912）
フランスの数学者。数理物理学、天体力学などの分野で重要な基本原理を確立し、多大な功績を残した。数学の位相幾何学における定理のひとつ、「ポアンカレ予想」は有名。

注目単勝馬も中央値（メジアン）から浮上させることができます。この方法から浮上した馬は中穴馬になる場合が多く、ＷＩＮ５の１００万円馬券ＧＥＴでは重要な役割と担います。

まずは馬連ランクで9位以内に「オッズの壁」があるかどうか調べます。2箇所以上ある場合は、1番目と2番目の「オッズの壁」の間に注目し、1箇所のケースは、馬連1位から「オッズの壁」のランクまでの間に注目します。

例えば、馬連2位と馬連8位に「オッズの壁」があったとしましょう。馬連2位は②番、3位は③番、4位は④番、5位は⑤番、6位は⑥番、7位⑦番、8位⑧番です。つまり、「②・③・④・⑤・⑥・⑦・⑧」と並んでいます。真ん中にランクされているのは⑤番です。

これで、⑤番が注目単勝馬となります。

馬連ランク9位までの上位ランクに「オッズの壁」がないケースは、単勝ランクに注目します。単勝ランクにもない場合は、「複勝6倍の壁」に注目し、複勝6倍未満の馬の中から、馬連ランクと同じように、中央値（メジアン）

が注目単勝馬になります。

コンピ指数90・88Pの馬のチェックは慎重に行なう

コンピ指数1位が90Pや88Pになっている馬は、馬券発売前、いわゆる仮想オッズで1番人気になっている馬であり、競馬新聞では◎印が並んでいる馬です。実際のオッズでも、このような馬は人気になる場合が多く、超1番人気に支持されることが多いものです。

2章では、危険な1番人気の見つけ方を紹介し、コンピ指数90・88Pの馬に不安材料がある場合は、その馬を1着から外した馬券や、内容によっては完全に馬券対象から消し、高額配当を狙う方法を紹介しました。

では、反対に2章で紹介した「危険な1番人気ではなく、信用できる1番人気」と判定された場合はどうでしょうか。その場合は、その馬1頭だけを注目単勝馬として浮上させることができるので、実質的にWIN5→WIN4となります。

WIN5は1頭、購入する馬が増えただけでも、購入点数が倍増することがあります。ですからWIN5をWIN4にすることができれば、他のレースに狙い馬を広げることが可能となり、WIN5的中に大きく前進することができます。

コンピ指数が90Pや88Pは、該当馬が信用できない1番人気であると判定されれば、そのレースで高額配当を狙うことができ、反対に信用できる1番人気であると判定されれば、WIN5をWIN4にすることができる、非常に使い勝手のいいレースなのです。

信用できない1番人気として判定され、他の浮上馬から1着になる馬を的中させることができたなら、レースそのものの的中馬券をGETできるばかりではなく、WIN5の高配当的中にも近づくことになります。

なぜなら、WIN5に限らず、多くの競馬ファンは新聞紙上で◎印が並んでいる馬を購入するケースが多く、その◎印の馬が1着にならないのだから、その他の馬の1着馬を予想している人は少ないと考えられるからです。

1回のレースでの多点数買いより、継続買いで攻略

ひとつのレースで5頭ずつ馬を選んでWIN5に挑戦すると、それだけでも5×5×5×5×5で3125点、31万2500円もの資金が必要になってきます。6頭ずつとなれば77万7600円です。

これほどの資金を投じ、それ以上のリターンを得られればいいのですが、競馬はそう簡単なものではありません。WIN5は0勝5敗も4勝1敗も外れは外れ、負けは負けです。

ロト6やロト7のような数字選択式宝くじの場合では、当選数字とひとつ違いや2つ違いでも賞金を受け取ることができますが、WIN5は1レースでも外すとすべてを失ってしまいます。

私は拙著『ロト・ナンバーズ攻略AI必勝法』(秀和システム)において、数字選択宝くじの高額当選の近道は、コツコツと買い続けることであると主張しております。WIN5の世界でも同じことがい

えると考えています。

1回あたり50点程度をセットし、毎週100万円程度の払い戻しを狙い続けるのです。100万円未満の出現頻度は50％以上であると申し上げました。そのときの人気合計は13・1人気です。本命サイドの馬を選び出すだけでも、そこそこの配当をGETできることは過去のデータが示しています。

複勝3倍未満や中央値（メジアン）などのルールをうまく活用すれば、けっして無謀なチャレンジではないはずです。

1回の投資金額が5000円程度であるならば、それほど痛い出費ではありません。バラバラ、ダラダラと自信のないレースで馬券を購入していた方なら、その資金をWIN5に回したほうが、結果的に回収率がアップすることになるのではないでしょうか。

ひとつのレースで5000円程度の投資金額で、10万円を超えるような馬券を的中させることは難しいですが、WIN5では本命サイドの馬が入っても十分狙える配当です。

「1着馬の攻略方法」は3連単馬券の攻略につながる

WIN5では、5つのレースで注目単勝馬を浮上させていくわけですが、そこから浮上した馬は、3連単馬券でも応用することができます。

ひとつ例を出してみましょう。

2022年11月27日、東京12R、GⅠジャパンCです。

●2022年11月27日・東京12Rジャパンカップ（ＧⅠ、芝2400m）

枠	馬番	馬名	父	母	性齢・斤量	騎手	調教師	賞金	総賞金	馬主	生産者
桃8	18	ボッケリーニ	キングカメハメハ	ポップコーンジャズ	栗 57 牡6	浜中	池江寿	10,800	28,420	金子真人HD	ノーザンF
桃8	17	ユーバーレーベン	ゴールドシップ	マイネテレジア	青鹿 55 牝4	Mデムーロ	手塚	6500	19,370	ラフィアン	ビッグレッドF
桃8	16	(地)リッジマン	スウェプトオーヴァーボード	アドマイヤモンロー	鹿 57 牡9	石川	(水沢)千葉幸	6525	18,673	辻牧場	辻牧場
橙7	15	シャフリヤール	ディープインパクト	ドバイマジェスティ	青鹿 57 牡4	Cデムーロ	藤原英	32,310	76,671	サンデーR	ノーザンF
橙7	14	ダノンベルーガ	ハーツクライ	コーステッド	鹿 55 牡3	川田	堀	2400	15,000	ダノックス	ノーザンF
橙7	13	テーオーロイヤル	リオンディーズ	メイショウオウヒ	鹿 57 牡4	菱田	岡田	4550	15,627	小笹公也	三嶋牧場
緑6	12	シャドウディーヴァ	ハーツクライ	ダイヤモンドディーバ	黒鹿 55 牝6	松山	斎藤誠	7000	19,260	スリーエイチR	ノーザンF
緑6	11	カラテ	トゥザグローリー	レディーノパンチ	鹿 57 牡6	菅原明	辻野	10,050	21,180	小田切光	中地康弘
黄5	10	ハーツイストワール	ハーツクライ	レツィーナ	黒鹿 57 牡6	武豊	国枝	4950	13,380	嶋田賢	ノーザンF
黄5	9	(外)ユニコーンライオン	ノーネイネヴァー	ムーラヴカ	鹿 57 牡6	国分優	矢作	9600	21,880	ライオンRH	アイルランド
青4	8	デアリングタクト	エピファネイア	デアリングバード	青鹿 55 牝5	マーカンド	杉山晴	18,700	52,722	ノルマンディーTR	長谷川牧場
青4	7	(外)テュネス	ジュリアーニ	ティジュアナ	栗 55 牡3	ムルザバエフ	シールゲン	2590	ドイツ	H.レンツ	GI1勝
赤3	6	ヴェラアズール	エイシンフラッシュ	ヴェラブランカ	青 57 牡5	ムーア	渡辺	5750	14,410	キャロットF	白老F
赤3	5	(外)グランドグローリー	オリンピックグローリー	マドンナリリー	鹿 55 牝6	ギュイヨン	ビエトリーニ	14,790	フランス	ウス牧場	GI1勝
黒2	4	トラストケンシン	ハーツクライ	アフェランドラ	鹿 57 牡7	丸田	高橋文	2400	9004	菅波立知子	村上欽哉
黒2	3	ヴェルトライゼンデ	ドリームジャーニー	マンデラ	鹿 57 牡5	レーン	池江寿	8200	21,400	サンデーR	ノーザンF
白1	2	(外)オネスト	フランケル	オンショア	栗 55 牡3	ルメール	シャベ	8450	フランス	G.オーギュスタンN	GI1勝
白1	1	(外)シムカミル	タマユズ	スウェルティア	栗 55 牡3	ブノワ	ワッテル	3830	フランス	ペレル牧場	GII1勝

1着⑥ヴェラアズール
（3番人気）
2着⑮シャフリヤール
（1番人気）
3着③ヴェルトライゼンデ
（4番人気）

単⑥450円　枠連3－7 470円
複⑥160円　⑮140円　③240円
馬連⑥－⑮940円　馬単⑥→⑮1920円
ワイド⑥－⑮380円　③－⑥560円　⑥－⑮530円
3連複③⑥⑮2360円
3連単⑥→⑮→③9850円

馬連３連単⑥→⑮→③9850円！

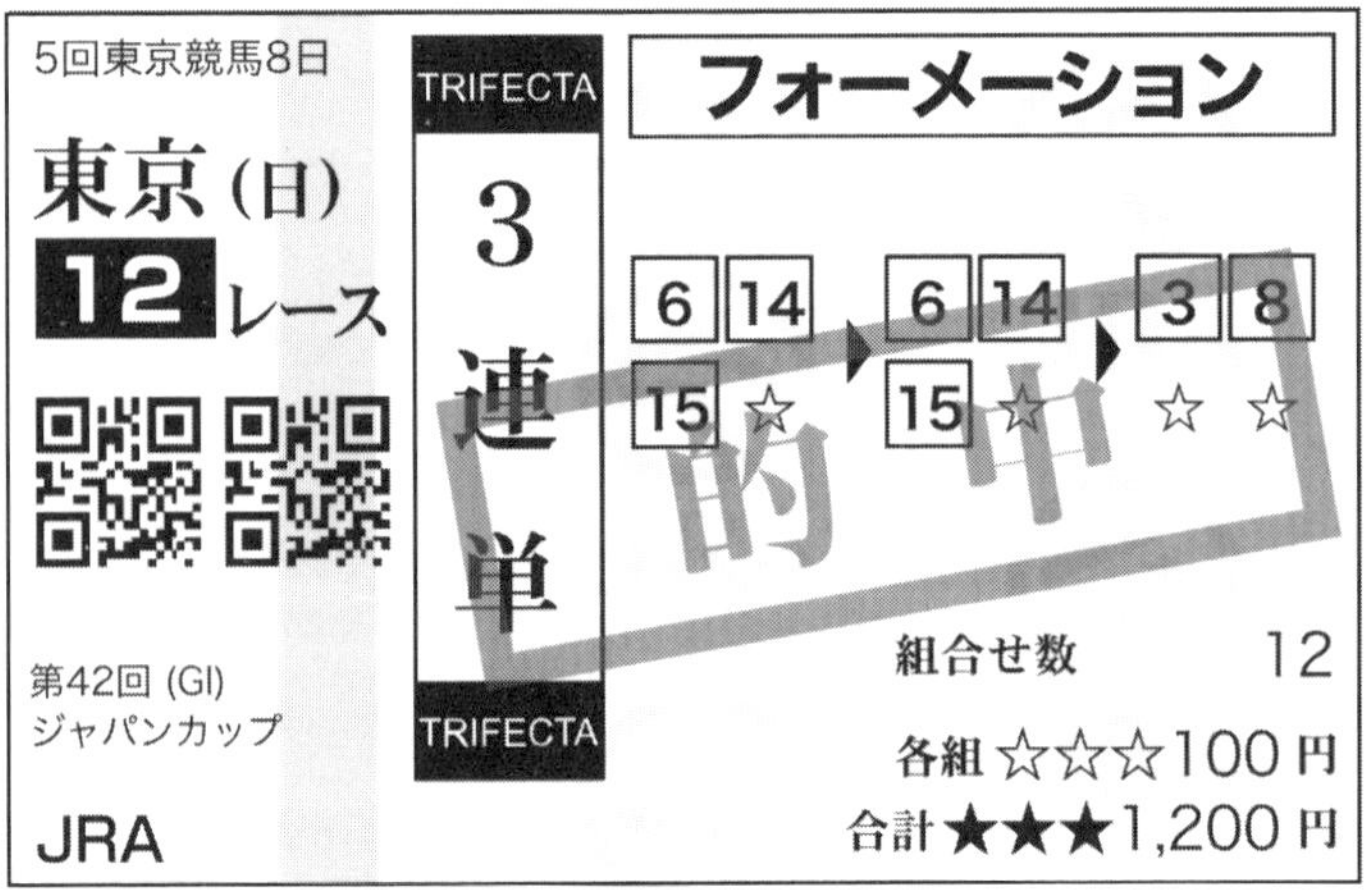

5回東京競馬8日
東京(日)
12 レース
第42回 (GI)
ジャパンカップ
JRA
TRIFECTA
3連単
TRIFECTA
フォーメーション
6 14 15
6 14 15
3 8
的中
組合せ数 12
各組☆☆☆100円
合計★★★1,200円

コンピ指数、馬連、単勝、複勝ランクは【図C】のようになっていました（複勝オッズだけ入れてあります）。馬連3位と単勝3位に「オッズの壁」があり、その前の3頭、⑭番、⑮番、⑥番中心に馬券が売れています。しかしコンピ指数、馬連、単勝、複勝ランクの上位3頭の動きを見ると、バラバラになっており、この3頭ではどれが中心なのかわかりません。

単勝3倍未満の馬も上位3頭になっており、注目単勝馬は⑭番、⑮番、⑥番であることがわかります。3頭の評価は同じなので、私は3連単馬券の1、2着には⑭⑮⑥番とすることにしました。1～3着がこの3頭で決まってしまったら元も子もありませんが、複勝6倍未満の馬に注目し、その中央値（メジアン）を調べることにしました。

【図C】からわかるように、複勝6倍未満の馬は「⑭・⑮・⑥・③・⑧・⑬・⑱・②」と並んでいます。この8頭の中央値（メジアン）は③番と⑧番です。つまり3連単フォーメーションは、〈1着〉⑭⑮⑥番→〈2着〉⑭⑮⑥番→〈3着〉③⑧番の12点買いです。

レース結果は、1着⑥番ヴェラアズール、2着⑮番シャフリヤールと、複勝3倍未満の2頭が占め、3着には複勝6倍未満の馬の中央値（メジアン）から浮上の③番ヴェルトライゼンデが入り、3連単⑥→⑮→③

【図C】2022年11月27日・東京12Rジャパンのコンピ指数と馬連・単勝・複勝ランク

コンピ順位	1位	2位	3位	4位	5位	6位	7位	8位	9位	10位	11位	12位	13位	14位	15位	16位	17位	18位
馬番	14	15	6	2	8	7	17	13	5	18	3	1	11	10	9	12	16	4
馬連ランク	14	15	6	3	2	8	18	7	13	10	17	1	5	11	9	12	4	16
単勝ランク	6	14	15	3	8	2	7	13	18	17	10	1	9	11	5	12	16	4
複勝ランク	14	15	6	3	8	13	18	2	10	17	1	7	11	5	9	12	16	4
複勝オッズ	2.1	2.3	2.5	3.4	4.8	5.2	5.3	5.7	6.4	7.1	8.2	8.6	9.7	10.6	12.2	29.4	51.6	67.4

太線はオッズの壁・複勝6倍の壁

9850円馬券のGETとなりました。

このようにWIN5の攻略法は、ひとつひとつのレースの3連単馬券に応用することができるのです。

実際のレースを検証してみると見えてくるWIN5攻略法

では実際のレースを使って、WIN5の攻略法を紹介していきましょう。

2022年12月18日のWIN5です。この日は中京10R、阪神10R、中山11R、中京11R、阪神11R（朝日杯FS）が対象レースとなっていました。

この5つのレースを検証していきましょう。

まずはひとつ目のレース、中京10R有松特別です。

【図D】をご覧ください。コンピ指数、馬連、単勝、複勝ランクを人気順に並び替えた表です（複勝オッズだけは数値を記入してあります。【図E】以下も同じように表を作成しました）。

このレースは馬連7位に「オッズの壁」が出現していました。「競馬予報」は「大穴型レース」となっており、下位レースの馬でも馬券に絡む可能性のある「競馬予報」です。複勝6倍未満の頭数も10頭と多く、下位ランクに加え、中穴馬の台頭も予想されます。

その証拠に、コンピ指数、馬連、単勝、複勝ランク上位3頭は、
コンピ＝⑭・⑤・⑥
馬　連＝⑤・⑯・③

WIN5①●2022年12月18日・中京10R有松特別

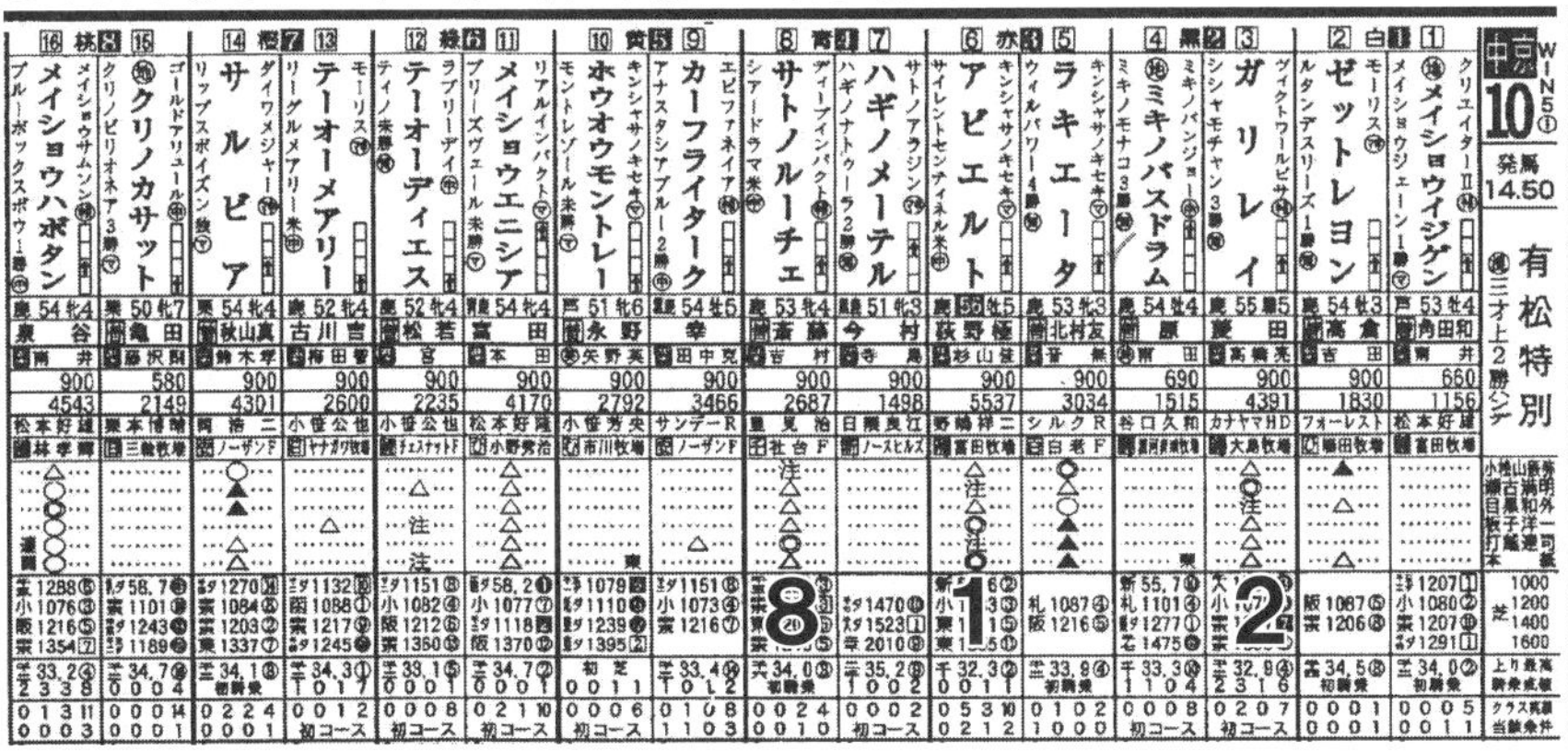

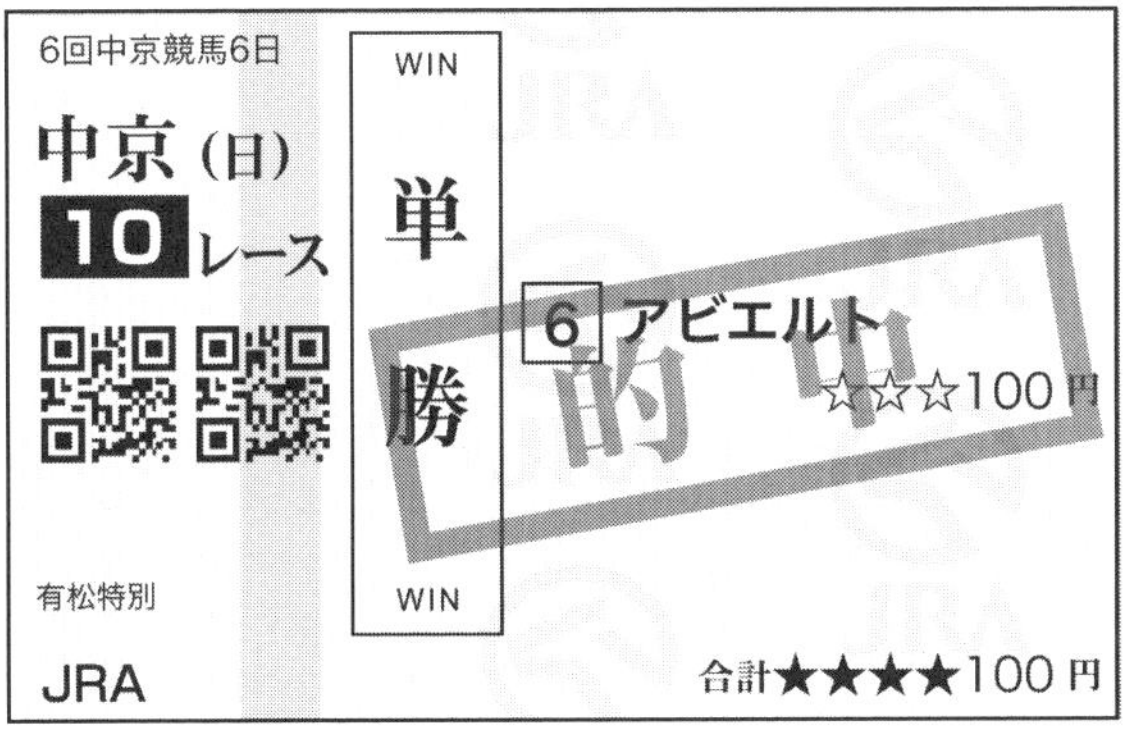

1着⑥アビエルト （4番人気）
＝単勝790円
2着③ガリレイ （3番人気）
3着⑧サトノルーチェ （5番人気）

【図D】2022年12月18日・中京10Rのコンピ指数と馬連・単勝・複勝ランク

コンピ順位	1位	2位	3位	4位	5位	6位	7位	8位	9位	10位	11位	12位	13位	14位	15位	16位
馬番	14	5	6	16	3	11	8	2	12	9	13	10	1	15	4	7
馬連ランク	5	16	3	6	14	8	11	9	13	12	2	7	10	4	1	15
単勝ランク	5	3	16	8	11	6	14	2	10	9	7	12	13	4	1	15
複勝ランク	11	5	3	16	14	2	8	10	6	9	12	7	4	1	13	15
複勝オッズ	2.1	2.8	2.9	2.9	4.4	4.6	4.9	4.9	5.1	5.8	6.4	6.5	8.4	11.9	13.4	24.9

太線はオッズの壁・複勝6倍の壁

単　勝＝⑤・③・⑯
複　勝＝⑪・⑤・③

となっており、各ランク、バラバラの状態です。このような場合は中穴馬が1着になるケースがあり、まずは馬連ランクを利用して中穴馬を見つけてみました。1着になる馬を探し出すために登場するのが、先述した「中央値（メジアン）」です。

これまで紹介してきた「オッズの壁」や「突入&移動馬」は、3着までに入る穴馬を見つけ出すノウハウです。しかし今回はWIN5、1着になる馬を見つけ出さなければ意味がありません。上位ランクの「中央値（メジアン）」は、1着馬を見つけ出すだけのためのノウハウだと思ってください。

複勝3倍未満の頭数も4頭と、下位ランクの馬が1着になる可能性もあることを教えてくれています。

このレースは馬連ランク7位に「オッズの壁」が出現したと申し上げました。上位ランク7位以下に馬連の「オッズの壁」が出現していたケースでは、まずは馬連ランクの「中央値（メジアン）」を調べます。

馬連ランクは、⑤⑯③「⑥」⑭⑧⑪となっており、中央値は⑥番です。この馬は「複勝6倍の壁」の前の1頭にもなっているので注目です。

馬連ランク7位の前の2頭、⑧番・⑪番では、複勝1位に⑪番が上昇しているので、⑪番にも注意が必要です。念のために馬連、単勝1位の⑤番も押さえます。すなわち中京10Rは、「⑥・⑪・⑤番」が注目単勝馬となります。結果は、⑥番アビエルトが1着となり、ひとつ目のレースをクリアです。

2つ目のレースは阪神10R六甲アイランドSです。

ＷＩＮ５②●2022年12月18日・阪神10Ｒ六甲アイランドＳ

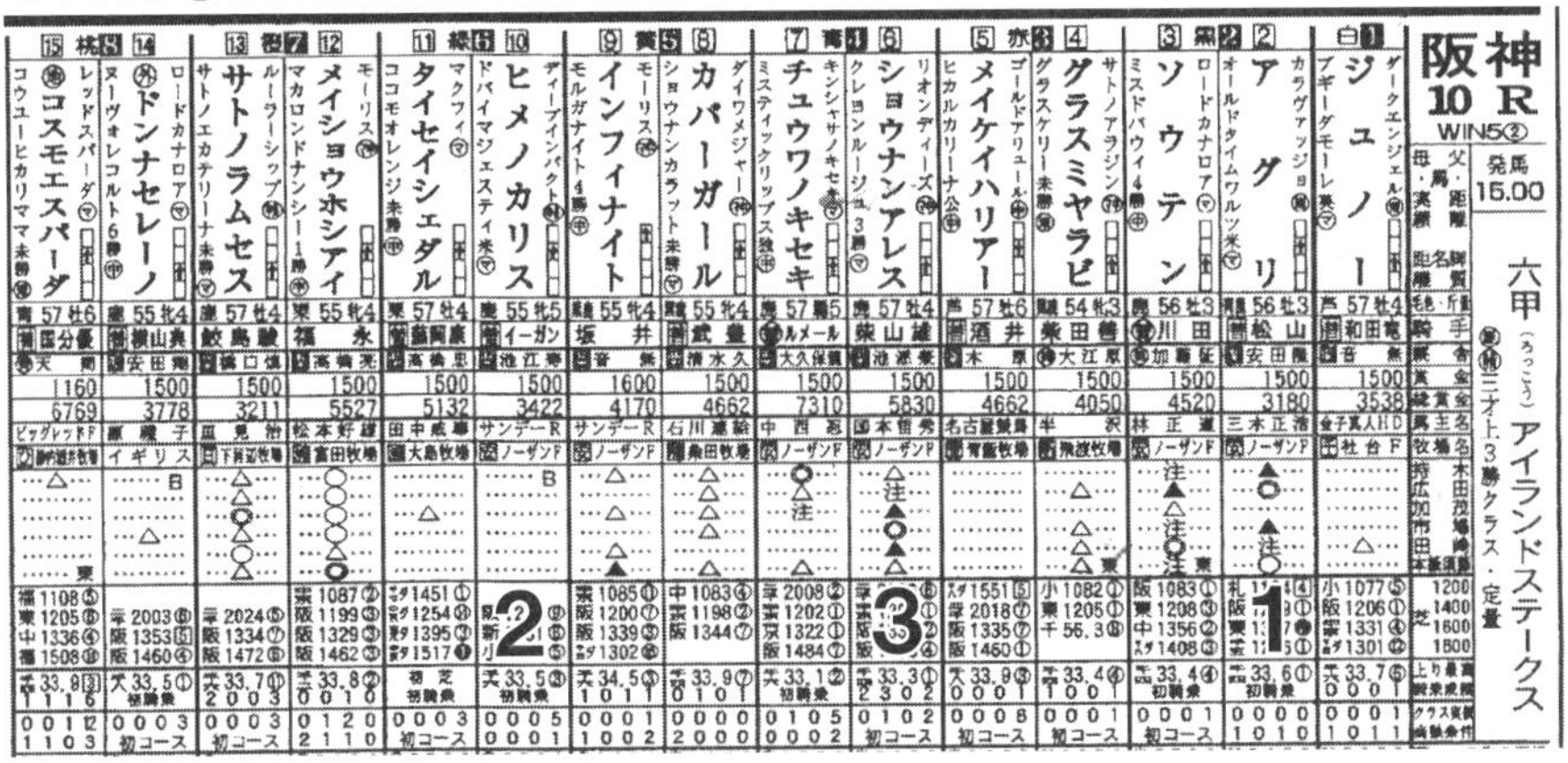

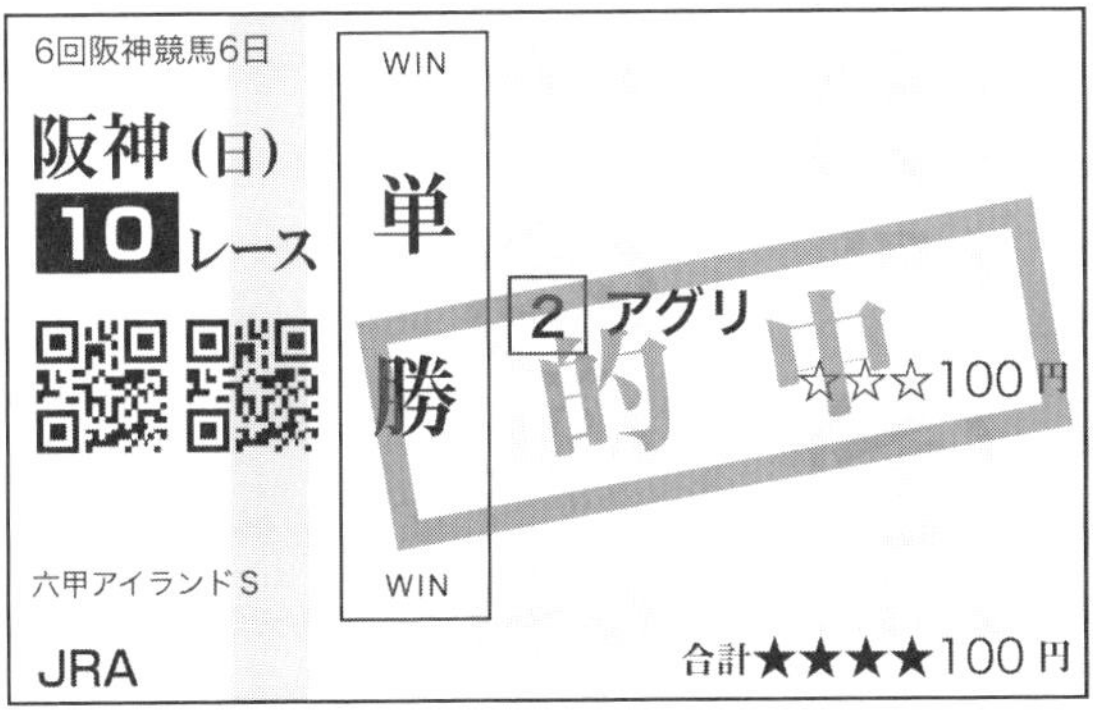

6回阪神競馬6日
阪神（日）
10 レース
WIN
単勝
WIN
2 アグリ
☆☆☆100円
的中
六甲アイランドS
JRA
合計★★★★100円

1着②アグリ　（2番人気）
＝単勝370円
2着⑩ヒメノカリス　（12番人気）
3着⑥ショウナンアレス（5番人気）

【図Ｅ】2022年12月18日・阪神10Ｒのコンピ指数と馬連・単勝・複勝ランク

コンピ順位	1位	2位	3位	4位	5位	6位	7位	8位	9位	10位	11位	12位	13位	14位	15位
馬番	12	2	3	7	14	6	8	9	4	13	1	11	15	5	10

馬連ランク	12	2	3	6	7	8	4	9	13	1	14	10	11	15	5

単勝ランク	12	2	3	4	6	7	9	8	1	13	14	10	15	11	5

複勝ランク	12	2	3	4	6	8	7	9	13	14	1	11	10	15	5
複勝オッズ	2.0	2.7	3.1	3.4	3.5	3.7	4.1	4.6	5.1	6.1	7.5	8.7	11.0	12.3	16.3

太線はオッズの壁・複勝6倍の壁

このレースはそれほど難しくありませんでした。複勝3倍未満の頭数は2頭で、まずはその前の2頭、⑫番、②番に注目です（【図E】参照）。

コンピ指数、馬連、単勝、複勝ランク上位3頭は、

コンピ＝⑫・②・③

馬　連＝⑫・②・③

単　勝＝⑫・②・③

複　勝＝⑫・②・③

このようにきれいにランク間が揃っています。このような形のときには上位2頭に注目します。つまり⑫番と②番です。⑫番と②番は複勝3倍未満の2頭から浮上していますね。

阪神10Rは、「⑫・②番」が注目単勝馬となります。

レース結果は、②番が1着となり、2つ目のレースをクリアです。

3つ目のレースは中山11Rディセンバ－Sです。

このレースはコンピ指数やレース当日、朝9時半のオッズからの「競馬予報」では「大穴型レース」と判定された一戦です。「大穴型レース」と判定されたレースのため、上位ランクの馬は各ランク、バラバラの状態になっています（【図F】参照）。

このレースは1位の⑨番が複勝4位に下がり、複勝オッズでは、⑪・②・⑭番が1位から3位になっています。この3頭が馬連、単勝1位の⑨番より指示されていることになります。この3頭にまず注目

WIN5③●2022年12月18日・中山11Rディセンバー S

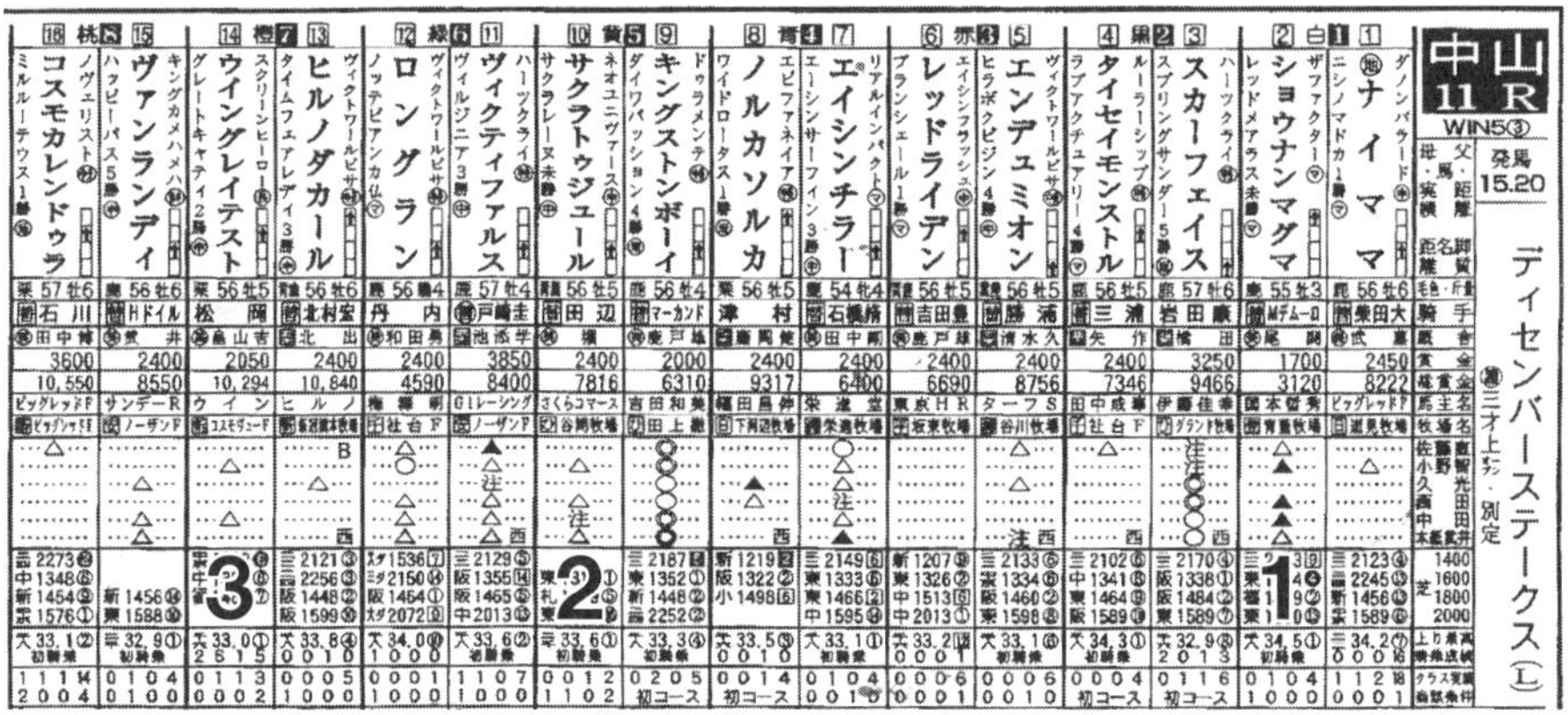

中山 11R
WIN5③
発馬 15.20
ディセンバーステークス(L)
ナイママ
ショウナンマグマ
スカーフェイス
タイセイモンストル
エンデュミオン
レッドライデン
エイシンチラー
ノルカソルカ
キングストンボーイ
サクラトゥジュール
ヴィクティファルス
ロングラン
ヒルノダカール
ウイングレイテスト
ヴァンランディ
コスモカレンドゥラ

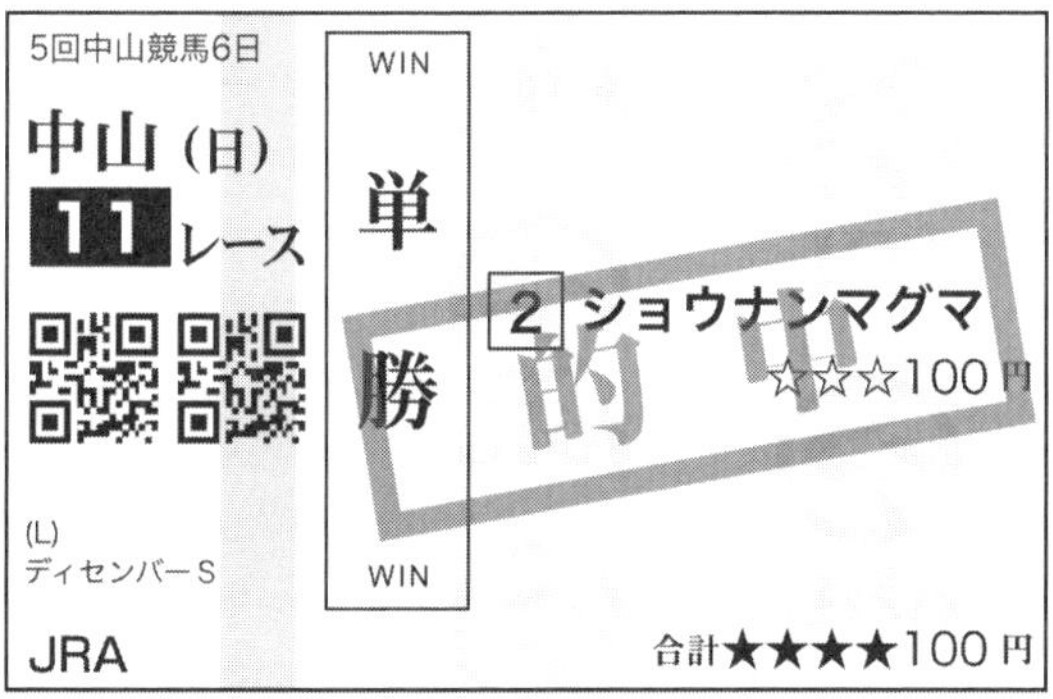

5回中山競馬6日
中山(日)
11レース
(L)
ディセンバーS
JRA
WIN
単勝
WIN
2 ショウナンマグマ
☆☆☆100円
的中
合計★★★★100円

1着②ショウナンマグマ　（2番人気）
＝単勝540円
2着⑩サクラトゥジュール（10番人気）
3着⑭ウイングレイテスト（6番人気）

【図F】2022年12月18日・中山11Rのコンピ指数と馬連・単勝・複勝ランク

コンピ順位	1位	2位	3位	4位	5位	6位	7位	8位	9位	10位	11位	12位	13位	14位	15位	16位
馬番	9	3	7	2	12	11	5	8	14	10	16	15	4	1	6	13

馬連ランク	9	11	2	3	7	14	12	8	5	10	15	16	13	1	4	6

単勝ランク	9	12	2	11	14	3	8	7	5	10	15	13	16	1	6	4

複勝ランク	11	2	14	9	8	7	3	12	5	15	10	13	16	1	6	4
複勝オッズ	2.9	3.0	3.2	3.3	3.6	3.7	3.8	3.8	3.8	6.2	6.5	6.7	10.0	11.1	13.4	16.8

太線はオッズの壁・複勝6倍の壁

します。

また、このレースは馬連2位と7位に「オッズの壁」があります。「オッズの壁」に囲まれた馬番は、『⑪・②・「③・⑦」・⑭・⑫』となっており、中央値（メジアン）は③番と⑦番です。しかし、この2頭は先程浮上した3頭、⑪・②・⑭番より単勝が売れていません。

中山11Rは、「⑪・②・⑭番」を注目単勝馬と決定しました。

レース結果は複勝2位に上昇していた②番ショウナンマグマが1着し、3つ目のレースもクリアです。

4つ目のレースは中京11RコールドムーンSです。

複勝3倍未満の頭数は1頭、③番のみで、複勝オッズは1.7倍です。複勝オッズが1倍台の馬は1着になる可能性があるので、まずは注目します（【図G参照】）。

このレースは馬連や単勝ランクには馬連1位、単勝1位以外には、上位ランクどころか、下位ランクまでも「オッズの壁」がありません。このようなケースでは「複勝6倍の壁」を見つけ出し、その前の馬の中央値（メジアン）を探し出します。

「複勝6倍の壁」は複勝8位にあります。馬番は『③・②・⑪・「⑫・⑦」・⑤・⑩・⑨』となっており、中央値（メジアン）は「⑫・⑦番」です。この2頭も注目です。

つまり中京11Rの注目単勝馬は、「③・⑫・⑦番」となりました。

レース結果は、複勝6倍未満の中央値（メジアン）である⑫番リフレイムが1着に入り、4つ目のレースもクリアです。

ＷＩＮ５④●2022年12月18日・中京11Ｒコールドムーンｓ

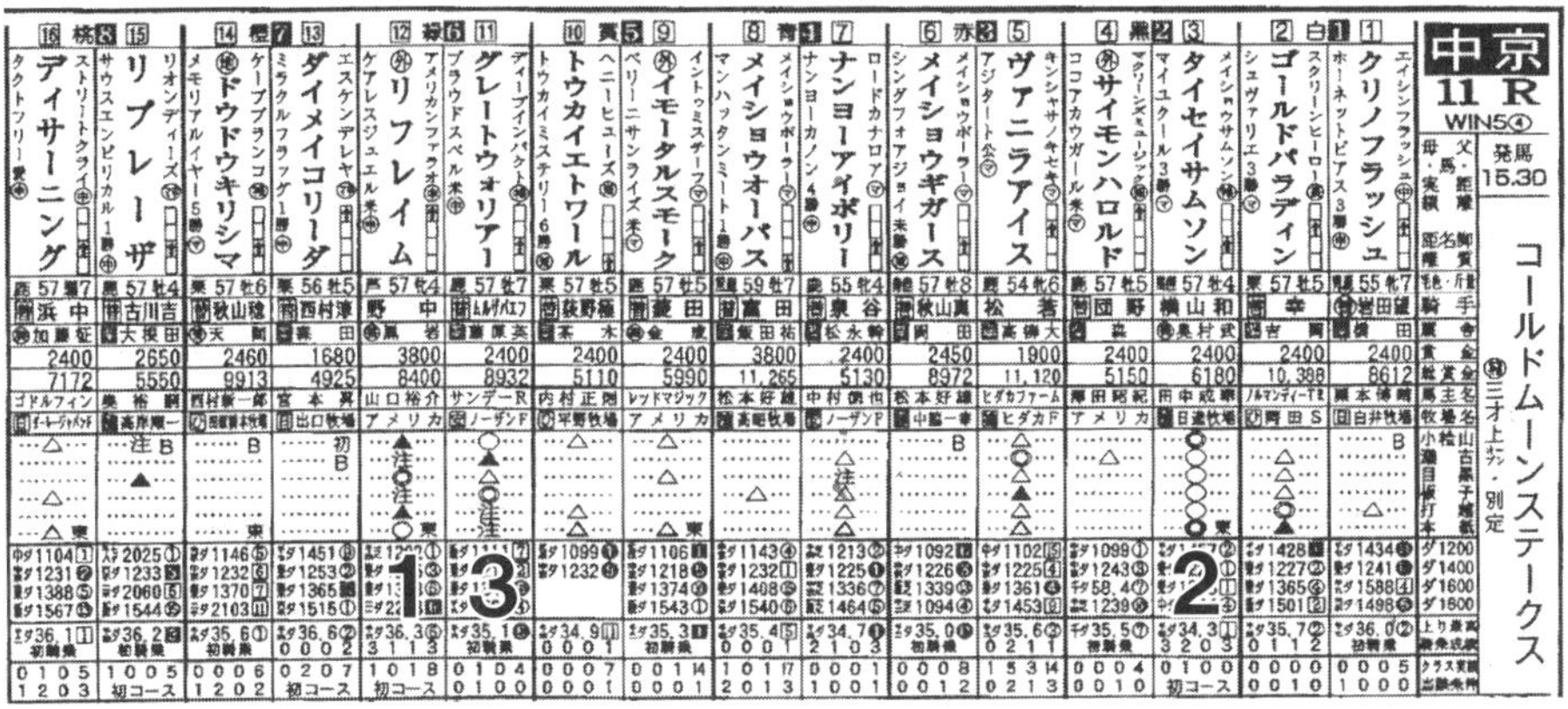

6回中京競馬6日
中京(日)
11レース
WIN
単
勝
12 リフレイム
☆☆☆100円
的中
コールドムーンS
WIN
JRA
合計★★★★100円

1着⑫リフレイム　（2番人気）
＝単勝590円
2着③タイセイサムソン　（1番人気）
3着⑪グレートウォリアー　（3番人気）

【図G】2022年12月18日・中京11Rのコンピ指数と馬連・単勝・複勝ランク

コンピ順位	1位	2位	3位	4位	5位	6位	7位	8位	9位	10位	11位	12位	13位	14位	15位	16位
馬番	3	11	12	2	5	7	9	16	10	1	15	4	13	14	8	6

馬連ランク	3	2	12	11	5	7	9	15	16	10	1	13	4	8	6	14

単勝ランク	3	12	2	11	5	9	7	10	13	1	15	16	4	8	6	14

複勝ランク	3	2	11	12	7	5	10	9	15	16	1	4	13	8	14	6
複勝オッズ	1.7	2.7	3.1	3.3	3.7	4.0	4.2	5.6	6.6	7.3	9.3	11.5	12.0	13.3	15.8	16.4

太線はオッズの壁・複勝6倍の壁

最後は阪神11R、GⅠ朝日杯フューチュリティSを残すのみです。

まずは単勝3倍未満の馬をチェックすると②番と⑫番の2頭で、②番は複勝1・9倍と2倍未満ですからまずは②番に注目です。もう1頭の⑫番も複勝2・0倍で、馬連2位には「オッズの壁」があるので、押さえておく必要があります（【図H】参照）。

このレースは、馬連上位には馬連2位以外には「オッズの壁」がありません（11位の「オッズの壁」は下位ランクです）。単勝オッズにも「オッズの壁」がないため、「複勝6倍の壁」に注目します。

複勝6倍未満の馬番を調べると『②・⑫・③・「⑭・⑦」・⑯・⑪・⑤』となっており、中央値（メジアン）は「⑭・⑦番」です。

すでに②番と⑫番の2頭が単勝注目馬として浮上しているので、⑭番と⑦番とで単勝が売れている⑭番を3頭目の単勝注目馬として浮上させます。

つまり阪神11Rの注目単勝馬は、「②・⑫・⑭番」です。

レース結果は、複勝1倍台の②番ドルチェモアが1着となり、WIN5最後のレースも的中となりました。

さて、この日のWIN5の配当ですが、上位ランクの馬が多く1着になったにも関わらず、50万7950円と結構な配当となりました。

9時半の単勝オッズで、6位↓2位↓3位↓2位↓1位での決着です。

WIN5⑤●2022年12月18日・阪神11R朝日杯FS

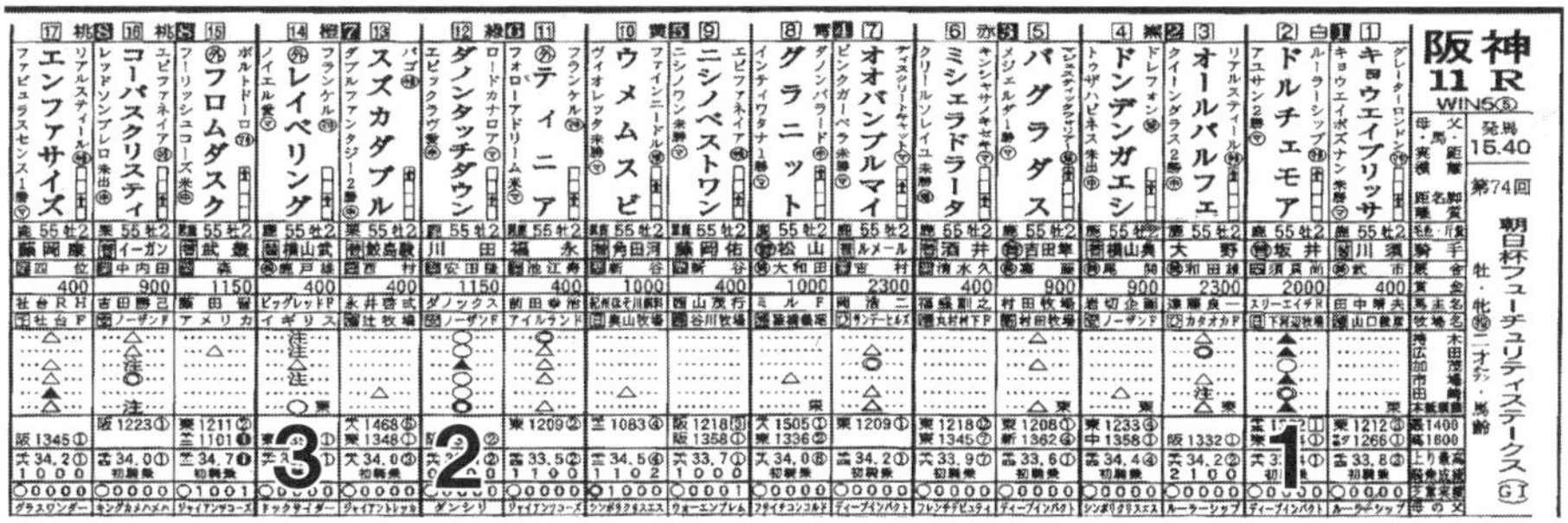

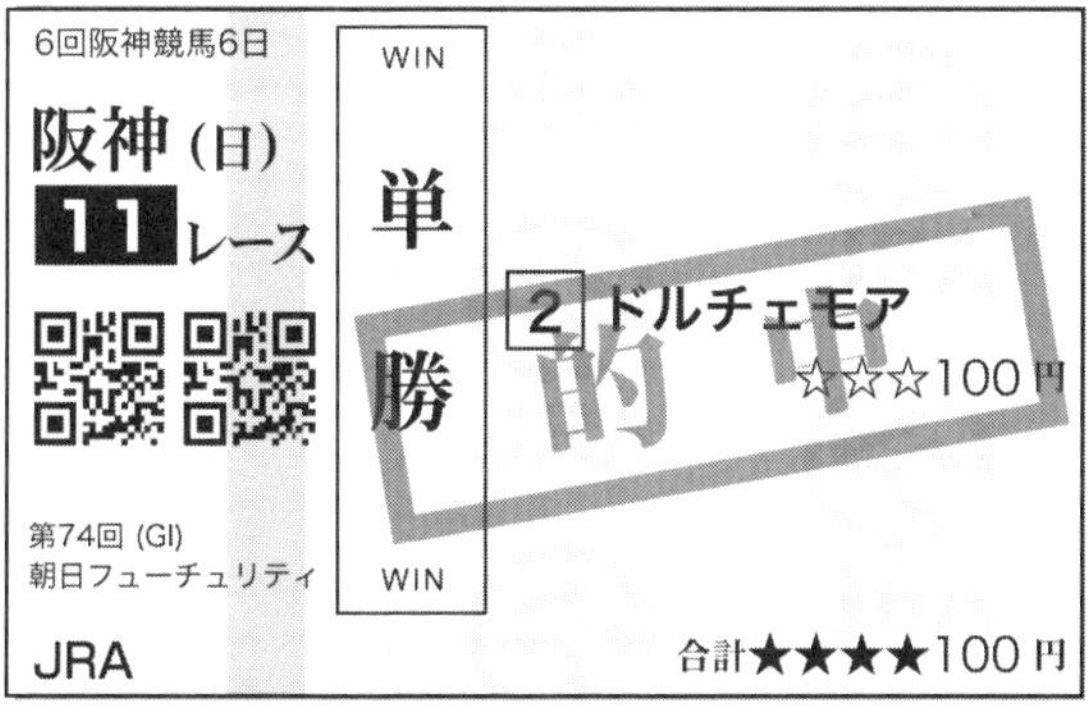

1着②ドルチェモア　（1番人気）
＝単勝310円
2着⑫ダノンタッチダウン（2番人気）
3着⑭レイベリング　（3番人気）

【図H】2022年12月18日・阪神11Rのコンピ指数と馬連・単勝・複勝ランク

コンピ順位	1位	2位	3位	4位	5位	6位	7位	8位	9位	10位	11位	12位	13位	14位	15位	16位	17位
馬番	12	14	2	3	11	17	7	16	8	5	4	15	13	9	6	1	10

馬連ランク	2	12	3	14	7	16	11	5	8	17	4	13	9	15	1	10	6

単勝ランク	2	12	14	3	7	16	11	5	8	17	4	15	13	10	9	1	6

複勝ランク	2	12	3	14	7	16	11	5	17	4	8	13	10	15	9	1	6
複勝オッズ	1.9	2.0	3.1	3.3	4.1	5.0	5.2	5.2	7.8	8.2	9.1	9.6	11.4	12.3	14.6	21.0	43.8

太線はオッズの壁・複勝6倍の壁

＜注意＞今回紹介した5つのレースの注目馬をすべて購入すると162点になります。2～3頭カットすることができれば50点程度に絞り込めます。

おわりに……的中馬券のヒントは意外なところに隠されている

今回は「複勝15倍の壁」や「中央値（メジアン）」という、少々変わった角度から的中馬券をひもといてみました。特に「複勝15倍の壁」から浮上した穴馬候補は発走間際になると、単勝万馬券というような、まったく相手にされていない馬の姿になっていることが多いものです。そんな穴馬が平気でゴール板を駆け抜け、馬券に絡んでくるのですから驚きです。

私も最初に「複勝15倍の壁」と穴馬との関係を見つけたときには、単なる偶然だろうと考えてみました。しかし「複勝15倍の壁」から浮上した穴馬候補が、次から次へと高配当馬券を演出する姿を目のあたりにし､それは「偶然」から「確信」へと変わりました。まだ信じられない方も多いかと思いますが、これこそが「再現性」のある馬券ノウハウなのではないでしょうか。

また、馬連ランクや複勝ランクにおいて、中央値（メジアン）にランクされている馬が馬券に絡んでいるという現実も紹介しました。このノウハウのヒントとなったのは、統計学の中で出てくる「正規分布」の考え方です。正規分布の性質をうまくＷＩＮ５に活用することができれば、１００万馬券ＧＥＴも夢ではないと考えたのです。

馬券の世界は、東京なら山手線、大阪なら環状線だと考えています。同じことが何度も繰り返されるからです。

これまで私は、単勝が2倍を切るような超1番人気が何度も敗れる姿を見てきました。古い話ではハイセイコーのダービー、シンボリルドルフの天皇賞・秋、皆さまの記憶にあるレースならハーツクライに負けたディープインパクトの有馬記念などなどです。

そのときの記憶をしっかりと覚えておくことが、次の的中馬券への糧となり、そして成長することになるのではないでしょうか。

今回紹介した馬券術は、どれも山手線や環状線のように、同じ駅に戻ってくる、つまり「再現性」のあるものばかりです。大谷式オッズ馬券のルールやノウハウを縦横無尽に活用し、一緒に高配当馬券をGETしませんか。本書が皆さまの的中馬券への一助となり、大型馬券を的中させることができたなら、これ以上の喜びはありません。

オッズを人気順に並び替えた「判定表」や「馬連人気分布表」は次のURL、「本日の検討材料」からダウンロードできるようになっています（有料）。これは実際に私が使っている馬券検討資料で、「複勝15倍の壁」や「オッズの壁」「突入&移動馬」などがすぐにわかり、馬券検討に大いに役立ちます。
◆https://ootanibaken.info/
また現在、私は日刊コンピ指数を使いながら、翌日のレースの「競馬予報」（どのレースが波乱になるか）をアップしています。興味のある方は是非、のぞきにきてください。過去の実績なども閲覧できます。
◆大谷清文のブログ　http://manbaken7.blog.fc2.com/

2023年1月　大谷清文

●著者紹介

大谷清文（おおたに・きよふみ）

1963年4月22日、群馬県館林生まれ。競馬予報士。明治大学商学部卒。出版社に入社。マンガ雑誌、競馬雑誌（ザ・競馬）の編集長を経て書籍編集に従事。テレビでハイセイコーの姿を見たのが、競馬との最初の出会い。シンボリルドルフの単勝馬券を2回外したことから、単勝オッズと人気馬の動向に気づく。故・松本守正氏、故・相馬一誠氏、互冨穴ノ守氏との出会いがオッズの研究に拍車をかけ、出版社退社後、本格的にオッズ馬券の研究に没頭し、オッズだけで馬券を買うようになって、回収率がプラスに転じた。著書に『回収率をあげるオッズ馬券の教科書』『回収率をあげるオッズ馬券の参考書』『回収率をあげるオッズ馬券の奥義』『楽しみながら儲ける馬券攻略X』『競馬力を上げる馬券統計学の教科書』『ネット投票で儲ける！オッズ馬券の新常識』（いずれもガイドワークス）、『勝つ！儲ける！極める！オッズ馬券幸福論』（秀和システム）。

●大谷清文のブログ

http://manbaken7.blog.fc2.com/

とことん回収率を上げる！

大谷式穴馬券の買い方

発行日　2023年2月3日　第1版第1刷

著　者　大谷　清文

発行者　斉藤　和邦
発行所　株式会社　秀和システム
〒135－0016
東京都江東区東陽2－4－2　新宮ビル2F
Tel 03-6264-3105（販売）　Fax 03-6264-3094

印刷所　三松堂印刷株式会社　Printed in Japan

ISBN978-4-7980-6933-3 C0075

定価はカバーに表示してあります。

乱丁本・落丁本はお取りかえいたします。

本書に関するご質問については、ご質問の内容と住所、氏名、電話番号を明記のうえ、当社編集部宛ＦＡＸまたは書面にてお送りください。お電話による質問は受け付けておりませんのであらかじめご了承ください。